智慧仓库规划设计与虚拟仿真

李 明　陈宁宁　白海清　著

机械工业出版社

场景体验式学习是一种以学习者为中心、强调实践和互动的学习方式。本书将知识点贯穿于场景体验当中，借助虚拟仿真技术构建近30个关于智慧仓库规划设计知识的体验式场景，读者通过亲身参与仿真场景的搭建、调试及运行，可加深对智慧仓库工艺流程设计步骤、智能装备选型配置方法和组织调度策略的理解。此外，数据分析是智慧仓库规划设计的基础，本书在系统阐述基于历史数据绘制仓库数字画像方法的同时，结合仿真场景介绍了应用仿真软件生成库内人员和设备的运动线路图、作业时序图、生产能力图及ABC成本计算表的操作流程。可扫描书中二维码观看虚拟仿真视频。

本书适合供应链管理、物流工程、物流管理、电子商务管理、管理科学与工程等相关专业的师生使用，也可作为物流数字化转型领域从业人员的业务培训教材及科研人员的参考用书。

图书在版编目（CIP）数据

智慧仓库规划设计与虚拟仿真/李明，陈宁宁，白海清著. —北京：机械工业出版社，2024.4

ISBN 978-7-111-75242-4

Ⅰ.①智… Ⅱ.①李… ②陈… ③白… Ⅲ.①自动化技术—应用—仓库管理 Ⅳ.①F715.6-39

中国国家版本馆CIP数据核字（2024）第049206号

机械工业出版社（北京市百万庄大街22号　邮政编码100037）
策划编辑：周国萍　　　　　　责任编辑：周国萍　刘本明
责任校对：肖　琳　李　婷　　封面设计：马精明
责任印制：邓　博
北京盛通数码印刷有限公司印刷
2024年5月第1版第1次印刷
184mm×260mm・20印张・470千字
标准书号：ISBN 978-7-111-75242-4
定价：89.00元

电话服务　　　　　　　　　网络服务
客服电话：010-88361066　　机　工　官　网：www.cmpbook.com
　　　　　010-88379833　　机　工　官　博：weibo.com/cmp1952
　　　　　010-68326294　　金　书　网：www.golden-book.com
封底无防伪标均为盗版　　机工教育服务网：www.cmpedu.com

前言

我国政府高度重视数字经济的发展，出台了一系列政策措施，支持数字基础设施建设，推动企业数字化转型，加速工业互联网创新发展。企业数字化转型是将数字化技术应用到传统产业中，通过数字技术与工艺场景的深度融合，提高传统产业的效率和效益，推动经济高质量发展。

要实现数字技术与工艺场景的深度融合，开发人员既需要熟练掌握物联网、5G、大数据、人工智能和云计算等新一代信息技术，还要深入理解现场各工艺环节的流程规则、运营策略和管理要求。虚拟仿真技术通过计算机硬件、软件及各种传感器构建虚拟环境，逼真地模拟现实世界的事物和环境，让人有身临其境的体验。应用虚拟仿真技术搭建起现场工艺场景的数字化模型，技术开发人员不仅可以借助模型理解现实场景中的流程规则、运营策略和管理要求，而且可以对模型进行离线调试，验证开发算法的实际有效性，大幅提高算法迭代升级的速度；现场应用人员根据模型运行结果，合理评估数字化工具的应用效果，为数字化工具的快速实施落地提供有力支撑。因而，在未来企业数字化转型过程中，虚拟仿真技术必将成为数字化工程师的一项基本技能。

智慧仓库是物流数字化转型的关键一环，通过数字技术与收货、上架、存储、拣选和集货发货各工艺环节的深度融合，优化配置库内人、设备、货物资源，实现库内作业高效化、运营数字化和决策智能化，达到降本增效的目的。本书从仓库工艺流程、选型配置和组织调度三个角度入手对智慧仓库规划设计知识进行详细阐述，利用物流仿真软件构建了近 30 个虚拟仿真场景，通过参与仿真建模、调试和运行的过程体验强化读者对知识点的理解和掌握。第 1 章介绍了智慧仓库与虚拟仿真技术的基本内容。针对工艺流程知识，在第 2 章中构建了入库、整托盘拣选、整箱拣选、拆零拣选和集货发货五个虚拟仿真场景。针对组织调度知识，在第 3 章中构建了边拣边播、先拣后播、分区接力拣选、分区并行拣选以及分区批量波次拣选五个虚拟仿真场景，此外，在"思考讨论"小节还专门设计了月台调度策略、补货策略、储位分配策略、拣选排序策略、分拣调度策略的仿真场景设计训练。针对选型配置知识，在第 4 章中构建了密集式托盘货架、托盘自动化立体仓库、立体货到人拣选系统、平面货到人拣选系统、自动化分拣线、AGV 搬运系统和梁式起重机装卸系统七个虚拟仿真场景，传统物流装备知识则穿插在第 2 章和第 3 章的场景模型中进行介绍。数据分析是智慧仓库规划设计的基础，本书在第 5 章中对基于历史数据绘制仓库数字画像的方法和应用仿真数据分析工具的操作流程进行了详细介绍。

本书获山东建筑大学教材建设基金资助，由山东建筑大学李明、济南大学陈宁宁和上海邦德职业技术学院经济与管理学院白海清（曾长期担任上海乐龙人工智能软件有限公司技术负责人）联合撰写。研究生张恒、韩冰、尹书磊、路振国、吴瑞博、屈衍志、李玉龙、刘雅颉、段尊铖、王潞、林寿康、宋士元参与了仿真场景程序的调试工作，为本书的撰写提出了许多宝贵的建议。

书中乐龙物流仿真软件 RaLC 安装包（试用）下载网址：http://www.ais-shanghai.com/Category_view.aspx?classid=80。

作者在本书撰写过程中参考了大量文献及国内外知名装备企业网站的资料，在此谨向相关文献作者、企业表示真诚的谢意！

感谢家人们一直以来的陪伴，感谢两位人生导师山东大学吴耀华教授和清华大学蔡临宁副教授给予的指导和鼓励！

可扫描书中二维码观看虚拟仿真视频，书中所用参考程序扫描下方二维码进行下载。

李明
2024 年 4 月于烟台

参考程序

目　录

前言

第1章　智慧仓库与虚拟仿真技术 001
1.1　仓库的概念与功能演化 001
1.1.1　仓库的概念 001
1.1.2　仓库功能演化 001
1.2　智慧仓库规划设计方法概述 003
1.2.1　智慧仓库的概念 003
1.2.2　智慧仓库三维规划设计 004
1.2.3　智慧仓库双向数据分析 005
1.3　物流系统仿真 005
1.3.1　乐龙物流仿真软件 005
1.3.2　仿真运行窗口 006
1.3.3　仿真编程调试窗口 008
1.3.4　仿真数据文件制作环境 011

第2章　工艺流程篇 019
2.1　知识框架 019
2.1.1　收货 019
2.1.2　上架 019
2.1.3　存储 020
2.1.4　拣选 020
2.1.5　集货发货 022
2.1.6　简化流程 023
2.2　入库 024
2.2.1　学习目标 024
2.2.2　理论知识 025
2.2.3　虚拟仿真场景设计 027
2.2.4　卸货码垛环节虚拟仿真场景实现 ... 032
2.2.5　质检环节虚拟仿真场景实现 ... 035
2.2.6　上架环节虚拟仿真场景实现 ... 035
2.2.7　思考讨论 036
2.3　整托盘拣选 037
2.3.1　学习目标 037
2.3.2　理论知识 037
2.3.3　虚拟仿真场景设计 040
2.3.4　虚拟仿真场景实现 043
2.3.5　思考讨论 044
2.4　整箱拣选 044
2.4.1　学习目标 044
2.4.2　理论知识 045
2.4.3　虚拟仿真场景设计 049
2.4.4　虚拟仿真场景实现 053
2.4.5　思考讨论 054
2.5　拆零拣选 054
2.5.1　学习目标 054
2.5.2　理论知识 055
2.5.3　虚拟仿真场景设计 058
2.5.4　虚拟仿真场景实现 065
2.5.5　思考讨论 066
2.6　集货发货 069
2.6.1　学习目标 069
2.6.2　虚拟仿真场景设计 069
2.6.3　虚拟仿真场景实现 072
2.6.4　思考讨论 073

第3章　拣选策略篇 074
3.1　知识框架 074
3.1.1　按单拣选 074
3.1.2　批量拣选 075
3.1.3　分区拣选 077
3.1.4　波次拣选 079
3.1.5　组合式策略 079
3.2　边拣边播 080
3.2.1　学习目标 080
3.2.2　虚拟仿真场景设计 080
3.2.3　虚拟仿真场景实现 087
3.2.4　思考讨论 089

- 3.3 先拣后播 089
  - 3.3.1 学习目标 089
  - 3.3.2 虚拟仿真场景设计 089
  - 3.3.3 虚拟仿真场景实现 098
  - 3.3.4 思考讨论 100
- 3.4 分区接力拣选 100
  - 3.4.1 学习目标 100
  - 3.4.2 理论知识 101
  - 3.4.3 虚拟仿真场景设计 103
  - 3.4.4 虚拟仿真场景实现 110
  - 3.4.5 思考讨论 112
- 3.5 分区并行拣选 115
  - 3.5.1 学习目标 115
  - 3.5.2 虚拟仿真场景设计 115
  - 3.5.3 虚拟仿真场景实现 121
  - 3.5.4 思考讨论 124
- 3.6 分区批量波次拣选 124
  - 3.6.1 学习目标 124
  - 3.6.2 虚拟仿真场景设计 124
  - 3.6.3 虚拟仿真场景实现 139
  - 3.6.4 思考讨论 142

第4章 仓库装备篇 143
- 4.1 知识框架 143
  - 4.1.1 装卸搬运装备 143
  - 4.1.2 整托盘存储与存取装备 144
  - 4.1.3 整箱存储与拣选装备 144
  - 4.1.4 拆零存储与拣选装备 145
  - 4.1.5 分拣装备 146
- 4.2 密集式托盘货架 147
  - 4.2.1 学习目标 147
  - 4.2.2 理论知识 148
  - 4.2.3 虚拟仿真场景设计 152
  - 4.2.4 虚拟仿真场景实现 160
  - 4.2.5 思考讨论 161
- 4.3 托盘自动化立体仓库 162
  - 4.3.1 学习目标 162
  - 4.3.2 理论知识 162

- 4.3.3 虚拟仿真场景设计 165
- 4.3.4 虚拟仿真场景实现 172
- 4.3.5 思考讨论 173
- 4.4 立体货到人拣选系统 176
  - 4.4.1 学习目标 176
  - 4.4.2 理论知识 177
  - 4.4.3 虚拟仿真场景设计 183
  - 4.4.4 虚拟仿真场景实现 192
  - 4.4.5 思考讨论 193
- 4.5 平面货到人拣选系统 194
  - 4.5.1 学习目标 194
  - 4.5.2 理论知识 194
  - 4.5.3 虚拟仿真场景设计 199
  - 4.5.4 虚拟仿真场景实现 209
  - 4.5.5 思考讨论 215
- 4.6 自动化分拣线 219
  - 4.6.1 学习目标 219
  - 4.6.2 理论知识 219
  - 4.6.3 虚拟仿真场景设计 228
  - 4.6.4 虚拟仿真场景实现 234
  - 4.6.5 思考讨论 237
- 4.7 AGV搬运系统 242
  - 4.7.1 学习目标 242
  - 4.7.2 理论知识 242
  - 4.7.3 虚拟仿真场景设计 245
  - 4.7.4 虚拟仿真场景实现 249
  - 4.7.5 常用技巧 249
  - 4.7.6 思考讨论 256
- 4.8 梁式起重机装卸系统 256
  - 4.8.1 学习目标 256
  - 4.8.2 理论知识 257
  - 4.8.3 虚拟仿真场景设计 258
  - 4.8.4 虚拟仿真场景实现 262
  - 4.8.5 思考讨论 264

第5章 数据分析篇 265
- 5.1 知识框架 265
  - 5.1.1 历史数据分析 265

5.1.2　仿真数据分析 269
5.2　工作人员动线分析工具及移动距离
　　分析工具 269
　　5.2.1　学习目标 269
　　5.2.2　分析工具介绍 269
　　5.2.3　虚拟仿真场景设计 270
　　5.2.4　虚拟仿真场景实现 271
5.3　作业效率与作业时序分析工具 274
　　5.3.1　学习目标 274
　　5.3.2　分析工具介绍 274
　　5.3.3　虚拟仿真场景设计 281
　　5.3.4　虚拟仿真场景实现 281

5.4　生产能力及图形化分析工具 291
　　5.4.1　学习目标 291
　　5.4.2　分析工具介绍 291
　　5.4.3　虚拟仿真场景设计 294
　　5.4.4　虚拟仿真场景实现 295
5.5　作业成本（ABC）计算工具 297
　　5.5.1　学习目标 297
　　5.5.2　分析工具介绍 298
　　5.5.3　虚拟仿真场景设计 305
　　5.5.4　虚拟仿真场景实现 305

参考文献 311

第 1 章

智慧仓库与虚拟仿真技术

1.1 仓库的概念与功能演化

1.1.1 仓库的概念

物流活动包括运输、存储、装卸、搬运、包装、流通加工、配送、信息处理等基本功能。其中，运输和存储是两类最主要的物流活动，而两类活动之间的状态转换离不开装卸和搬运。仓库在很多文献中被定义为存储保管货物的场所或建筑物。仅从字面意思理解，好像仓库只与存储活动有关。而现实中，存储、装卸、搬运、包装、流通加工、配送、信息处理功能的实现都离不开仓库这个空间载体。此外，以零散货物的包装、个性化定制及退货处理为代表的流通加工、配送过程中订单拣选和送货线路货物集结都需要在仓库内完成。

在当前经济全球化和供应链一体化的前提下，在采购环节，利用仓库可以开展规模化采购，降低原材料采购成本；在生产环节，仓库可以提升生产规模效应，优化工厂利用率，降低商业和供应链的安全风险；在交付环节，仓库可以提升运输的规模效应，在有效降低运输成本的同时，缩短订单履行时间，提供退货、客户定制及订单合并等增值服务，提升客户的体验。

现代仓库可以定义为：以满足供应链上下游的需求为目的，运用现代技术对货物的存储、装卸、搬运、包装、流通加工、配送及其信息进行有效的计划、执行和控制的场所。

1.1.2 仓库功能演化

仓库的功能是随着生产模式、信息技术和管理模式的演进变革逐渐发展出来的。

1. 第一阶段（1950—1969 年）

20 世纪 50、60 年代，多数企业采用大规模生产方式，当时信息技术还处于大型计算机时代。由于处于第二次世界大战后世界经济恢复建设时期，客户对产品质量的要求低，订单履行时间通常以月为单位。该阶段仓库的主要功能是货物的存储与保管，货物进出仓库采用大批量进出方式。

（1）规模化采购降低原材料采购成本　节省的采购成本在某些情况下足以抵消大批量采购增加的库存成本。对于某些企业，原材料的成本占整个产品销售价格的绝大部分，因此选择主要原材料的最佳采购时机成为企业降低成本的关键。很多企业投资开发了大宗商品走势预测系统，在价格最合适的时机大批量采购原材料存储在仓库中。

（2）提升生产规模效应　现在的生产模式大多数是多品种、小批量、个性化生产，今后的发展方向是个性化、定制化的生产。产品的多样性和个性化就要求频繁地切换生产，例如：因为是不同的式样，就要切换模具；因为是不同的加工方式，就要切换刀具；因为对材料有不同的需求，就要切换材料。这种切换要停止生产，是不创造价值的工作。尽管很多企业在精益生产过程中采用快速换模的方式，尽可能地减少切换的浪费，但是仍不可避免成本高昂且消耗时间的切换工作。在这种情况下，减少生产批量会增加切换成本，而采用大批量生产方式必将导致大批量的库存。

（3）优化工厂利用率　许多公司面临市场需求的明显起伏波动。例如，对一个生产节日卡片的公司来说，大部分需求产生在节日期间。如果该公司的生产能力按照高峰市场需求量进行设计，则该生产能力在全年大部分时间中都得不到充分利用。为了平衡生产和优化供应链成本，该公司在一年中按照固定的生产节拍生产节日贺卡，这种生产方式需要大量库存作为支撑。

（4）降低商业和供应链的风险　应急库存可以应对传统安全库存无法应对的特殊情况，包括自然灾害、国际贸易摩擦及其他不正常的供应链干扰。例如，对于通信和公共基础设施生产运营企业，需要规划一部分应急库存来保证在飓风、洪水和雪灾发生时的供应需求。

2. 第二阶段（1970—1989年）

20世纪70、80年代，以丰田为代表的JIT准时制生产快速发展，个人计算机逐渐得到应用，企业采用统计过程控制对质量进行严格把控，以箱为单位的订单越来越多，库存越来越少。库存减少使得对订单拣选活动的需求越来越大，仓库中设置专门的空间用于订单拣选作业。以存储与保管为主要职能的传统仓库转换为集存储与订单拣选为一体的物流配送中心。

流通企业通常经销多家生产企业的产品，经营范围越广，销售的产品品牌就越多。当面对大量多品种、小批量下游订单时，将多个订单有效组合、提高运输工具的满载率是降低物流成本的关键。仓库作为订单集结点可以提升运输的规模效应，将大量小的订单合并为大订单，将不满一车的订单合并为整车订单，将不满一集装箱的订单合并为整集装箱订单。

3. 第三阶段（1990—2010年）

20世纪90年代到21世纪初，随着互联网和经济全球化的快速发展，精益生产方式和供应链管理方法得到企业的重视，企业采用六西格玛管理方法对质量进行更严格的把控，订单响应时间缩短为以天为单位，仓库除了提供传统存储和订单分拣服务之外，还提供各种各样的增值服务，提升仓库的价值和竞争能力。通常情况下，产品是以散装形式或无标签形式装运到仓库里的，货物之间没有大的区别，仓库可以按照客户要求完成货物贴标、与赠品或宣传品合并包装等工作。

4. 第四阶段（2011年至今）

从2011年之后，电子商务和物联网技术的快速发展推动生产模式的转变，大规模定制化生产成为企业当前和未来发展的趋势，企业和客户对产品的质量问题零容忍，订单响应时间更是缩短为以小时为单位。

提高订单响应时效性的一个重要途径就是缩短仓库与客户之间的距离。生鲜类新零售行业，为解决最后一公里的配送时效问题，广泛采用在城市社区仓店一体化的模式。所谓"仓店一体"，是指将传统的零售超市、便利店，作为物流配送的前置仓。客户在线上下单后，产品从前置仓直接发货到门。

很多公司采用定制化延迟策略应对供应链波动挑战，即在仓库或配送中心内存放无差异的基本款产品，等收到客户订单后，才对产品按订单进行定制或差异化，如包装、颜色、贴纸、标签，这些简单加工作业不需要长时间的生产过程，在发货之前可以快速操作完成。采用定制化延迟策略，通常可以帮助制造商降低持有成本，通过无差别的产品分散需求风险，同时借助仓库提供的快捷物流服务，迅速把产品送到客户手中。此外，个性化标识、特殊包装、配套赠品、贺卡等增值服务都可以在仓库内进行，例如服装仓库配备缝纫机和熨烫机，满足客户在网上购买西裤和衬衫时修改裤长和袖长的要求。

一些大型零售商在新商品到达仓库后，首先将商品送至"拍量传"流水线。在流水线上配备摄影师和文案编辑，由他们进行商品的拍摄、尺寸测量并制作介绍商品的文案，从而可以保证在商品进货后，能迅速将商品的相关信息上传至网站。

当前，传统实体商店和电子商务企业都面临退货率高的挑战。例如，在美国消费电子产品的退货率大约为11%～20%。退货原因中，68%是因为与消费者预期不符，27%是无理由反悔，5%的产品有真正的缺陷。95%的产品需要翻新重新销售。在我国服装产品退货率大约在30%，线下实体店面销售低迷导致返货比例增加，而线上客户体验要求提高、电子商务无条件的退换货导致退货率居高不下。服装的退货流程非常烦琐，包括查检分类，对于翻新品进行补挂吊牌、补配饰、清洗、熨烫、扫单后，进入二次销售的循环。便捷便宜的退货服务会提升产品销售额和客户满意度。仓库通常分布在距离客户近的位置，适合承接零售商或制造商的退货翻新业务，例如测试故障、查检分类、清洁清洗、整理包装、确保产品吊牌或配件的齐备等，翻新后的产品可以与仓库内新产品一起配送，有效避免了翻新产品的专门配送服务，降低退货成本。

综合以上变化趋势，可以发现为满足客户个性化、即时化服务需求，仓库距离客户越来越近，仓库功能向销售和生产两端延伸，内容越来越丰富。由于仓库产品在仓库内都会经过人工接触作业环节，比如寻找、定位产品、从货架上取货、加工、记录、发送等，在接触的过程中进行深加工的额外成本，要低于产品在一个特殊设施中进行加工的成本。

配送中心正逐渐演化成为履行中心，在传统仓储与订单分拣功能的基础上，增加了定制贴标和包装、装配、国际运输准备、越库作业、退货翻新、仓店一体等增值功能，仓库与生产、销售之间的界限变得越来越模糊。与此同时，对于误差的允许度降至最低。

1.2 智慧仓库规划设计方法概述

1.2.1 智慧仓库的概念

从2015年以来，以物联网、大数据、云计算、人工智能为代表的新一代信息技术，以机器人为代表的智能装备技术，以虚拟现实为代表的虚拟仿真技术成功得到商业化应用，为仓库面对越来越多的零散订单、处理品规和增值服务，越来越短的订单响应时间，以及越来越低的作业差错率提供了有力的技术支撑。

智慧仓库可以定义为：为适应电子商务、供应链协同、全球化、快速响应和准时化生产的发展需求，运用新一代信息技术、智能装备技术、虚拟仿真技术，对货物的存储、装卸、搬运、包装、流通加工、配送及其信息进行智慧高效的计划、执行和控制的场所。

1.2.2 智慧仓库三维规划设计

智慧仓库三维规划设计需要从工艺流程、选型配置和组织调度三个角度依次入手，应用新一代信息技术、智能装备技术和虚拟仿真技术提升现场作业效率，降低成本，如图1-1所示。

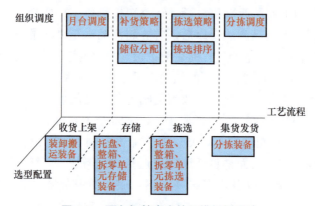

图 1-1　面向智慧仓库的三维规划设计

1. 工艺流程

工艺流程设计主要涉及对作业流程进行合理规划，减少或合并工艺环节。在第2章工艺流程篇中详细介绍了仓库收货、上架、存储、拣选、集货发货相关知识及流程优化策略。通过入库、整托盘拣选、整箱拣选、拆零拣选和集货发货五个虚拟仿真场景的设计与实现，加深对工艺流程知识的理解。

2. 选型配置

选型配置设计主要涉及对设备进行合理选型，对资源数量进行优化配置。本书将智慧仓库中常用装备根据经常出现的工艺环节归为五种类型：在收货上架场景中常用的装卸搬运装备、在存储场景中常用的整托盘存储与拣选装备、在拣选场景中常用的整箱单元存储与拣选装备、拆零单元存储与拣选装备，以及在集货发货场景中常用的分拣装备。在第2章工艺流程篇和第3章拣选策略篇中对传统仓库装备的相关知识进行了介绍；在第4章仓库装备篇中围绕常用的智能装备，包括密集式托盘货架、托盘自动化立体仓库、立体货到人拣选系统、平面货到人拣选系统、自动化分拣线、AGV搬运系统和梁式起重机装卸系统，专门设计了虚拟仿真场景，对设备功能和选型应用进行讲述。

3. 组织调度

组织调度设计是对具体流程环节中的现场作业进行有效组织、对作业顺序进行优化调度。拣货策略在第3章中进行了系统讲述，针对边拣边播、先拣后播、分区接力拣选、分区并行拣选以及分区批量波次拣选五种策略专门设计了虚拟仿真场景。除此之外，月台调度策略在 2.6.4 节习题 2 中、补货策略在 2.4.2 节中、储位分配策略在 2.2.2 节中、拣选排序策略在 4.4.2 节中、分拣调度策略在 4.6.2 节中分别进行了原理介绍和虚拟仿真场景设计。

1.2.3 智慧仓库双向数据分析

数据分析是开展仓库工艺流程、选型配置和组织调度设计的基础。智慧仓库固定资产投资大、设备控制复杂、作业协同度高，在方案设计前需要进行细致全面的历史数据分析，在方案定稿前需要开展仿真数据分析与论证优化。

1. 历史数据分析

通过历史入库、出库和库存数据分析构建一幅完整的仓库内物流活动特征画像，用于快速识别仓库活动整体与细节的特征，为仓库工艺流程、选型配置和组织调度设计决策提供支持。该数据分析处于设计初始准备阶段，利用仓库内物流活动特征画像设计一套或多套智能仓库方案。

在第 5 章数据分析篇中，对利用历史数据分析构建仓库用途特征、货物物理特征、物流单元特征、仓库吞吐量时间分布特征、货物活动特征和订单结构特征进行了详细讲解。

2. 仿真数据分析

通过将历史出入库数据导入方案数字模型中运行，生成仓库内的人员和设备的运动线路图、作业效率和作业时序图、生产能力图以及作业成本（ABC）计算表，用于快速诊断方案中工艺环节效率瓶颈、资源数量配置不均衡、作业过程中等待浪费，为仓库工艺流程、选型配置和组织调度优化提供决策支持。该数据分析处于方案论证阶段。根据仿真数据分析实现对设计方案的效率和效益论证，并对方案进行深化完善。

在第 5 章数据分析篇中设计了四个场景实验分别对作业人员动线分析工具及移动距离分析工具、作业效率与作业时序分析工具、生产能力及图形化分析工具和作业成本（ABC）计算工具四种仿真数据分析工具应用方法进行了详细说明。

1.3 物流系统仿真

1.3.1 乐龙物流仿真软件

乐龙物流仿真软件是一款面向仓库的专业虚拟仿真软件系统，可为物流中心的规划建设和改善提供有效的数字化分析手段。

1. 特点及优势

1）软件涵盖智慧仓库装备模块全面，不仅有普通仓库用到的货架、叉车、手推车等常用设备，也有先进的智能设备，例如自动码垛机、AGV 无人搬运车、自动轨道车、升降机、托盘自动立体仓库、移动货架、旋转货架、多层穿梭车式货架，便于实现快速建模。

2）内置了 300 多条仓库管理中专用命令语句，例如查找货架上的空货位，通过灵活的调用命令，可实现复杂的动作内容。软件中的作业人员已具有高度的智能，比如可动态识别两位置之间的最短路径和避开障碍物。

3）可实时显示从 GPS 和 RFID 等位置信息系统获取的数据，实现自动化位置感知和路线管理，为数字孪生建立提供了接口。

4）在对人员作业精益管理方面，可以详细划分人员的行为和工作结构，为作业人员行为方式和工作方法的改善提供了有力的分析工具。

2. 仿真流程

第一步：确立目标。进行系统仿真之前，首先要确立验证目标。

第二步：数据准备。准备物流中心布局方案图（CAD 图样）、进出库数据、货物基本信息等。作业内容和数据越准确，系统仿真的准确度就会越高。

第三步：仿真建模。逐一配置设施、设备和作业人员，根据现场调研数据设定相关性能参数。

第四步：模型运行。运行系统仿真模型，观察系统仿真运行窗口中的过程演示。

第五步：结果分析。系统仿真模型运行结束后，输出运行结果日志。运用软件自带分析功能，用分析工具读取已经输出的日志，获得分析图表，发现方案中存在的效率瓶颈和不合理之处。

第六步：仿真模型优化和改进。

1.3.2 仿真运行窗口

如图 1-2 所示，仿真运行窗口包含菜单栏、工具栏、设备栏、图层表示栏、时间栏、视图控制栏、消息栏和状态栏。

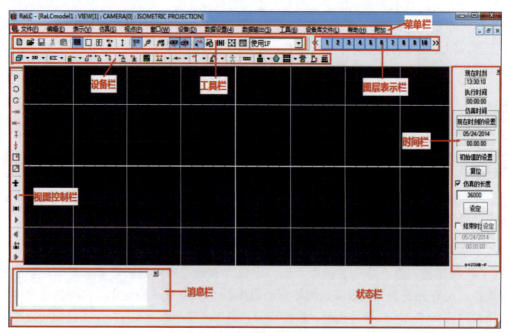

图 1-2 仿真运行窗口功能布局

1. 菜单栏

菜单栏中包括所有菜单项，如"文件""编辑""表示""仿真""视点""窗口""设备""数据设置""数据输出""工具""设备库文件""帮助""附加"等。在"表示"中对工作窗口栏目显示进行设置，选中栏目即可在工作窗口中显示，取消选中栏目则不会在工作窗口中显示。

2. 工具栏

工具栏中包括通用的功能按钮。将鼠标指针放置在对应功能按钮上静止 1s 左右，则会弹出该功能按钮的注释。其中，"格子"按钮显示底图格子，取消选中后底图格子消失；"全选设备模式"按钮可以实现选中一定范围内的所有设备；"使子设备可以移动"按钮适用于移动子设备的操作，在软件中有一些模型包含子设备（例如货架区的子设备为货架），不选择"使子设备可以移动"按钮则无法单独移动子设备。

3. 设备栏

设备栏上罗列着常用物流设备模块按钮（例如传送带、机器人等），如图 1-3 所示。

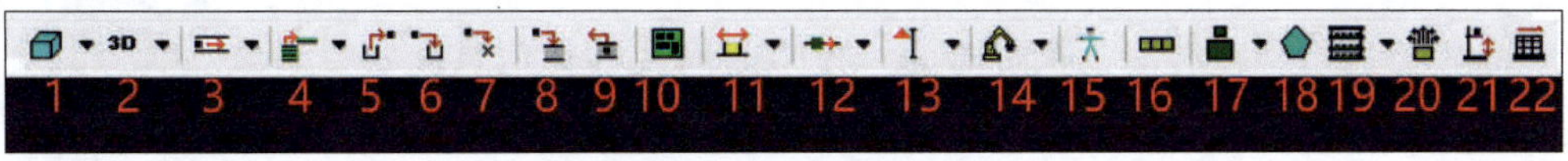

图 1-3　设备栏窗口布局

1）：装饰物，包含立方体、球、卡车等模块，用于模型环境的配置装饰。
2）：3D 字符，用于建立 3D 字符串，可放置在某些位置标记，用于提示或标注等。
3）：传送带，包含多种类型的传送带，用于自动运输货物。
4）：托盘生成器，生成托盘（或容器）的模块。
5）：部件生成器，生成货物的模块。
6）：笼车，可以自动生成笼车，笼车用于装载货物。
7）：部件消除器，用于消除传递到此模块上的货物或者托盘。
8）：装载平台，自动将货物码放至托盘的设备。
9）：卸货平台，自动对托盘上的货物进行拆垛的设备。
10）：托盘，包含托盘和散件托盘。
11）：平板车，沿着轨道往返运送物体的有轨搬运车（RGV），其下拉菜单中还包含电梯、升降机（往复提升机）、垂直搬运机（循环提升机）和梁式起重机。
12）：AGV 轨道，下拉菜单含 AGV 移动的各类轨道和 AGV 管理器。
13）：智能点，用于设置货物传递或分配的逻辑。
14）：机器人，装卸机械手。
15）：智能人，用于拿取、搬运、放置物体。
16）：定时计数器，用于计数/定时的装置。
17）：XML 作业管理器，用于指挥下属作业人员完成规定作业内容，其下拉菜单还包含作业要求路由器。
18）：XML 日程管理器，用于管理和分配导入的数据文件。

19）▇：货架区，用于生成各类型货架（货架、旋转货架、流动货架和驶入式货架）。下拉菜单中还包含临时保管区▇、移动货架▇、摞放区▇和带格子的临时保管区▇。

20）▇：初始库存设定管理器，用于管理存储类设备（自动化仓库、货架区货架等存储设备）的初始库存。

21）▇：自动化仓库，能自动存储和取出货物的仓储系统，由多层货架构成，通常是将货物存放在标准料箱或托盘内，通过巷道式堆垛机对任意货位实现货物的存取操作，实现对物料的自动存取控制和管理。

22）▇：自动化仓库控制器，一般与自动化仓库一起使用，用于控制自动化仓库自动出库的设备。

4. 视图控制栏

视图控制栏用于输出 AVI 视频文件。

5. 时间栏

时间栏上显示现在时间、执行时间、模拟时间及其他信息，如图 1-4 所示。

6. 消息栏

消息栏上实时显示运行状态，包括日志信息和事件。

7. 状态栏

状态栏用于显示仿真运行的状态。

图 1-4　时间栏

8. 图层表示栏

通过图层表示栏上的按钮，可切换各图层的显示/不显示状态。最多可以设置 30 个图层。通过将模型设备分类放置在不同的图层，实现设备分图层管理。

1.3.3　仿真编程调试窗口

1. 程序编写

双击 XML 作业管理器，弹出程序编辑窗口，如图 1-5 所示。程序编辑窗口内包含行号、程序编辑区域和消息区域。在初始状态下，程序编辑区域内存在四行默认指令。

2. 程序调试

在程序调试过程中，需要在程序中设置断点，并进行分步调试。作业管理器程序编辑窗口工具栏中有"排除故障状态"按钮，单击此按钮即可进入程序调

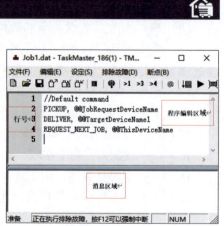

图 1-5　作业管理器程序编辑窗口

试窗口，如图 1-6 所示，在行号与程序指令之间有"调试列"，用于设置调试断点。

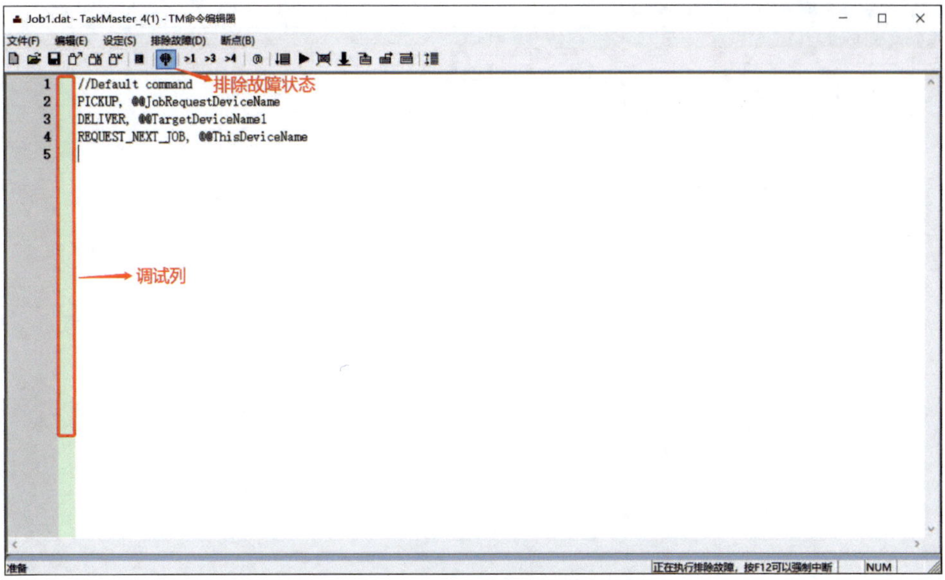

图 1-6　作业管理器程序调试窗口（1）

如图 1-7 所示，当需要将程序运行至第三行代码停止时，用鼠标左键单击第三行"调试列"处，该位置出现蓝色圆形光标，单击工具栏中"执行到光标所指行"按钮，程序运行至蓝色圆形光标所在行时停止。当需要将程序进行逐行运行调试时，每单击工具栏中"按步执行"按钮一次，程序将沿行号向下执行一行。

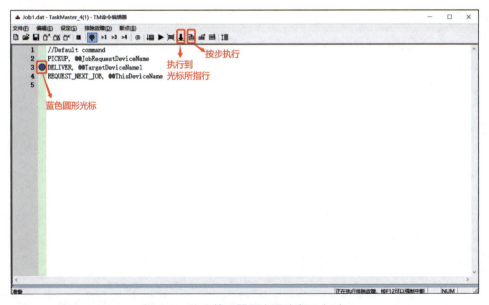

图 1-7　作业管理器程序调试窗口（2）

如图 1-8 所示，在调试程序时可同时单击工具栏中的"参数表示"按钮，窗口左侧弹出变量名子窗口，子窗口内显示该作业管理器程序中涉及变量的当前值。

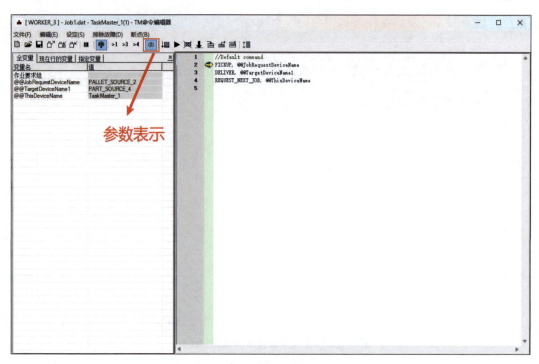

图 1-8　作业管理器程序调试窗口（3）

如图 1-9 所示，程序调试结束后，单击工具栏中的"设定到 TM"按钮，弹出作业管理器程序保存窗口，单击"OK"或"保存"按钮保存程序。

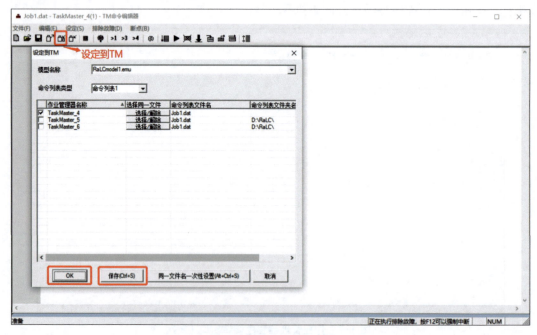

图 1-9　作业管理器程序保存窗口（1）

当需要将程序复制保存到多个作业管理器时，单击工具栏中的"设定到 TM"按钮，弹出作业管理器程序保存窗口，如图 1-10 所示，勾选相应的"作业管理器名称"，单击"保存"

按钮，即可将当前程序代码复制保存到相应的作业管理器内。

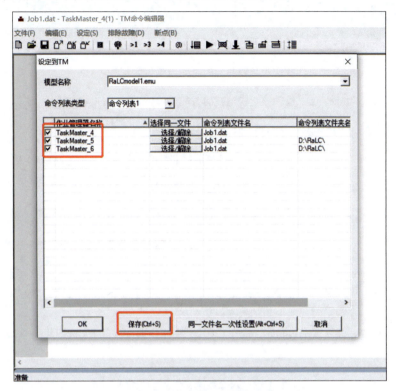

图 1-10　作业管理器程序保存窗口（2）

1.3.4　仿真数据文件制作环境

将仓库历史数据导入商品信息、入库信息、库存信息和出库信息四类仿真数据模板文件（CSV 格式文件），再通过 XML 变换工具将其转为仿真数据文件（XML 格式文件），在模型运行前提前读入。

1. 仿真数据模板文件

（1）商品管理文件（ProductMasterFile.csv）　用来导入仿真模型中出现货物的物理特征，表格列字段含义见表 1-1。

表 1-1　商品管理文件列字段含义

列 标	项 目 名 称	含义及应用
A	name	货物名称，用字母及数字表示，不能用中文
B	style	物流单元包装形式，Bara、Inner、Outer 三类中的一种（Bara 代表单品，Inner 代表中包装，Outer 代表箱装）
C	length	每种包装的长度，单位为 m
D	width	每种包装的宽度，单位为 m
E	height	每种包装的高度，单位为 m

（续）

列　标	项目名称	含义及应用
F	count	每种作业单元中所含单品数量
G	picktime	拣选该货物消耗的时间，单位为 s
H	checktime	检验该货物消耗的时间，单位为 s，可以省略不填
I	category	货物的附加说明信息，可以省略不填
J	assorttime	分拣/分类该货物消耗的时间，单位为 s，可以省略不填
K	penaltytime	处理该货物另外消耗的时间，单位为 s，可以省略不填
L	amount	货物包装的体积，单位为 m^3，可以省略不填
M	red	作业单元的颜色，R、G、B 三基色值大于 0 小于 1，可以省略不填
N	green	作业单元的颜色，R、G、B 三基色值大于 0 小于 1，可以省略不填
O	blue	作业单元的颜色，R、G、B 三基色值大于 0 小于 1，可以省略不填

（2）入库数据文件（ArriveData.csv）　用来导入仿真运行的入库数据，表格列字段含义见表 1-2。

表 1-2　入库数据文件列字段含义

列　标	项目名称	含义及应用
A	OrderListID	货物入库编号，用字母及数字表示，不能重复，如 ID0001、ID0002
B	ProductID	入库货物名称，等同于商品管理文件中的 name，名称必须在管理文件中定义过
C	ProductIDExt	给入库货物添加附加说明信息，可以省略不填
D	Quantity	货物入库数量，按单品数量计算
E	Style	入库货物包装形式，Bara、Inner、Outer 三类中的一种（Bara 代表单品，Inner 代表中包装，Outer 代表箱装）
F	Location2	入库货物要送达的库位编号，编号规则为"货架区-货架排号-货架列数-货架层数"。例如"01-02-03-04"代表 01 区域中 02 排货架第 3 列第 4 层的货位
G	To	送达库区的库存管理器名称，可以省略不填
H	Destination	给货物添加目的地信息，可以省略不填
I	Route	给货物添加转送路径信息，可以省略不填

（3）货架初始库存数据表（StockInitializeData.csv）　用来导入普通货架在库货物初始信息，表格列字段含义见表 1-3。

表1-3 货架初始库存数据表列字段含义

列标	项目名称	含义及应用
A	OrderListID	在库货物编号,用字母及数字表示,不能重复,如ID0001、ID0002
B	ProductID	在库货物名称,等同于商品管理文件中的name,在库货物的名称必须在管理文件中定义过
C	ProductIDExt	在库货物附加信息说明,不能用中文,可以省略不填
D	Quantity	在库货物数量,按单品数量计算,可以用"-1"表示数量无限
E	Location	在库货物库位编号,编号规则为"货架区-货架排号-货架列数-货架层数"。例如"01-02-03-04"代表01区域中02排货架第3列第4层的货位
F	Destination	该货物的目的地信息,可以省略不填
G	BarCode	在库货物的条码,可以省略不填
H	AssortCode	在库货物用于分类时的分类码,可以省略不填
I	Route	路径信息,用于描述货物出库时的搬运路线
J	ColorR	在库货物的颜色表现,R、G、B三基色值大于0小于1,可以省略不填
K	ColorG	在库货物的颜色表现,R、G、B三基色值大于0小于1,可以省略不填
L	ColorB	在库货物的颜色表现,R、G、B三基色值大于0小于1,可以省略不填

(4)自动仓库初始库存数据表(CraneInitializeData.csv) 用于定义自动立体仓库的初始在库货物信息,表格列字段含义见表1-4。

表1-4 自动仓库初始库存数据表列字段含义

列标	项目名称	含义及应用
A	OrderListID	在库货物编号,用字母及数字表示,不能重复,如ID0001、ID0002
B	ProductID	在库货物名称,等同于商品管理文件中的name,在库货物的名称必须在管理文件中定义过
C	Quantity	在库货物数量,按单品数量计算,可以用"-1"表示数量无限
D	Location	在库货物库位编号,编号规则为"货架区-货架排号-货架列数-货架层数"。例如"01-02-03-04"代表01区域中02排货架第3列第4层的货位
E	BarCode	在库货物的条码,填入::SELF_LOCATION,表示用本身的库位编码作为条码
F	ColorR	在库货物的颜色表现,R、G、B三基色值大于0小于1,可以省略不填
G	ColorG	在库货物的颜色表现,R、G、B三基色值大于0小于1,可以省略不填
H	ColorB	在库货物的颜色表现,R、G、B三基色值大于0小于1,可以省略不填

(5)货架出库数据表(ShipmentData.csv) 用于定义普通货架出库任务信息,表格列字段含义见表1-5。

表1-5 货架出库数据表列字段含义

列标	项目名称	含义及应用
A	OrderListID	货物出库编号，用字母及数字表示，不能重复，如ID0001、ID0002
B	ProductID	出库货物名称，与在库货物信息一致
C	ProductIDExt	出库货物的附加信息说明，不能用中文，可以省略不填
D	Quantity	出库货物的数量，按单品数量计算
E	Style	出库货物包装形式，Bara、Inner、Outer三类中的一种（Bara代表单品，Inner代表中包装，Outer代表箱装）
F	From	填入初始库存设定管理器的名称
G	Location	出库货物的货位编号，以"货架区-货架号-货架位数-货架层数"的顺序写入。例如"01-02-03-04"即代表01区域中编号为02的货架中第3位第4层的货位
H	To	送达目的库位的初始库存设定管理器的名称，与出库的管理器相同时，可以省略不填
I	Location2	所送达新库位编号，如果没有，可以省略不填
J	Destination	出库货物的转送目的地地址信息，可以省略不填
K	BarCode	给出库货物设定条码信息，可以省略不填
L	AssortCode	给出库货物设定分类编码，可以省略不填
M	Route	给出库货物设定转送路径信息，可以省略不填
N	Option	特殊需求下可设置的参数

（6）自动仓库出库数据表（CraneShipmentData.csv）　用于定义自动立体仓库出库任务信息，表格列字段含义见表1-6。

表1-6 自动仓库出库数据表列字段含义

列标	项目名称	含义及应用
A	OrderListID	货物出库编号，用字母及数字表示，不能重复，如ID0001、ID0002
B	ProductID	出库货物名称，同商品管理文件中的name，与在库货物信息一致
C	Quantity	出库货物的数量，按单品数量计算，自动库整托盘送出，此处数量可以省略不填
D	Destination	给出库货物设定目的地地址信息，可以省略不填
E	BarCode	给出库货物设定条码信息，可以省略不填
F	Output	当有多个出库口时，需要指定货物从哪个出口出库；只有一个出口时，可以省略不填
G	ShippingBarCode	出库货物库位编号
H	AssortCode	给出库货物设定分类编码，可以省略不填
I	Route	给出库货物设定转送路径信息，可以省略不填
J	Option	出库后的相关操作，如在出库口拣选（Picking）、卸货平台拣选（Depalletize）、给其他仓库补货（Replenish）

（7）自动仓库出库拣选数据表（CranePickingData.csv） 用于定义自动立体仓库出库任务信息，表格列字段含义见表 1-7。

表 1-7　自动仓库出库拣选数据表列字段含义

列　标	项 目 名 称	含义及应用
A	OrderListID	出库拣选编号，此处等于自动仓库出库货物的编号
B	ProductID	拣选货物的名称，要和自动库出库的货物名称、库位、条码一致
C	ProductIDExt	附加货物的附加说明信息，可以省略不填
D	Quantity	拣选货物的数量，按单品数量计算
E	Style	拣选货物包装形式，Bara、Inner、Outer 三类中的一种（Bara 代表单品，Inner 代表中包装，Outer 代表箱装）
F	From	可以省略不填
G	Location	货物出库的库位
H	Destination	给拣选的货物添加目的地信息，可以省略不填
I	Route	给拣选的货物设定转送路径信息，可以省略不填
J	Option	可以省略不填

（8）卸货平台拣选表（DepalletizePicking.csv） 用于定义卸货平台货物拣选任务，表格列字段含义见表 1-8。

表 1-8　卸货平台拣选表列字段含义

列　标	项 目 名 称	含义及应用
A	OrderListID	卸货平台拣货顺序码，此处与自动立体库出库货物条码相同
B	ProductID	在卸货平台拣选货物的名称，必须和自动仓库出库的货物名称一致
C	Quantity	在卸货平台上拣选货物的数量，按单品数量计算
D	Style	拣选货物的包装形式，Bara、Inner、Outer 三类中的一种（Bara 代表单品，Inner 代表中包装，Outer 代表箱装）
E	Destination	给拣选出的货物添加目的地信息，可以省略不填
F	BarCode	给拣选出的货物添加条码信息，可以省略不填
G	Route	给拣选的货物添加转送路径信息，可以省略不填

2. XML 变换工具格式转化

1）打开 XML 变换工具后，单击窗口中的"CSV 文件的取得"按钮，读入制作完成的模型数据表格（CSV 格式文件），如图 1-11 所示。

在"读取 CSV 文件"窗口中，选择要读入的 CSV 文件类型，单击"OK"按钮，在弹出的对话框中选择需要导入的仿真数据文件（CSV 格式文件），如图 1-12 所示。

常用的 CSV 文件种类所对应的仿真数据模板名称见表 1-9。

图 1-11　XML 变换工具窗口

图 1-12　读取 CSV 文件窗口

表 1-9　常用 CSV 文件种类与数据表格名称的对应

CSV 文件种类	对应仿真数据模板名称
商品管理	ProductMasterFile.csv
初始库存	StockInitializeData.csv/CraneInitializeData.csv
入库	ArriveData.csv
出库	ShipmentData.csv
自动仓库出库	CraneShipmentData.csv
卸货平台拣选	DepalletizePicking.csv

2）仿真文件读入完成后，需进行相关设置。以入库文件设置为例，单击 XML 变换工具窗口中的"换到入库的设定画面"按钮，切换到设定入库文件窗口，如图 1-13 所示。

设定入库XML文件		返回到MENU		设定操作文件	
XML文件No	No02				
工作表名称	ArriveData				
文件类型	打开入库				
时间设定	2022/01/01 00:00:00				
OrderMasterDevice	5				
OrderSubDevice	1				
OrderKubun	01				
操作文件名					
设定纽带捆绑					
工作表名称					
操作文件的类型					
OrderMasterDevice					
OrderSubDevice					
OrderKubun					
其它的设定1					
其它的设定2					
其它的设定3					
其它的设定4					
其它的设定5					

图 1-13　设定入库文件窗口

入库文件基本设定包括"时间设定""OrderMasterDevice"和"OrderSubDevice"三项。

◇ 时间设定：开始进行入库操作的时间，正确输入格式为"YYYY/MM/DD hh:mm:ss"；

◇ OrderMasterDevice：填写用于读取数据信息的 XML 日程管理器的名称；

◇ OrderSubDevice：填写直接引用入库数据文件的设备名。

3）如图 1-14 所示，设定 XML 变换工具窗口中"模拟的开始时间"，格式为"YYYY/MM/DD hh:mm:ss"。

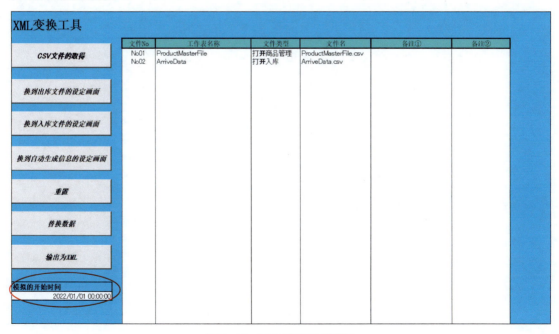

图 1-14　XML 变换工具窗口

4）单击 XML 变换工具窗口中的"输出为 XML"按钮，指定 XML 文件保存的文件名和文件目录后单击"保存"按钮，弹出"仿真管理文件的制作"窗口，选择"是"，弹出"设定仿真管理文件"窗口，输入模拟开始时间以及估计时间间隔，如图 1-15 所示。XML 文件保存完毕后，显示处理结束信息框。

> **注**
>
> 设定入库文件窗口中的"时间设定"值应当晚于 XML 变换工具窗口中的"模拟的开始时间"。

图 1-15　设定模拟管理文件窗口

5）仿真开始运行之前，单击仿真运行窗口菜单栏中的"文件"—"仿真定义文件的读取"，调用制作好的 XML 文件 SimulationMasterFile.xml。

第 2 章

工艺流程篇

2.1 知识框架

仓库具有的基本物流工艺流程包括收货、上架（将货物放置在库内）、存储、订单拣选、集货发货。其中，收货和上架环节属于入库环节，订单拣选和集货发货属于出库环节，存储属于出入库之间货物处于相对静止状态的中间环节。

2.1.1 收货

供应货车发车前给仓库发送预约到货通知。仓库可以提前安排好停放月台、搬运人员和车辆，为卸货作业做好准备。有的仓库甚至预留好上架货位，实现与仓库内的其他活动有效协调。

当送货车辆到达后，收货员会将驾驶人所带的随车同行单与采购计划进行对照，确定是否一致。信息核对后，将车厢内的货物卸至待检区。从上游发来的货物一般以托盘为承载单元在车厢内存放，搬运设备可以直接搬运至待检区。如果货物直接在车厢内堆放，则需要根据货物包装形式以及库内码放高度限制码放在托盘上，然后再用搬运设备搬运至待检区。

质量检验人员对待检区内的货物外观和数量将进行检验，有些企业要求开箱抽检箱内货物。以医药行业为例，按照一定的比例对货物进行开箱抽检，重点检查箱子边角处的商品是否受到挤压损伤。而对于某些 B2C 电子商务企业，会要求全部入库货物都开箱检验，这样做的原因在于：一方面可以掌握每件货物的质量，减少后期由于质量原因增加的退货成本；另一方面客户订单内绝大多数是散件货物，这样可以节省后期拣货员拆箱时间，提高拆零拣选效率。简单的检查通过目测完成，有些复杂的检查需要到实验室完成。商品如存在问题将被标注异常情况，例如破损、数量错误、描述说明有问题等，需要放置于退货区。质检合格的货物做好合格标识，等待入库上架。

检验作业既浪费时间，又消耗空间，因此是收货环节规划和优化的重点。通过加强与供应商信息对接简化信息核对作业、应用 RFID 等标签技术简化识别清点作业，可以有效减少这部分成本。

2.1.2 上架

上架作业是将货物放置于存储区的过程，具体包括搬运货物和放置货物至指定存储位置。在将货物入库之前，必须为货物确定好合适的存储位置。储位分配工作至关重要，因为货物存储位置很大程度上决定了后续拣取货的速度和成本。储位分配优化策略将在 2.2.2 节中专门讲述。作为仓库管理者，必须时刻清楚仓库内还有多少可用货位和承载空间。

当货物完成上架，应通过扫描标签等技术方式记录商品放置的货位。只有把作业完成信息通知仓库管理系统，系统才可以更新库存数据。

2.1.3 存储

存储是货物在等待出库指令前的储存过程。在整个储存期间，为保持货物的原有使用价值，仓库需要采取一系列保管措施，例如盘点作业和保养作业。

仓库盘点作业是指对在库的货物进行账目和数量上的清点作业，检查库存实物与账册记录是否相符，保持正确的库存记录。由于仓库内的货物不断地进出，在长期积累下，理论库存与实际库存之间难免会存在差异，因此必须定期进行盘点作业。

储存在仓库里的货物每时每刻都在发生变化，保养的任务就是在认识和掌握各种库存货物变化规律的基础上，采取相应的组织管理和技术措施，有效地避免外界因素的影响，创造适宜的环境，提供良好的条件，最大限度地减缓和控制货物品质下降，以保持货物使用价值。例如在医药配送中心内，养护员应定期对库存药品的养护情况进行检查，检查内容包括：贮藏条件、养护设施、设备、药品质量、药品分类储存情况、环境卫生。

2.1.4 拣选

拣选是为满足客户订单将货物从存储系统中取出的过程。拣选是仓库提供给客户最基本的一项服务，也是传统仓库中劳动最密集、消耗时间最多的一个工艺环节，因此该环节是仓库规划与设计优化的重点。

收到客户订单后，仓库通常不会直接把客户订单下发给拣货员进行作业，而是需要将客户订单进行处理构建拣选任务单，具体步骤如下：

1. 库存验证

验证库存是否满足发货要求，是否存在缺货情况，保证拣货员的有效作业。

2. PCB（Pallet、Case、Buck，即托盘、箱装、单品）拆分

根据一箱货物存储数量、一托盘货物的码放箱数，将客户每种货物的订货数量拆分成多种物流单元数量的作业任务集合。仓库内的物流单元通常指托盘、箱和单品三种形式，如图 2-1 所示。

例如客户订单中包含 A 商品 125 件，每箱箱装标准 20 件，每托盘码放标准 4 箱，则一行简单的客户任务被拆分成三行具体的作业任务即 1 托盘 A 商品、2 箱 A 商品和 5 件单品 A 商品。之所以根据物流单元将任务进行拆分，主要原因是物流单元不同则采用的拣选工具及存储空间不同。以托盘货架为例，货架一层用于整箱拣选，拣选工具使用拣选叉车；二层及以上用于整托盘

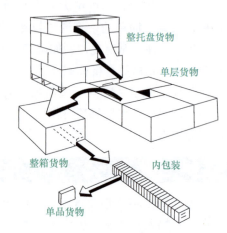

图 2-1 供应链流动中货物物流单元变化

单元拣选，拣选工具使用举升叉车。单品货物的拣选被称为拆零拣选，该作业很少在托盘货架内完成，而是将其开箱后存放在专门的搁板式货架内，作业人员像逛超市一样手推小车进行拣选。

由于物流单元不同，采用的存储设备和拣选工具存在明显差异，仓库内整托盘拣选、整箱拣选和拆零拣选设定独立区域，安排专人负责。在订单拣选环节，拣选任务根据对应的物流单元不同，划分为整托盘拣选、整箱拣选和拆零拣选三类作业。

整托盘拣选、整箱拣选和拆零拣选在对应的整托盘存储与拣选区、整箱拣选区和拆零拣选区内独立完成。其中，整托盘存储与拣选区内货物以托盘为物流单元存取，以满足货物大批量存储的需求为主，通常将其划分为存储区；整箱拣选区和拆零拣选区内存储货物数量有限，以满足货物小批量的拣选需求为主，通常将整箱拣选区和拆零拣选区划分为拣选区，如图2-2所示。相对存储区来说，拣选区可以以较小的空间包含全部待拣品规，拣选作业被限制在小区域内完成，大大缩短行走距离，节省拣选人力成本。

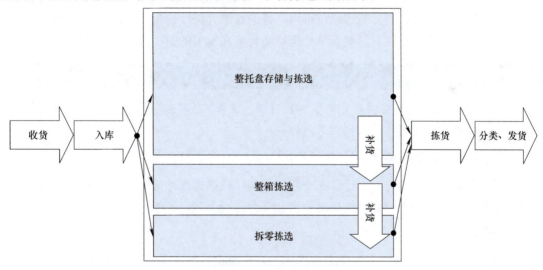

图2-2 仓库工艺流程图

由于拣选区存储货量少，在作业过程中容易产生缺货，为了保证订单拣选过程不因货物缺货而暂停，需要设置补货作业，具体包括整箱拣选区至拆零拣选区的补货，以及整托盘存储与拣选区至整箱拣选区的补货。补货人员一次将整箱或整托盘的货物移动至拣选区，因此较少的补货人员即可满足很多拣货员的作业补给需求。根据经验，1个补货人员可以满足5个拣货员的作业，但是这个经验取决于单次补货数量的多少。一次补货成本要高于单次拣选成本，因为补货人员必须从存储区取出货物，然后以整托盘或整箱的方式送至拣选区，并且为拣货员拣选做好前期准备工作，例如提前去除托盘上的收缩薄膜，以保证拣货员方便取出单箱货物，或是提前打开箱子或者将纸箱包装换为周转箱，以保证拣货员方便取出单品货物。

3. 任务重组

以提升效率为目标，根据当前仓库布局和运营情况重新组织拣选任务，将客户订单进行必要的拆分、合并和任务排序后，生成拣选任务单指导订单拣选作业。拣选任务单作为拣选作业指导书，告诉人员或设备到仓库的什么位置拣选多少数量的某类货物。

4. 任务下发

拣选任务单可以是专门打印的纸质单,或者通过电子标签、手持设备或语音方式传递给拣货员任务信息。在很多业务现场,拣选任务单可以是一组包含任务信息的发货标签。如果是整箱拣选,在拣货过程中随手将发货标签贴在箱面上;如果是拆零拣选,边拣边把发货标签放置于对应的周转箱内,到复核包装后完成贴签。

以上步骤通常由仓库管理系统(Warehouse Management System,WMS)来完成。仓库管理系统是一套用于管理仓库内各类工艺活动的信息系统。智能仓库管理系统会采用优化算法将客户订单任务进行高效重组,通过任务拆分、合并以及下发顺序的调整等优化方式生成拣选任务,可实现作业效率的提升。例如,将小尺寸订单(将订单内每一种品项的拣选任务定义为一个订单行。小尺寸订单单一订单内订单行少,且单一订单行拣货数量少)合并在一起拣选,一次行走可以完成更多的拣选任务;将大尺寸订单(单一订单内订单行多,且单一订单行拣货数量多)拆分至多个人同时完成,每个拣货员被安排在库内一个固定的区域作业,以缩短行走距离。此外,仓库管理系统可以对拣选行进行排序优化,保证拣货员在单次行程中访问的货位依次有序出现。这些订单拣选策略将会在本书的第 3 章中专门讲述。

2.1.5 集货发货

集货发货是将拣选出来的货物根据客户订单、发货车辆线路进行集合,经复核和包装后装车。具体来说,发货作业包括以下内容:

1. 订单分拣或订单合流

订单分拣是将多个客户订单合并在一起拣货的(批量拣选)货物按单个客户订单分开;订单合流是将被拆分的客户订单的拣出货物合并至同一个客户订单。

2. 订单复核

订单复核是检查订单的完整性和准确性。订单准确性是衡量客户服务水平的一个重要指标。错误订单不仅会干扰客户的正常运营,还会产生退货。退货的处理成本非常高,是普通发货成本的 10 倍以上。

3. 包装

包装就是将货物放置于合适的发货容器中。包装是一个劳动强度大的环节。拆零拣选出的货物通常放置于周转箱内,包装人员虽然基本不需要走动,但是需要将周转箱内的货物一件一件取出放置于空发货容器中。正因为每件单品被处理一遍,这个过程也便于复核客户订单的准确性,因此通常将复核和包装两个作业同步进行。

随着网上下单模式的普及,客户下单的随机性提升,包装环节面临更大的挑战。很多企业都遵循同一时间段内的同一个客户的不同订单尽可能地打包在一起的包装原则,一方面可以降低自身的发货成本,另一方面也能降低客户的收货成本,提升客户的满意度。但是,这会让部分发货必须等待全部商品到齐才能包装,否则部分订单必须单独打包发送。

在亚马逊公司,如果同一个客户在网络上前后下单间隔 15min 以上,则仓库不会将订单进行合并,而是分别包装发货,因为对电子商务企业来说,快速响应是最重要的,不能将订单任务进行长时间积攒。我国很多电子商务公司也采用了亚马逊的策略,但是为了减少上门配送的次数,提升客户满意度,采用了在最末端配送站点对同一客户不同订单进行合并的方式。

4. 单元化托盘码垛

如果发货车辆采用带托盘运输的方式,需要将包装好的货物码放至托盘。为了避免运输过程中散垛情况出现,很多现场对码放完毕的托盘货物进行缠膜或捆绑操作。

5. 订单线路集合

订单线路集合就是将客户订单根据发货线路集合完成后装入货车。如果客户订单必须按照交货的相反顺序装载,或者运输距离很长,要求尽可能将每辆拖车完全装满,则发货前可能需要暂存。由于增加了两倍的搬运作业,发货暂存带来更多的作业量。

此外,发货前需要准备发货文档,包括包装清单、地址标记、提货单。如果货物发快递或快运,还要对发货包裹进行称重或体积检测,作为核算发货费用的依据。车辆发货前可能进行扫描,记录车辆离开仓库的时间,并进行库存更新。

2.1.6 简化流程

1. 直接上架至存储区

经过供应商仓库装车发货,到配送中心卸货后上架至存储区,补货至拣选区,拣选区拣选货物至发货月台,发货装车,到达目的仓库车辆卸货,这一过程相比于传统收货省略了待检区质检过程,卸车后直接将货物搬运至存储区。

要消除收货检验作业,企业必须建立一套收货质量合格标准,并将其作为供应商选择标准和供应商绩效管理的重要组成部分。每当发现供应商货物不合格,都应采用数字化技术实时录入到供应商绩效记录中。

此外,如果货物必须要检验,而仓库收货区空间不足,也可以采用直接上架至存储区的方式,即将靠近入库站台的部分存储位暂时定义为暂存区,在卸货入库完毕后,再开展货物的正式接收工作。

2. 越库作业

在越库作业中,货物收货后经过严格细致的计划立刻分拣至不同的出库订单,并直接移动至相应的发货月台,因此,其最显著的特征是实现货物从配送中心的入库月台至发货月台。收货的最终目的是为发货订单准备货物,所以越库作业是一类效率非常高的收货方式。

最简单的越库作业,是一整车进库的货物都提前分类整理好,然后直接分拣到一辆或多辆出库货车中。针对物流时效性要求高、入库货物已完成发货预包装和订单贴标,并且不必与订单中其他货物合单的应用场景,可以采用最简单的越库作业方式。例如,快递行业的区域分拨中心包裹与信函的分拣,每一件到货信函/包裹上在揽货时就包含明确的运单信息,卸货后通过分拣设备将信函/包裹根据运单信息直接分拨至发货月台装车。

相对复杂的越库,货物收货后不能直接装车,而是直接参与订单拣选。图2-3为某大型连锁零售卖场的区域配送中心布局图。公司定期将各门店卖场的订单汇总，按照供应商整合为采购订单下发给对应的供应商，供应商按采购订单以托盘为单元送货至配送中心，卸货至收货暂存区，操作人员操作拣选叉车从收货暂存区插取整托盘货物，扫描托盘上的条码获取货物信息，然后以播种的形式人工分拣到门店，当门店订单完成后，直接送至发货暂存区等待装车。

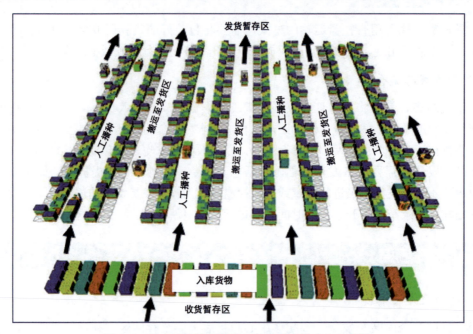

图 2-3 某大型连锁零售卖场的区域配送中心布局图

对于采用单一品项托盘或整箱送货的货物，如果供应商提前将货物信息标识在托盘或箱子的条码或射频标签上，仓库管理系统能够直接识别，则适合采用越库作业。如果到货的托盘上或箱子内放置的是混合品项，则在越库作业前必须先完成货物分拣，这样就会降低越库作业的高效性，甚至超出越库作业的限制时间。此外，在缺货订单中紧急的未完成的待拣货物，以及物流企业内部不同配送中心之间的调拨货物也适合采用越库作业。

2.2 入库

2.2.1 学习目标

1. 理论知识

1）工艺流程：掌握卸货码垛、质检及上架流程。

2）组织调度：理解常用储位分类策略，即随机分配策略、固定储位分配策略和分类分配策略原理与选择方法。

3）仓储设备：了解托盘搬运车的工作原理、基本性能和选型原则。

2. 仿真技术

1）设备模型：掌握货架区参数设置、临时保管区触发 XML 作业管理器方式、货物模型参数信息查询。

2）程序指令：结合场景理解以下程序指令的应用方法。

◇ 拣取与放置指令：

① PICKUP；

② DELIVER；

③ LOAD；

④ UNLOAD；

⑤ DELIVER_CHECK_LAST_ONE；

⑥ DELIVER_BY_BARCODE。

◇ 流程控制指令：

① IF-THEN-ELSE-ENDIF 条件语句指令；

② GOTO_AND_TURN；

③ JOB_REQUEST；

④ FOR 循环语句。

◇ 获取作业人员持有工具类设备或货物信息的指令集合：

① GET_DESTINATION_FROM_LAST_PICK_ONE；

② GET_INFO_FROM_LAST_BOX_ON_PALLET；

③ GET_LOCATION_FROM_BOX_ON_PALLET；

④ GET_CHILD_COUNT。

◇ 字符串合并指令集：

① STRING_FORMAT；

② EXP；

③ STRING_JOIN。

2.2.2 理论知识

1. 储位分配策略

在将货物入库之前，必须为其确定好合适的存储位置。储位分配工作至关重要，因为货物存储位置很大程度上决定了后续拣货的速度和成本。

常见的储位分配策略主要有随机储位分配策略、固定储位分配策略和分类储位分配策略，以及这些策略的混合使用。

1）随机储位分配策略：任意一种 SKU（Stock Keeping Unit，存货单位，或称品项）可以放置在任意一个可用的储位。该策略最大的优点是存储空间充分利用，缺点是拣货查找费时，可能增加行走的作业距离。

2）固定储位分配策略：每一种 SKU 都严格存储在指定位置，哪怕让指定储位闲置，也不允许其他 SKU 使用，因而在很多时候空间浪费比第一种策略更大。拣选位置的确定与存储模式内的拣选路径设计有关，在合理设计拣选路径的前提下，根据拣选便捷性将储位进行排名，然后根据 SKU 的特征指标排名，将指标最大的品项分配至最容易接近的储位位置，然后将指标次之的品项分配至拣选相对容易的储位。依次继续分配，直至所有的品项全部分配，并且位置空间全被利用。

在存储区内，SKU 存储量大，常将拣选密度作为特征指标。在拣选区内，每个 SKU 存储数量有限，因此常将拣选频次作为特征指标，将最畅销的货物分配到最方便拣选的位置。在此基础上结合货物之间的需求相关性指标，以及分区拣选策略下各分区的作业量、批量拣选的作业效率确定分配位置。

3）分类储位分配策略：根据帕累托定理，在仓库中可能有 80% 的存取作业仅针对 20% 的 SKU，15% 的存取活动针对 30% 的 SKU，5% 的存取活动针对剩余 50% 的 SKU。依此，将 SKU 分为 A、B、C 三类。根据现场确定的拣选路径距离和人员抓取作业强度，将储位也划为 A、B、C 三个区域。拣选路径短或人员便于抓取的储位为 A 区域，拣选路径长或人员不便抓取的储位为 C 区域，其余的区域为 B 区域。每种类型的 SKU 固定分配至对应等级的储位区域，但是在同级别区域内随机放置。

从空间利用率角度，随机储位分配策略最节省空间，固定储位分配策略所需存储空间最大，分类储位分配策略处于中间。下面通过一个案例分析每种 SKU 存储的最大数量和平均数量：货物 A 日均出库量是 20 箱，安全库存天数为 5 天，订单提前期为 10 天，且每次订货量满足 45 天的需要，则货物 A 的再订货点 = 安全库存天数 × 日均出库量 + 提前期 × 日均出库量 =300 箱，仓库存储的最大数量 = 安全库存 + 订货数量 =1000 箱，存储的平均数量 = 订货数量 /2+ 安全库存 =550 箱。因此货物 A 分配的储位数必须能够容纳的最大库存水平为 1000 箱。在固定储位分配策略中，存储区所需的集装单元数量应等于所有 SKU 最大库存数量的总和。而在随机储位分配策略中，系统要存储集装单元数量等于同时存储所有 SKU 所需的储位数量。在同一时间内，所有 SKU 所需的储位总数会小于等于最大库存总和。这是因为，对于固定储位分配策略，如果某种 SKU 分配多个储位，随着库存水平的下降会产生空位，尽管空的储位"可用"，但是不能用于存放其他货物，而对于随机策略只要有空位就可以占用。

从作业效率角度，固定储位策略的存取效率最高，但这种方法在现场采用并没有想象中那么多。这是因为，SKU 的拣选密度不是一成不变的，通过仓库数据画像可以发现，在很多现场，单日、单月、一年拣选密度排名都不一致，因此需要定期重新分配位置以保证存取效率的持续高效。对于季节性和经常变化的现场，随机策略更合适。当 SKU 种类多时，固定存储策略将难以应用，此时应该采用分类储位分配策略，根据 SKU 拣选密度对商品进行分类，每个类别内再按随机储位设计，就可以综合利用固定储位策略作业效率高、随机储位策略空间利用率高的优点。

2. 托盘搬运车

托盘搬运车是用于平面点到点水平搬运托盘货物的工具，根据移动动力的不同，分为手动托盘搬运车和电动托盘搬运车。

手动托盘搬运车是一种小巧方便、使用灵活、载重量大、结实耐用的货物搬运工具，俗称"地牛"，如图 2-4 所示。手动托盘搬运车有两个货叉，可以插入托盘底部。为方便起降货物、便于移动，车底盘与轮之间带有液压装置，当货叉推入托盘底部后可用该液压装置将托盘升高 120mm，拖动货物至目的地后，再用液压装置将托盘降至地面。手动托盘搬运车自重轻，仅 100kg 左右，且能承载 1.0 ～ 3.0t 的货物，作业通道宽度小，一般为 2.3 ～ 2.8m，可以满足狭窄空间内灵活作业的要求。手动托盘搬运车主要应用于需要在短距离内移动大量货物的场合。

电动托盘搬运车由电动机驱动行驶，可有效减轻劳动强度，大大提高货物搬运效率，如图 2-5 所示。车辆行驶速度可达 6 ～ 10km/h，承载能力为 1.6 ～ 3.0t，最多一次可搬运 3 个托盘，作业通道宽度为 2.3 ～ 2.8m，货叉提升高度一般在 210mm 左右，主要适用于重载及长时间货物转运工况。电动托盘搬运车根据人员操作方式不同，分为步行式、站驾式和坐驾式三种，可根据效率要求进行选择。

图 2-4　手动托盘搬运车　　　　图 2-5　站驾式电动托盘搬运车

小巧灵活的体型使手动托盘搬运车几乎适用于任何场合。但是由于是人工操作，当搬运 2t 左右较重的货物时比较吃力，所以通常用于 15m 左右的短距离频繁作业，尤其是装卸货区域。当平面搬运距离在 30m 左右时，步行式的电动托盘搬运车无疑是最佳选择，行驶速度可通过手柄上的无级变速开关控制，以适应操作人员的步行速度，在降低人员疲劳度的同时，保证了操作的安全性。如主要搬运路线距离在 30 ～ 70m，可以采用带折叠式踏板的电动托盘搬运车，驾驶员站立驾驶，最大速度较手动托盘搬运车可提高近 60%。

2.2.3　虚拟仿真场景设计

建立入库场景（含仓库环境）如图 2-6 所示，仓库采用外置月台形式，送货车辆停放在仓库外月台侧，卸货人员完成卸车作业，并将货物码放至托盘，然后搬运人员用托盘搬运车将货物送至仓库内的待检区，待质检人员检验合格后由上架人员驾驶叉车将货物送至货架内存储。

入库工艺流程场景被拆分为卸货码垛、质检、上架三个子场景，如图 2-7 虚线框出部分所示。卸货码垛：卸货人员在月台区将车内货物卸下码放至托盘，搬运人员将码放完成的托盘放置在待检区；质检：质检人员在待检区对托盘上的货物进行数量清点；上架：上架人员驾驶叉车将质检完成的托盘货物搬运至仓储区货架进行存储。

扫码观看视频

如图 2-7 所示，在月台区设置临时保管区 5-1 用以卸货码垛；在待检区设置临时保管区 5-2 用以对货物进行质检；在货架区 8 建立四排单排货架，两两背对相接，构成两组双排货架，货架红色立柱所在侧为出入作业侧。

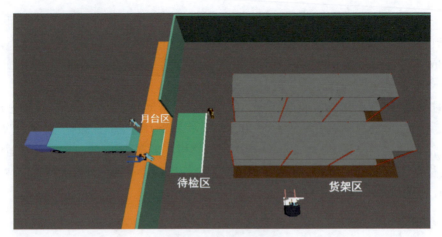

图 2-6　入库场景模型

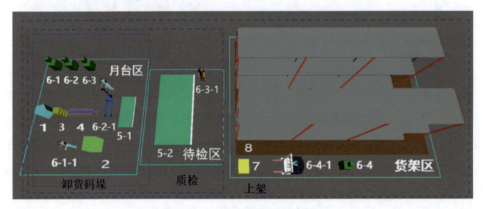

图 2-7　入库场景模型示意图

卸货码垛：XML 日程管理器 1 获取入库数据表，管理部件生成器 3 按照入库数据表内容生成整箱货物至直线输送机 4。当生成货物到达直线输送机 4 时触发 XML 作业管理器 6-2 和 XML 作业管理器 6-1，XML 作业管理器 6-2 指挥人员 6-2-1 携带托盘搬运车从托盘生成器 2 处依次取两个空托盘，将其放置在临时保管区 5-1；XML 作业管理器 6-1 指挥人员 6-1-1 每次从直线输送机 4 上取一箱货物，将其放置在临时保管区 5-1 的托盘上。待托盘码放完成后（最大码放货物数量为 24 箱），触发 XML 作业管理器 6-2，由 XML 作业管理器 6-2 指挥人员 6-2-1 将码放完成的托盘货物送至待检区临时保管区 5-2。

质检：临时保管区 5-2 到货触发 XML 作业管理器 6-3，XML 作业管理器 6-3 指挥人员 6-3-1 在待检区内对货物进行数量清点。

上架：人员 6-3-1 清点完成后，触发 XML 作业管理器 6-4。由 XML 作业管理器 6-4 指挥人员驾驶叉车 6-4-1 将清点完成的托盘货物送至货架区 8 指定储位。

1. 模型设备

依据表 2-1 在仿真软件中配置设备参数。

表2-1　入库场景设备参数表

编　号	设　备	属　性	参　数　值
1	XML日程管理器	默认参数	
2	托盘生成器	尺寸—发生器的长度	1000mm
		尺寸—发生器的宽度	1000mm
		尺寸—发生器的高度	1000mm
		尺寸—托盘长度	1100mm
		尺寸—托盘宽度	1100mm
		尺寸—托盘高度	1000mm
		要素/控制—最大个数（详见说明1）	24个
		要素/控制—风车式装载	√
3	部件生成器	尺寸—发生器的长度	500mm
		尺寸—发生器的宽度	500mm
		尺寸—发生器的高度	1000mm
		尺寸—箱子长度	300mm
		尺寸—箱子宽度	300mm
		尺寸—箱子高度	200mm
4	直线输送机	尺寸—长度	2000mm
		尺寸—宽度	400mm
		尺寸—高度	700mm
5-1	临时保管区	尺寸—长度	1200mm
		尺寸—宽度	2600mm
5-2	临时保管区	尺寸—长度	3000mm
		尺寸—宽度	6000mm
6-1～6-4	XML作业管理器	默认参数	
6-1-1、6-2-1、6-3-1、6-4-1	作业人员（由6-1～6-4添加作业人员）	颜色/形状—形状	6-1-1：工作人员（男性） 6-2-1：托盘货车 6-3-1：工作人员（男性） 6-4-1：叉车
7	XML初始库存管理器	默认参数	

（续）

编号	设备	属性	参数值
8	货架区（详见说明2）	尺寸—单元格的长度	1100mm
		尺寸—单元格的宽度	1100mm
		尺寸—单元格的高度	2200mm
		尺寸—货架的间隔	2200mm
		要素/控制—挡数	3
		要素/控制—挡内的单元格数	4
		要素/控制—位数	14
		要素/控制—层数	3
		要素/控制—作业区域	01（详见说明3）

说明1 托盘码垛容量参数设置方法。

单击托盘生成器中的"要素/控制"选项卡，弹出窗口如图2-8所示。图中容量参数包括高度限制、最大个数、最大容积、最大重量，用于限制托盘最大承载货物量。勾选"最大个数"选项，"内容"列填写24，表示托盘最大码放上限为24个。

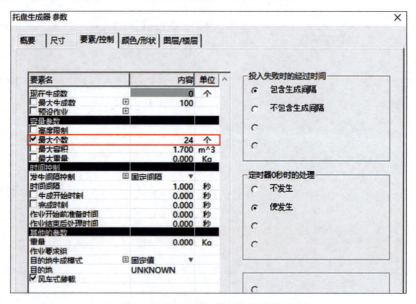

图2-8 托盘生成器"要素/控制"窗口

当不选择任何容量参数选项时，程序指令"DELIVER_CHECK_LAST_ONE"将表2-3中同一"OrderListID"编号的货物全部码放在同一托盘之上；而当选择容量参数选项限制托盘码放货物量时，同一"OrderListID"编号的货物根据码放货物量限制更换托盘，并将剩余不够码放货物量限制的货物码放至单独托盘。

说明2 货架区货架设置方法。

货架区建立四排单排货架，两两背对相接，构成两组双排货架，每排货架红色立柱所在侧为人员作业侧。具体设置步骤为：

① 在仿真运行窗口设备栏中单击"货架区"按钮添加货架区设备模型；

② 右键单击货架区，选择"货架的添加"，在货架区内添加货架设备模型；

③ 右键单击货架，选择"反转货架"即可对货架进行反转，实现货架在不改变位置的前提下旋转180°，然后选择货架"属性—要素/控制—单元格顺序的逆转"；

④ 在仿真运行窗口工具栏中单击"使子设备可以移动"按钮，参照图2-7调整货架位置。

说明3 将货架区8"属性—要素/控制—作业区域"内容设置为"01"，与入库数据表2-3中"Location2"列内容相对应。

2. 工作流程

参照图2-9建立设备间的连接，完成相关作业管理器的程序编写。

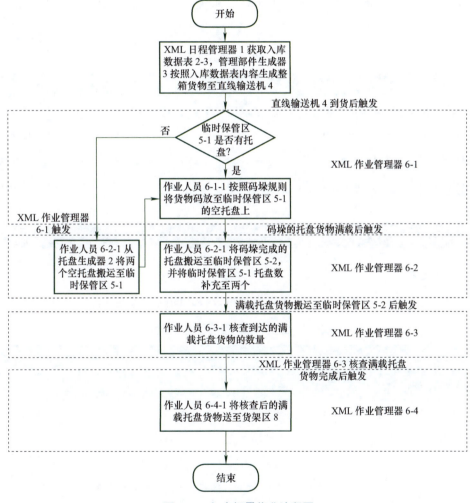

图 2-9　入库场景作业流程图

3. 仿真数据

根据表2-2和表2-3制作仿真数据文件，并导入仿真模型进行运行调试。

表2-2 商品管理文件

name	style	count	length	width	height	red	green	blue
Product_001	Bara	1	0.01	0.01	0.01	1	0	0
Product_001	Inner	12	0.2	0.13	0.1	1	0	0
Product_001	Outer	120	0.6	0.4	0.3	1	0	0
Product_002	Bara	1	0.006	0.004	0.003	0	0	1
Product_002	Inner	10	0.06	0.04	0.03	0	0	1
Product_002	Outer	120	0.6	0.4	0.3	0	0	1
Product_003	Bara	1	0.006	0.004	0.003	0	1	0
Product_003	Inner	10	0.06	0.04	0.03	0	1	0
Product_003	Outer	120	0.6	0.4	0.3	0	1	0

表2-3 入库数据表

OrderListID	ProductID	Quantity	Style	Location2
ID001	Product_001	2880	Outer	01-01-01-03
ID002	Product_002	2880	Outer	01-02-06-02
ID003	Product_003	2880	Outer	01-03-01-02
ID004	Product_003	2880	Outer	01-04-04-03

2.2.4 卸货码垛环节虚拟仿真场景实现

1. 设备连接

表2-4列出了卸货码垛环节虚拟仿真场景中设备之间的参考连接方式。

表2-4 卸货码垛场景设备连接信息表

起始连接设备		终端连接设备		连接方式
类型	编号	编号	类型	
XML日程管理器	1	3	部件生成器	连接到日程表对象设备（详见说明4）
部件生成器	3	4	直线输送机	连接下一个设备
XML作业管理器	6-1	5-1	临时保管区	连接到目标设备1
		6-2	XML作业管理器	连接到目标设备2
	6-2	5-1	临时保管区	连接到目标设备1
		5-2	临时保管区	连接到目标设备2
		2	托盘生成器	连接到目标设备3

（续）

起始连接设备		终端连接设备		连接方式
类型	编号	编号	类型	
直线输送机	4	6-1	XML 作业管理器	连接作业管理器（货物到达时）
临时保管区	5-1	6-2	XML 作业管理器	连接到作业管理器上，同时设置参数"设定作业要求—投入物的装载物满载时的作业要求的设置"（详见说明5）

说明 4 根据初始化库存/入库数据表生成货物信息。

XML 日程管理器连接的部件生成器在生成货物过程中，会根据商品管理文件和入库数据表中所含关联信息写入货物模块信息中，初始化库存文件生成的货物同样被标记了关联信息。选择货物"属性—作业详细信息"，弹出窗口如图 2-10 所示，在窗口中可查询被写入生成货物信息。程序编写时可以根据控制要求通过专门指令获取标签信息。

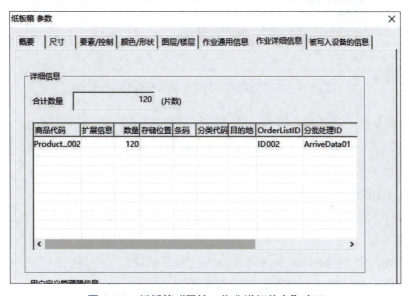

图 2-10 纸板箱"属性—作业详细信息"窗口

说明 5 临时保管区 5-1 设置。

选择临时保管区"属性—设定作业要求"，弹出窗口如图 2-11 所示：

◆ 如选择"投入物作业要求的设置"，表示普通货箱到达临时保管区即触发；

◆ 如选择"投入物的装载物的作业要求的设置"，表示托盘之类具有装载能力的货物到达临时保管区即触发；

◆ 如选择"投入物的装载物是空时的作业要求的设置"，表示托盘之类具有装载能力的货物装载数为空时即触发；

◆ 如选择"投入物的装载物填充时的作业要求的设置"，表示托盘之类具有装载能力的货物有装载时即触发；

◆ 如选择"投入物的装载物满载时的作业要求的设置"，表示托盘之类具有装载能力的货物装载满时即触发；

◆ 如选择"投入物的装载物重装完毕的作业要求的设置",表示托盘之类具有装载能力的货物恢复原始装运状态时即触发。

本节虚拟仿真场景实现中,临时保管区 5-1 选择"投入物的装载物满载时的作业要求",用于触发作业人员 6-2-1 在托盘码垛完成时将其搬运至待检区。

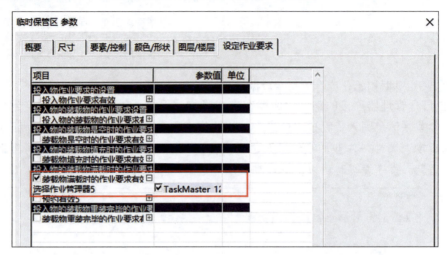

图 2-11 临时保管区"属性—设定作业要求"窗口

2. 程序指令

扫描前言中的二维码下载卸货码垛环节虚拟仿真场景参考程序。

重点理解以下指令使用方法:

◆ GET_CHILD_COUNT:用来对在某个设备上货物的数量进行计数。

◆ EXP:评估设置公式,在语句中一般与条件语句或循环语句配合,实现赋值、判断真假、计算等功能。

◆ IF-THEN-ELSE-ENDIF 条件语句指令:利用系统定义变量、用户定义变量进行 IF 控制时,可以使用 IF、THEN、ELSE、ENDIF 语句。

◆ JOB_REQUEST:触发另外 XML 作业管理器作业。

◆ 拣取与放置指令集:基本的拣取与放置指令有两大类,分别是 PICKUP/DELIVER 与 LOAD/UNLOAD。PICKUP 与 DELIVER 共同使用,LOAD 与 UNLOAD 共同使用。PICKUP 指令将拣取的货物放于手上,即在模型运行中人员等将货物拿在手上进行移动,因此拣取的货物不能是装载工具(例如周转箱、装货笼车等);LOAD 指令将拣取的货物放于地面上方,即在模型运行中人员等通过搬运的形式进行作业,因此拣取的货物可以是装载工具(例如周转箱、装货笼车等)。

3. 仿真数据文件制作及运行设置

关键设备名称必须与仿真数据文件中参数设定一致,在用 XML 变换工具进行转换时,在入库 XML 文件设定窗口中,参数"OrderMasterDevice"设为"1"(对应 XML 日程管理器 1),"OrderSubDevice"设为"3"(对应部件生成器 3)。

2.2.5 质检环节虚拟仿真场景实现

1. 设备连接

表 2-5 列出了质检环节虚拟仿真场景中设备之间的参考连接方式。

表 2-5 质检场景设备连接信息表

起始连接设备		终端连接设备		连接方式
类型	编号	编号	类型	
临时保管区	5-2	6-3	XML 作业管理器	连接到作业管理器上,同时设置参数"设定作业要求—投入物作业要求的设置"

2. 程序指令

扫描前言中的二维码下载质检环节虚拟仿真场景参考程序。
重点理解以下指令使用方法:
- ◆ GOTO_AND_TURN:使作业人员、作业人员操作的叉车或笼车等向指定设备的输出位置移动,到达后,向默认的设备中心点转向。
- ◆ FOR 循环语句指令集:使用 FOR、DO、ENDFOR 指令实现按指定次数循环的控制。

3. 仿真数据文件制作及运行设置

在用 XML 变换工具进行转换时,在入库 XML 文件设定窗口中,将"OrderMasterDevice"设为"1"(对应 XML 日程管理器 1),"OrderSubDevice"设为"3"(对应部件生成器 3)。

2.2.6 上架环节虚拟仿真场景实现

1. 设备连接

表 2-6 列出了上架环节虚拟仿真场景中设备之间的参考连接方式。

表 2-6 上架场景设备连接信息表

起始连接设备		终端连接对象		连接方式
类型	编号	编号	类型	
XML 作业管理器	6-3	6-4	XML 作业管理器	连接到目标设备 1
	6-4	7	XML 初始库存管理器	连接到目标设备 1
初始库存设定管理器	7	8	货架区(连接货架区而非单排货架)	连接到仓库
临时保管区	5-2	6-4	XML 作业管理器	连接到作业管理器上,同时设置参数"设定作业要求—投入物作业要求的设置"

2. 程序指令

扫描前言中的二维码下载上架环节虚拟仿真场景参考程序。

重点理解以下指令使用方法：

◆ GET_DESTINATION_FROM_LAST_PICK_ONE：获取作业人员持有工具类设备的目的地信息，将要上架的位置写入目的地栏，用 UNLOAD_LOCATION 指令将货物放置到指定储位。

◆ GET_INFO_FROM_LAST_BOX_ON_PALLET：取得作业人员持有托盘上最后装载的货物所含信息。

◆ GET_LOCATION_FROM_BOX_ON_PALLET：获取入库货物在入库数据表"Location2"列中的信息，无法获取"Location"列中内容，因为入库数据表"Location"列表示货物初始位置信息，"Location2"列表示货物要到达的位置信息。

3. 仿真数据文件制作及运行设置

在用 XML 变换工具进行转换时，在入库 XML 文件设定窗口中将"OrderMasterDevice"设为"1"（对应 XML 日程管理器 1），"OrderSubDevice"设为"3"（对应部件生成器 3）。

2.2.7 思考讨论

习题 1 入库场景中，每类货物根据入库数据表中货物对应的"Location2"给定储位进行存储，在场景的原有基础上，删除入库数据表内"Location2"列的信息，通过编写指令分别实现如下两类储位分配策略：

1）每类货物在货架区内随机选取空余货位进行存储。

2）库内有三个品项货物，见表 2-7。根据商品流动性将品项划分为三类，对应入库数据表"ProductIDExt"列内的 A、B、C 类型，见表 2-8。A 类为畅销品，C 类为滞销品，B 类为中间商品。假设收发货口相邻，则畅销品放置于靠近收发货口的位置，滞销品放置于远离收发货口的位置。A 类货物送至货架区货架的 1～4 列（即 bay=01～04）；B 类货物送至货架区货架的 5～8 列（即 bay=05～08）；C 类货物送至货架区货架的 9～12 列（即 bay=09～12）。货架的一层用于存放非整托盘货物（托盘上货物数量不足 12 箱），二层及以上用于存放整托盘货物（托盘上货物数量为 12 箱）。

表 2-7　商品管理文件

name	style	count	length	width	height	red	green	blue
Product_001	Bara	1	0.01	0.01	0.01	1	0	0
Product_001	Inner	12	0.2	0.13	0.1	1	0	0
Product_001	Outer	36	0.6	0.4	0.3	1	0	0
Product_002	Bara	1	0.006	0.004	0.003	0	0	1
Product_002	Inner	10	0.06	0.04	0.03	0	0	1
Product_002	Outer	100	0.6	0.4	0.3	0	0	1
Product_003	Bara	1	0.006	0.004	0.003	0	1	0

（续）

name	style	count	length	width	height	red	green	blue
Product_003	Inner	10	0.06	0.04	0.03	0	1	0
Product_003	Outer	100	0.6	0.4	0.3	0	1	0

表 2-8　入库数据表

OrderListID	ProductID	ProductIDExt	Quantity	Style
ID001	Product_001	A	3000	Outer
ID002	Product_002	B	6000	Outer
ID003	Product_003	C	9000	Outer

参考程序指令：
- STRING_FORMAT：设置格式化字符串。
- STRING_JOIN：支持字符串之间的粘合，组合多个字符串。

习题 2 入库场景中，每完成一托盘货物的质检任务就触发作业人员 6-4-1 完成一托盘货物的上架作业。请在原模型的基础上，修改触发作业逻辑，实现表 2-3 中所有货物全部质检完成后触发作业人员 6-4-1 上架作业。

2.3　整托盘拣选

2.3.1　学习目标

1. 理论知识

1）工艺流程：掌握拣选中的整托盘拣选工艺流程。

2）仓库装备：了解单深位托盘货架、平衡重式叉车、托盘堆高车、前移式叉车和窄巷道叉车的工作原理、基本性能和选型原则。

2. 仿真技术

1）设备模型：掌握货架区内初始库存生成方法；掌握 XML 作业管理器直接模式与非直接模式设置方法。

2）程序指令：理解以下程序指令的应用方法。

① GET_XML_DATA；

② GET_LOCATION_INFO_FROM_XML；

③ GET_PRODUCT_INFO_FROM_XML；

④ GET_ASSORT_INFO_FROM_XML。

2.3.2　理论知识

1. 单深位托盘货架

单深位托盘货架（也称横梁式托盘货架），是一组由立柱和横梁构成的钢架结构，如

图 2-12 所示。货架柱片由立柱、横撑、斜撑以螺栓连接而成。为防止叉车碰撞，货架沿叉车作业通道一侧可以增加立柱护脚和防撞杆。为了承载更加安全，还可以在货架横梁上安置横梁搁挡、层板、网片跨梁等附属设施。

通常将货架两个相邻立柱之间一段横梁部分称为一个货架单元格，每个货架单元格内部设置两个托盘存储位。因为每个托盘存储位都紧邻作业通道，叉车能够很方便地对托盘进行存取。

单深位托盘货架的优点在于所有载货单元都可以直接拣选，即货位可拣选率（货架系统内可以直接拣选货物的货位数占总货位数的比例）为 100%。单深位托盘货架的缺点是大量仓库平面空间被作业通道占用，可用于存储的平面空间仅占 50% 左右。对于批量出入库的整托盘货物，不需要每个托盘位都紧邻作业通道，每两个或更多的托盘为一组共享作业通道更为合理。

图 2-12　单深位托盘货架

2. 平衡重式叉车

平衡重式叉车在叉车后部安装配重装置来平衡叉车前端门架和货叉搬运与举升的货物重量，可以完成货物的移动和堆垛两类作业。货叉直接从前轮的前方叉取货物，对容器没有任何要求；底盘较高，使用橡胶胎或充气胎，使其有很强的爬坡能力与地面适应能力，因此平衡重式叉车普遍用于装卸货及室外运搬。叉车前端除了使用货叉，还可以针对特殊的货物结构采用其他属具完成举升，扩大叉车的使用范围和作业效率，如图 2-13 所示。

平衡重式叉车的动力装置有内燃机和电动机两种，由于室内对噪声和空气污染要求较严，因此室内场合采用电动机为动力。车辆行驶速度可达 15～20km/h，承载能力 1.6～5.0t，提升高度 2.3～7.5m，作业通道宽度 3.3～4m，车身自重 3t 以上，在仓库内主要应用于需要实现大规模转运作业的工况。

平衡重式叉车的主要缺点在于车体长度（不含货叉）通常大于 2m，因此作业过道宽度在 3.3～5m，库内存储空间的利用率低。此外，由于车身自重大，通常对仓库地面有较高的载荷设计要求（建议不小于 $3t/m^2$），并且设备不适合在楼库的高层使用。

3. 托盘堆高车

托盘堆高车 / 堆垛车，也称为叉腿式叉车，是一种轻型的室内用移动堆垛设备，货叉设计在两个支腿之间，从而在保证作业过程重心稳定的前提下有效降低车身自重和车体长度，如图 2-14 所示。平衡重式叉车采用的是无支腿设计，根据杠杆原理，如果需要达到载重 1.5t 额定尺寸货物的承载能力，那么其整车的重量也至少需要 1.5t 以上才能提起相应的货物；但是叉腿式设计就很好地弥补了这个杠杆原理带来的缺点，巧妙地把支点通过支腿的形式向前伸展更大的距离，其载重量和车身本身的重量就能轻松超过 1:1 的比例。比如，载重 1.5t 的货物不需要车身笨重到 1.5t，可能车身自重为其一半也就是 750kg 就能胜任，甚至车身重量略多于 300kg 就能提升 1.5t 的货物。车辆行驶速度可达 9km/h，承载能力 1.2～2t，提升高度 2.4～6m，作业通道宽度 2.3～2.8m，车身自重 1～1.5t，主要用于仓库内低作业能力、短距离、低存储高度、低成本的场景。

托盘堆高车的缺点是只能配合单面托盘使用，因为其支腿和货叉是同步进入托盘的空隙，然后货叉将托盘提升，而支腿位置保持不动以支撑整车以及货物的重量。因此如果配合双面托盘使用会造成两种不良结果：1）货叉与支腿无法进入托盘空隙；2）货叉与支腿同步进入托盘空间，但是提升过程中货叉提升托盘上方面板，支腿仍然压住下方面板，造成托盘或堆高车损坏。此外，配合使用托盘堆高车的货架设计，常常会在底层高出地面约 100mm 安装横梁，第一层货物置于底梁而非地面，为叉车预留支腿驶入空间。

为解决堆高车无法处理双面托盘的问题，市场上出现了宽支腿堆高车，支腿宽度为 865～1270mm。

4. 前移式叉车

前移式叉车是由传统插腿式叉车发展而来的，缩短了支腿长度，安装了伸缩装置。前移式叉车作业时无须将支腿驶入托盘底部，通过前移货叉即可叉取货位上的货物，如图 2-15 所示。货架底层无须设计横梁，节省了货架成本和竖向存储空间。

前移式叉车结合了托盘堆高车与平衡重式叉车的优点，当门架（欧洲设计多为门架前伸，美国设计多为货叉前伸）前伸至顶端，荷载重心落在支点外侧，此时相当于平衡重式叉车；当门架完全收回后，荷载重心落在支点内侧，此时即相当于托盘堆高车。这两种性能的结合，使得在保证操作灵活性及高荷载性能的同时，体积与自重不会增加很多，最大限度地节省作业空间。前移式叉车承载能力为 1.0～2.5t，门架可以整体前移或缩回，缩回时作业通道宽度一般为 2.7～3.2m，提升高度最高可达 13m 左右，常用于仓库内较窄作业通道及 13m 以下的中等高度的堆垛、取货作业。当操作高度大于 8m 时，使用前移式叉车叉取定位需慢速仔细，通常可以加装高度指示器、高度选择器或者摄像头等辅助装置。

图 2-13　平衡重式叉车

图 2-14　托盘堆高车

图 2-15　前移式叉车

5. 窄巷道叉车

窄巷道叉车存取托盘时不需要车辆转向，通过货叉绕着门架旋转或者整个门架绕着车身旋转完成货物的存取，因此作业所需通道宽度很小，通常在 1600mm 左右，最大提升高度超过 14m，可以增加货物的存储密度。

窄巷道叉车又可分为低位驾驶式和高位驾驶式两种。如图 2-16 所示，叉车的驾驶室始终在地面而不能提升的窄巷道叉车称为低位驾驶式/人下行式叉车，考虑到操作视野的限制，主要用于提升高度低于 6m 的工况。如图 2-17 所示，驾驶室随门架同时上升的叉车称为高位驾驶式/人上行式叉车，优点是在任何高度都可以保持水平操作视线，保证最佳视野以提高操作安全性。同时，由于操作者可以触及货架任何位置的货物，故可以同时用于拣货及盘点作业，高位驾驶窄巷道叉车的效率和各种性能都优于低位驾驶窄巷道叉车。

为了使窄巷道叉车在通道内始终保持直线行驶，有电磁导引及机械式导引两种方式。电磁导引由于必须在巷道中央埋设磁导线，容易破坏地坪并且不易搬迁调整，故目前使用最多的是机械式导引。采用机械式导引需与货架配合，在巷道的两侧安装钢轨，通过车身导轮及其他辅助装置导入巷道并沿直线行驶。

图 2-16　人上行式窄巷道叉车　　　图 2-17　人下行式窄巷道叉车

2.3.3　虚拟仿真场景设计

人员驾驶叉车在货架区根据订单任务拣选整托盘货物，将其分别搬运至指定集货区。建立整托盘拣选场景模型如图 2-18 所示，模型包括货架区、集货区两部分。货架区 1 建立四排单排货架，两两背对相接，构成两组双排货架，货架红色立柱所在侧为出入作业侧。货架区 1 右边设置一个集货区 2 用于集货。作业管理器 5 指挥叉车作业人员 5-1 将整托盘货物从货架区拣出，送至集货区 2。

扫码观看视频

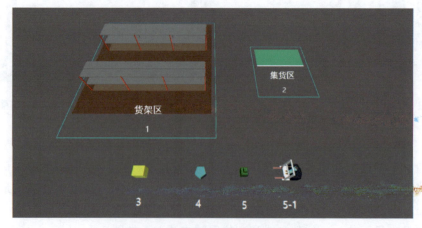

图 2-18　整托盘拣选场景模型示意图

1. 模型设备

依据表 2-9 在仿真软件中配置模型设备属性参数。

表 2-9　整托盘拣选场景设备属性配置表

编　号	设　备	属　性	参　数　值
1	货架区	尺寸—单元格的长度	1100mm
		尺寸—单元格的宽度	1100mm
		尺寸—单元格的高度	1100mm
		尺寸—货架的间隔	2200mm
		要素/控制—挡数	3
		要素/控制—挡内的单元格数	4
		要素/控制—位数	12
		要素/控制—层数	3
		要素/控制—作业区域	01
		货架尺寸—第一层高度	10mm
2	集货区	尺寸—长度	6000mm
		尺寸—宽度	3000mm
3	XML 初始库存设定管理器	默认参数	
4	XML 日程管理器	默认参数	
5	XML 作业管理器	概要—直接模式（详见说明 1）	
5-1	作业人员（由 XML 作业管理器 5 添加作业人员而来）	颜色/形状—形状	叉车

说明 1　XML 作业管理器的作业模式。

1）直接模式：由 XML 日程管理器触发的顺序作业模式。仿真开始运行后，XML 作业管理器通过专用指令从 ShipmentData.xml 中根据任务先后顺序读取同一出库序列编号（OrderListID）内的全部任务，保存至列表变量 @XMLDataList 中，同时将 XML 日程管理器中已读取任务标记为无效（表示已完成）。该模式下的读取指令格式为 GET_XML_DATA，@@BatchID，@@PickingListNo，@XMLDataList。

2）非直接模式（默认状态）：由 XML 日程管理器之外的模块触发的条件作业模式。XML 作业管理器被触发后，通过专用指令读取 ShipmentData.xml 中的指定出库序列编号（OrderListID）的全部任务，保存至列表变量 @XMLDataList 中，读取信息数据不会被标记为无效。该模式下的读取指令格式为 GET_XML_DATA，ShipmentData，@ OrderListID，@XMLDataList。

2. 作业流程

参照图 2-19 建立设备间的连接，完成相关作业管理器的程序编写。

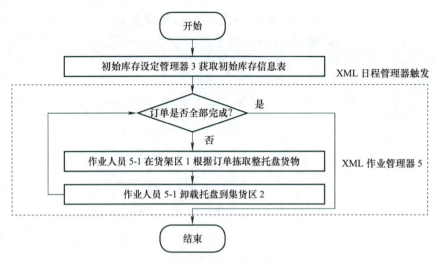

图 2-19 整托盘拣选场景作业流程图

3. 仿真数据

根据表 2-10～表 2-12 制作仿真数据文件，并导入仿真模型进行运行调试。

表 2-10 商品管理文件

name	style	count	length	width	height	red	green	blue
Product_001	Bara	1	0.01	0.01	0.01	0.2	0.7	0.2
Product_001	Inner	12	0.2	0.13	0.1	0.2	0.7	0.2
Product_001	Outer	120	0.6	0.4	0.3	0.2	0.7	0.2
Product_002	Bara	1	0.01	0.01	0.01	1	0	0
Product_002	Inner	12	0.2	0.13	0.1	1	0	0
Product_002	Outer	120	0.6	0.4	0.3	1	0	0
Product_003	Bara	1	0.01	0.01	0.01	0	0	1
Product_003	Inner	12	0.2	0.13	0.1	0	0	1
Product_003	Outer	120	0.6	0.4	0.3	0	0	1

表 2-11 货架初始库存数据表

OrderListID	ProductID	Quantity	Location	ColorR	ColorG	ColorB
ID001	Product_001	1200	01-01-01-01	1	0	0
ID002	Product_002	1200	01-01-03-02	0	1	0
ID003	Product_003	1200	01-02-04-02	0	0	1
ID004	Product_001	1200	01-04-01-01	0.7	0.2	0.2

（续）

OrderListID	ProductID	Quantity	Location	ColorR	ColorG	ColorB
ID005	Product_002	1200	01-03-07-03	0.2	0.7	0.2
ID006	Product_003	1200	01-02-08-03	0.2	0.2	0.7

表 2-12　货架出库数据表

OrderListID	ProductID	Quantity	Style	From	Location
ID001	Product_001	1200	Outer	3	01-01-01-01
ID002	Product_001	1200	Outer	3	01-01-03-02
ID003	Product_002	1200	Outer	3	01-02-04-02
ID004	Product_002	1200	Outer	3	01-04-01-01
ID005	Product_003	1200	Outer	3	01-03-07-03
ID006	Product_003	1200	Outer	3	01-02-08-03

2.3.4　虚拟仿真场景实现

1. 设备连接

表 2-13 列出了整托盘拣选虚拟仿真场景中模型设备之间的参考连接方式。

表 2-13　整托盘拣选场景设备连接信息表

起始连接设备		终端连接设备		连接方式
类　型	编　号	编　号	类　型	
初始库存设定管理器	3	1	货架区（连接货架区而非单排货架）	连接到仓库
XML 日程管理器	4	5	XML 作业管理器	连接到日程表对象设备
XML 作业管理器	5	1	货架区（连接货架区而非单排货架）	连接到目标设备 1
		2	临时保管区（集货区）	连接到目标设备 2

2. 程序指令

扫描前言中的二维码下载整托盘拣选虚拟仿真场景参考程序。
重点理解以下指令使用方法：

◆ GET_XML_DATA：在直接模型下，从连接的 XML 日程管理器中按先后顺序读取 XML 数据文件中货架出 / 入库数据表任务，将其存储于列表变量内。

◆ GET_LOCATION_INFO_FROM_XML：从用 GET_XML_DATA 等指令所取得的 XML 数据中读取位置要素信息赋值给变量。

◆ GET_PRODUCT_INFO_FROM_XML：从用 GET_XML_DATA 等指令所取得的 XML

数据中读取各要素信息（商品名/商品扩展信息/样式/单品换算数）赋值给变量。

◆ GET_ASSORT_INFO_FROM_XML：从用 GET_XML_DATA 等指令所取得的 XML 数据中读取各要素信息（路径信息/目的地/条码/分拣号码）赋值给变量。

3. 仿真数据文件制作及运行设置

在用 XML 变换工具进行转换时，在出库 XML 文件设定窗口中，将参数"OrderMasterDevice"设为"4"（对应 XML 日程管理器 4），"OrderSubDevice"设为"5"（对应 XML 作业管理器 5），在 XML 变换工具窗口（图 1-11）中，"StockInitializeData.csv"对应的"备注①"处填写"3"（对应初始库存设定管理器 3）。

2.3.5 思考讨论

习题 1 整托盘拣选模型中所有拣选货物被放置于集货区内的临时保管区 2，同一个临时保管区通常对应同一送货线路。请在集货区内增加一个临时保管区，即增加一个送货线路，将表 2-12 货架出库数据表中出库任务拆分至两个送货线路任务，分别放置在对应集货区内。

在货架出库数据表中"Route"列内设置每行任务对应的集货区内临时保管区编号，修改 XML 日程管理器 4 程序，指挥作业人员作业时，根据任务 Route 信息，将其放置在对应临时保管区内。

习题 2 实验中的托盘存取设备采用托盘堆高车，参照表 2-14 分别将设备 5-1 类型修改为平衡重式叉车、前移式叉车和窄巷道叉车，并根据设备作业巷道宽度参数对货架间距进行合理调整。

表 2-14 设备属性配置表

编号	设备	属 性	类 型
5-1	作业人员	颜色/形状—形状	（三菱）GRENDiA（即平衡重式叉车）/前移式叉车、厂内叉车（即前移式叉车）/三向叉车（即窄巷道叉车）

2.4 整箱拣选

2.4.1 学习目标

1. 理论知识

1）工艺流程：掌握订单拣选中的整箱拣选及补货工艺流程。

2）仓库装备：了解低位拣选叉车、托盘拣选牵引车、高位拣选叉车的工作原理、基本性能和选型原则。

3）组织调度：理解常用补货策略，即周期性集中补货、实时缺货补货以及复合补货的原理与选择方法。

2. 仿真技术

程序指令：理解以下程序指令的应用方法。

① CHECK_STOCK_ZAIKO；

② CALC_PICKCOUNT_FROM_PRODUCT；

③ PICKUP_LOCATION_XML；

④ 查找货物货位指令集：SEARCH_PRODUCT_LOCATION、SEARCH_PRODUCT、GET_LOCATIONLIST_BY_WORKDATA；

⑤ 作业人员动作控制指令集：SET_BACKWAYS、SET_SIDEWAYS；

⑥ SET_KEEP_POSITION。

2.4.2 理论知识

1. 人到货整箱拣选

在拣货员到货架储位拣选整箱货物至托盘方式中，货物以托盘为单元存储在单深位货架上，拣货员驾驶拣选叉车、托盘搬运车等工具将托盘带至待拣货位，拣选箱子的同时在托盘上完成码垛。以图2-20为例，单深位高层货架距离地面近的一层储位作为整箱拣选区，2～4层货位作为整托盘拣选区及整箱拣选区的补货区，一旦一层的货物缺失或低于某一安全裕度，就会及时从2～4层空间叉取整托盘货物进行补货，这种整箱拣选方式称为低位拣选。常见的低位整箱拣选工具有托盘搬运车、低位拣选叉车、托盘拣选牵引车。作业人员驾驶高位拣选叉车从货架所有层进行整箱拣选的方式，称为高位拣选。

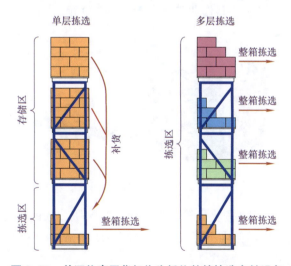

图2-20 单深位高层货架作为低位整箱拣选存储设备

低位整箱拣选存储设备通常借用托盘货架存储系统的最低层储位。由于靠近地面的储位数量有限，当SKU数量大于一层储位总数时，一般的方式是在一层设置夹层。图2-21中货架的一层增加隔板设置为三层，来应对数量众多的整箱品项。此外，还有的仓库采用针对滞销品放至托盘四角进行管理的方式。

图 2-21　单深位高层货架一层增加隔板设置为三层

（1）低位拣选叉车　低位拣选叉车是专门为整箱拣选作业设计的一类托盘搬运叉车，如图 2-22 所示。操作员通常在车辆前部驾驶，载有托盘的货叉位于车辆的后部。双载具托盘搬运车可以一次运载两个托盘，允许作业人员同时拣选两个订单。低位拣选叉车是整箱拣选作业中至今最常见的工具。由于该设备在百货行业得到广泛应用，以至于低位拣选叉车拣选方式经常被称为百货拣选法，其作业效率为 100～300 箱/（h·人）。

图 2-22　低位拣选叉车

针对操作员需要重复弯腰搬放货箱，易造成人员腰肌劳损的问题，最新开发的拣选叉车配备可升降货叉，货叉可以自由下降或提升，最大限度地减少了拣货员的起立和弯腰动作，减轻了拣货员的劳动程度。

针对拣货员每完成一个拣货作业后，从货架旁返回到搬运车，再驾驶车辆至下一个拣选位的重复操作，最先进的智能化拣选叉车将最新的 SLAM 导航技术运用到叉车上，利用安装在叉车前端的激光扫描仪，不断扫描所处巷道的环境和距离，从而不断修正叉车的行驶轨迹；同时还利用蓝牙技术，让拣货员远程操作叉车的行驶，使其将更多的注意力集中在货物的拣选上。该叉车可以大大减少拣货员来回进出驾驶室和上下站板的动作，并可以更快速地搬运货物至托盘。此外，叉车检测到行进路径中有障碍时会自动进行制动。遥控器还配备了车辆停止和喇叭按钮，拣货员可对车辆进行制动或按响喇叭提醒附近人员。图2-23中，无人驾驶的低位拣选叉车可以自动停靠在每个拣选位上。

图2-23　低位拣选叉车

通过将智能堆垛技术和拣货AGV集成在一起，协同工作，使整体生产力得到提升。错误的堆垛和不稳定的托盘会大大降低运输效率。堆垛辅助工具被用于AGV后，智能堆垛软件能提前计算出最有效的堆叠顺序和最智能的AGV行走路线，并将其同时发送给AGV订单选择器。

（2）托盘牵引车　在图2-24中，动力牵引车拖着一列托盘在巷道内行驶，可以增加单个拣选行程中订单或托盘数量。托盘牵引车允许作业人员拖送3个以上的托盘，增加单次行程中停靠次数、缩短相邻停靠之间行走时间、提高人员作业效率。该设备的缺点在于车辆机动性差，驾驶列车穿越窄巷道和在巷道内转弯时，驾驶员操作都比较麻烦。

图2-24　托盘牵引车

（3）高位拣选叉车　托盘货架的所有层都用于整箱拣选，需从独立的存储区搬运托盘货物补货，该方式主要针对大量B、C类滞销品的拣选。该方式需要借助专门的高位拣选叉车将人和托盘举升至拣选层进行整件拣选。如图2-25所示，该叉车将一个拣货员从地面提升至4～6m，最高可达14m高度，车上装有货叉用于承载托盘。由于垂直方向运动速度远小于水平方向,且拣货员必须在拣选位前精确定位车辆,高位拣选叉车的作业效率仅为 50～100 箱/(人·h)。可以通过基于频率的储位分配和智能拣选行程构建减少垂直行程,增加作业效率。高位拣选叉车通常用于存储滞销品的高密度存储仓库内的拣选。

图 2-25　高位拣选叉车

2. 补货策略

2.1 节系统讲述了仓库工艺流程。一般仓库的工艺流程如图 2-26 所示。其中,整托盘存储与拣选区需要定期向整箱拣选区补货,整箱拣选区需要定期向拆零拣选区补货。仓库补货策略包括周期性集中补货、实时缺货补货以及复合补货三种类型。

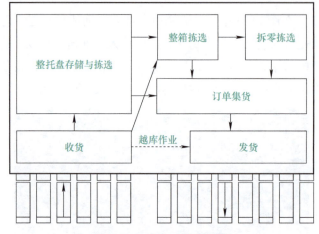

图 2-26　仓库工艺流程图

周期性集中补货是按照固定的拣选作业周期进行的补货作业,如一天拣选或一个波次开始之前,计算拆零拣选区内的货物存量是否满足即将下发任务的全部需求,针对不满足的品项进行集中补货。开展周期性集中补货的前提条件是,订单被提前接收,为补货留出足够的作业时间。

实时缺货补货是在拣选区内设定每种货物的安全库存,在拣选过程中货物数量一旦低于安全库存,补货人员则立刻针对该缺货商品进行补货,安全库存能够满足补货完成前的拣选需求。相比于周期性集中补货,实时缺货补货仅针对单一品项补货,而集中补货是对缺货物项汇总补货,因此实时缺货补货人员单次行程作业完成的货物数量要远少于集中补货完成的货物数。集中补货的作业效率要高于实时缺货补货，但是实时缺货补货作业对订单提前到达时间无特殊要求。

在接收处理大量实时订单的场景中，通常将以上两种策略结合使用，即采用复合补货策略。在一天拣选或一个波次开始之前，将低于安全库存的货物进行集中补货，对于拣选过程中出现缺货的货物进行实时补货。

对拣选区的储位进行配置时，在满足拣选品项数量要求的前提下，通过合理分配拣选区内各品项存储量可以有效减少补货次数。很多学者对拣选区的储位配置问题进行研究，分析在拣选区面积确定的条件下，如何为每个品项分配合理空间，实现补货作业成本最小。Hackman 和 Rosenblatt 通过建立数学模型定量分析拣选区储位配置。他们使用了一个流体模型，假设每个货物的体积是连续可分割和不可压缩的，提出了基于补货成本最小化的拣选区储位最优配置算法。Bartholdi 和 Hackman 通过理论分析的方法将拣选区货位配置算法——空间均分法和拣选量占比分配法与现场常用的两种货位配置进行了比较。其中，空间均分法是将拣选区储位根据品项数量进行均分，而拣选量占比分配法是根据一定时间内的各品项拣选量的占比对储位进行分配。

三种拣选区储位配置方法有各自适用的场景。首先，空间均分法和拣选量占比分配法的补货成本相近，最优配置算法的补货成本最少。空间均分法的优点在于不需要了解品项尺寸和畅销程度，分配空间一致性高，适用于以服装或化妆品为代表的短生命周期货物的管理。如果使用拣选量占比分配法和最优配置算法，则必须提前获取一段时间的订单历史数据，分析品项的畅销程度，了解产品的物理尺寸，适用于长生命周期货物的管理。

2.4.3 虚拟仿真场景设计

人员操作托盘搬运车在货架区地面层根据订单任务拣选整箱货物，将其分别搬运至指定集货区。当货架区地面层货物缺货时，触发补货人员将货架区二、三层的整托盘货物补充至地面层对应缺货货位。

建立整箱拣选场景模型如图 2-27 所示，模型包括货架区与集货区两部分。货架区 1 建立四排单排货架，两两背对相接，构成两组双排货架，货架红色立柱所在侧为出入作业侧。货架设置为三层，地面层为整箱拣选区，每一个货位存储一种货物，二、三层为整托盘货物存储与拣选区，用于为整箱拣选区进行补货。货架区 1 右侧设置一个临时保管区 2 用于集货。

扫码观看视频

XML 作业管理器 6-1 指挥人员驾驶叉车 6-1-1 从托盘生成器 5 拿取空托盘，从货架地面层拣选整箱货物至托盘上。随后人员驾驶叉车 6-1-1 每完成一个订单（OrderListID）任务后，将载有该订单货物的托盘搬运到临时保管区 2。

整箱拣选期间如果货架地面层待拣货位出现缺货，则触发 XML 作业管理器 6-2，使其指挥人员驾驶叉车 6-2-1 对缺货货位进行补货作业。

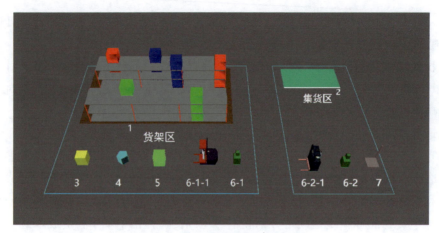

图 2-27　整箱拣选场景模型示意图

1. 模型设备

依据表 2-15 在仿真软件中配置模型设备属性参数。

表 2-15　整箱拣选场景设备属性配置表

编号	设备	属性	参数值
1	货架区	尺寸—单元格的长度	1100mm
		尺寸—单元格的宽度	1100mm
		尺寸—单元格的高度	1100mm
		尺寸—货架的间隔	2200mm
		要素/控制—挡数	3
		要素/控制—挡内的单元格数	4
		要素/控制—位数	12
		要素/控制—层数	3
		要素/控制—作业区域	01
		货架尺寸—第一层高度	100mm
2	临时保管区	尺寸—长度	6000mm
		尺寸—宽度	3000mm
3	XML 初始库存设定管理器	默认参数	
4	XML 日程管理器	默认参数	
5	托盘生成器	默认参数	
6-1	XML 作业管理器	概要—直接模式	
6-2	XML 作业管理器	默认参数	
6-1-1、6-2-1	作业人员（由 6-1、6-2 添加作业人员）	颜色/形状—形状	6-1-1：分拣叉车 6-2-1：叉车

2. 作业流程

参照图 2-28 建立设备间的连接，完成相关作业管理器的程序编写。

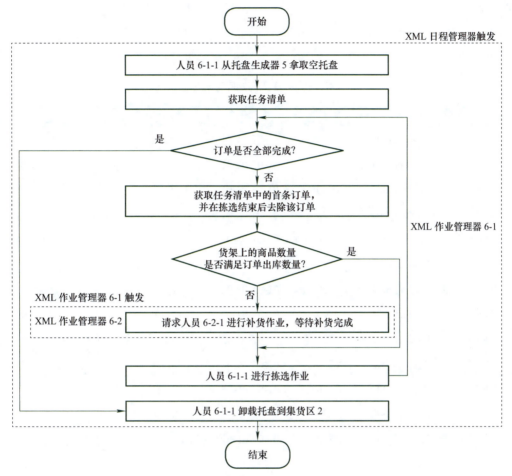

图 2-28　整箱拣选场景作业流程图

3. 仿真数据

根据表 2-16～表 2-18 制作仿真数据文件，并导入仿真模型进行运行调试。

表 2-16　商品管理文件

name	style	count	length	width	height	red	green	blue
Product_001	Bara	1	0.01	0.01	0.01	0.2	0.7	0.2
Product_001	Inner	12	0.2	0.13	0.1	0.2	0.7	0.2
Product_001	Outer	120	0.6	0.4	0.3	0.2	0.7	0.2
Product_002	Bara	1	0.01	0.01	0.01	1	0	0
Product_002	Inner	12	0.2	0.13	0.1	1	0	0
Product_002	Outer	120	0.6	0.4	0.3	1	0	0

(续)

name	style	count	length	width	height	red	green	blue
Product_003	Bara	1	0.01	0.01	0.01	0	0	1
Product_003	Inner	12	0.2	0.13	0.1	0	0	1
Product_003	Outer	120	0.6	0.4	0.3	0	0	1

表 2-17 货架初始库存数据表

OrderListID	ProductID	Quantity	Location	ColorR	ColorG	ColorB
ID001	Product_001	720	01-01-01-01	1	0	0
ID002	Product_001	720	01-02-02-01	1	0	0
ID003	Product_002	720	01-03-03-01	0	1	0
ID004	Product_002	720	01-04-04-01	0	1	0
ID005	Product_003	720	01-01-05-01	0	0	1
ID006	Product_003	720	01-02-06-01	0	0	1
ID007	Product_001	720	01-01-01-02	1	0	0
ID008	Product_001	720	01-02-02-02	1	0	0
ID009	Product_002	720	01-03-03-02	0	1	0
ID010	Product_002	720	01-04-04-02	0	1	0
ID011	Product_003	720	01-01-05-02	0	0	1
ID012	Product_003	720	01-02-06-02	0	0	1
ID013	Product_001	720	01-01-01-03	1	0	0
ID014	Product_001	720	01-02-02-03	1	0	0
ID015	Product_002	720	01-03-03-03	0	1	0
ID016	Product_002	720	01-04-04-03	0	1	0
ID017	Product_003	720	01-01-05-03	0	0	1

表 2-18 货架出库数据表

OrderListID	ProductID	Quantity	Style	From	Location
ID001	Product_001	120	Outer	3	01-01-01-01
ID001	Product_002	120	Outer	3	01-03-03-01
ID001	Product_003	120	Outer	3	01-02-06-01
ID002	Product_001	240	Outer	3	01-01-01-01
ID002	Product_002	240	Outer	3	01-03-03-01
ID002	Product_003	240	Outer	3	01-02-06-01

（续）

OrderListID	ProductID	Quantity	Style	From	Location
ID-003	Product_001	360	Outer	3	01-01-01-01
ID-003	Product_002	360	Outer	3	01-03-03-01
ID-003	Product_003	360	Outer	3	01-02-06-01
ID-004	Product_001	480	Outer	3	01-01-01-01
ID-004	Product_002	480	Outer	3	01-03-03-01
ID-004	Product_003	480	Outer	3	01-02-06-01

2.4.4 虚拟仿真场景实现

1. 设备连接

表 2-19 列出了整箱拣选虚拟仿真场景中模型设备之间的参考连接方式。

表 2-19 整箱拣选场景设备连接信息表

起始连接设备		终端连接设备		连接方式
类　型	编　号	编　号	类　型	
初始库存设定管理器	3	1	货架区（连接货架区而非单排货架）	连接到仓库
XML 日程管理器	4	6-1	XML 作业管理器	连接到日程表对象设备
XML 作业管理器	6-1	5	托盘生成器	连接到目标设备 1
		6-2	XML 作业管理器	连接到目标设备 2
		2	临时保管区	连接到目标设备 3
	6-2	7	部件消除器	连接到目标设备 1

2. 程序指令

扫描前言中的二维码下载整箱拣选虚拟仿真场景参考程序。

重点理解以下指令使用方法：

◆ CHECK_STOCK_ZAIKO：检查指定设备的指定位置上是否有满足给定数量的库存。

◆ CALC_PICKCOUNT_FROM_PRODUCT：对于所指定的拣选总数（count），每次拣选一个指定物流单元类型（Style）的货物（ProductID）时，所要做出的拣选动作的次数。

◆ PICKUP_LOCATION_XML：依据取得的 XML 数据拣选商品。

◆ SEARCH_PRODUCT_LOCATION：寻找所需货物在货架、自动仓库中的现存位置。

◆ SEARCH_PRODUCT：寻找所需货物在货架、自动仓库货架及临时保管区中的现存位置。

◆ GET_LOCATIONLIST_BY_WORKDATA：提取符合条件的货物位置列表。

◆ SET_BACKWAYS：使作业人员在执行紧接着这个命令之后的移动类命令时，保持设置角度进行移动。

◆ SET_SIDEWAYS：使作业人员在执行紧接着这个命令之后的移动类命令时，到达后保证侧面面向设备。

◆ SET_KEEP_POSITION：使作业人员在执行紧接着这个命令之后的移动类和拣选类命令时，不移动进行处理。

3. 仿真数据文件制作及运行设置

在用 XML 变换工具进行转换时，在入库 XML 文件设定窗口中将"OrderMasterDevice"设为"4"（对应 XML 日程管理器 4），"OrderSubDevice"设为"6-1"（对应 XML 作业管理器 6-1）。XML 变换工具窗口（图 1-11）中"StockInitializeData.csv"对应的"备注①"处填写"3"（对应初始库存设定管理器 3）。

2.4.5 思考讨论

习题1 在整箱拣选模型中，当拣货员发现缺货时通知补货人员进行补货，直至补货完成拣货员才能继续拣货。在补货期间，拣货员一直处于等待状态。请在该模型基础上，对地面层货位货物设定统一的安全库存量，拣货员完成每行拣选任务后立刻检查该货位库存数量是否低于安全库存量，如果发现货位库存数量低于安全库存量，立刻通知补货人员进行补货。分析对比两种补货模式下拣货员作业时间。

习题2 本节场景中人员驾驶叉车 6-1-1 类型为低位拣选叉车，作业人员仅能拣选靠近地面层的货物，将低位拣选叉车替换为高位拣选叉车（形状：拣货叉车（后面）或拣货叉车（前面）），并设置专门的高层货位拣货任务，完成拣货。

2.5 拆零拣选

2.5.1 学习目标

1. 理论知识

1）工艺流程：理解订单拣选中拆零拣选及补货工艺流程。

2）仓库装备：了解人到货拆零拣选过程中使用的搁板式货架、阁楼式货架、流利式货架和拣货车的工作原理、基本性能和选型原则。

2. 仿真技术

1）设备模型：掌握设备库文件设置方法。

2）程序指令：理解以下程序指令的应用方法。

① SET_INFO_TO_XML；

② GET_PRODUCT_MASTER_INFO；

③ NEW_OBJECT。

2.5.2 理论知识

人到货拆零拣选，即拣货员步行或驾驶设备至存储货架货位，从货物箱内拣选一定数量单品至订单容器中。货物的存储设备多采用搁板式货架、流利式货架以及阁楼式货架；拣选工具则根据拣选策略的不同选用各类定制的拣货车。

1. 搁板式货架

搁板式货架是一类最常见、应用最广泛的拆零拣选存储设备，如图 2-29 所示。该设备为组装式结构，层间距可调，货物以单品形式存放或以敞口纸箱容器存放，货架高度通常在 2.5m 以下，便于人工作业触及。

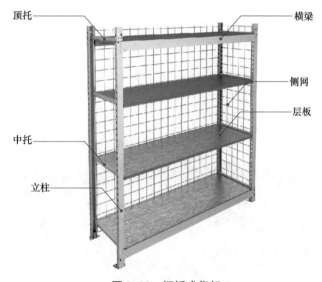

图 2-29　搁板式货架

按照单元货架每层的载重能力，搁板式货架可分为轻型和中型，层板主要有钢制层板和木制层板两种。轻型搁板式货架的单元货架每层载重量≤200kg，主要适用于存储轻小货物；中型搁板式货架，单元货架每层载重量在 200～800kg 之间，适用于存储金属产品。

搁板式货架可以提升单位面积上拆零拣选货物的品项数，并且价格便宜、便于拆卸组装、所需维护费用极小。

该设备使用中存在缺点包括：

1）搁板式货架位于拆零拣选区内，每个品项每次补货以整箱为单位，这样可以避免不必要的返库成本。因此，每个品项在货架上占据整箱的空间，随着拣选作业的进行，每个品项在货架上的数量逐渐变少，货位空间固定，隔板内的空间不能充分利用。这一点与托盘地面堆存方式中的蜂窝损失相近，因此设备内部空间利用率较低。

2）货架高度受到人工作业高度的限制，标准仓库建筑净高 8m 左右，所以建筑空间也未被充分使用。

3）搁板式货架是开放式结构，货物缺乏必要的保护。

为了提高货架内的空间利用率，可以在每一层上使用移动式分隔压板，如图 2-30 所示。

随着拣选进度,灵活调整压板的位置,可实现单个货物存货空间的动态压缩。压板前端设置条码,实现条码与可变空间货位的绑定。

图 2-30　搁板式货架内的移动式分隔压板

2. 阁楼式货架

搁板式货架受人员作业最大高度的限制,货架高度一般不超过 2.5m。为了充分利用仓库高度空间,可以利用钢梁和金属板作为楼层板,借助货架结构作为楼板支撑,建立多层结构的阁楼式货架,如图 2-31 所示。

图 2-31　阁楼式货架

拣货员借助楼梯上下楼层,货物借助叉车或托盘提升机送至二层及以上阁楼,再由托盘搬运车送至相应的货位。楼层间距通常为 2.2～2.7m,每层设置单独的照明设施,满足人员的操作便利性。上层阁楼适用于存储重量轻、滞销的货物。阁楼式货架增加了货物存储的高度,提高了拆零拣选作业的建筑空间利用率。

3. 流利式货架

流利式货架的料架朝出货方向向下倾斜,层板上安装无动力辊轮(不含阻尼轮),货物利用重力作用下滑,如图 2-32 所示。货架通常用于以大小和外形标准的纸箱存储的畅销品拆零拣选作业。货架高端设置补货巷道,补货人员在补货巷道内将纸箱投入货架,货物沿辊轮向前移动至货架低端拣选面。箱内货物在货架的低端被取空后,拣货员取出空纸箱,后面的载货箱立刻下滑补充至拣选面。因此,流利式货架遵循先入先出的原则进行出货。

相比于搁板式货架,流利式货架单个品项货物存储量大,并可通过重力下滑实现自动补货,大幅提升了补货效率,适用于 A 类畅销品的拆零拣选。

由于货物拣选量大,货架前端货物容易缺失。为了减少补货不及时导致的拣选等待时间,需要为流利式货架设置单独的补货暂存区,提前把整托盘的货物放置于其待补品项货位附近。一旦低于某个补货阈值,提醒补货员进行补货。补货区既可以设置在货架背后地面位置,也可以在流利式货架上层单独设置横梁式货架作为高空补货区,从而减少地面占用。

图 2-32 流利式货架

4. 拣货车

当一个拣货员接到订单任务后,首先要领取空订单容器,会将其放置于手推车,然后在手推车的协助下,行走至待拣货物货位,完成任务后再将订单容器送至发货集货区或输送线,如图 2-33 所示。

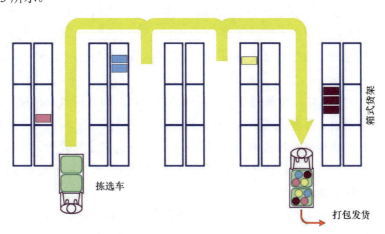

图 2-33 拣货车拣货流程示意图

传统的拣货车除了放置空订单容器位，还会设置用于保存文件和标记工具的位置，以及用于拣选略高位置货物的梯子。针对批量拣选策略，拣货车上设置多个订单容器位置，允许一个拣货员一趟行程完成多个订单任务。如图 2-34 所示，该拣货车采用直径为 28mm、带有塑料树胶涂层的覆塑管和连接件组合而成，属于线棒式货架。一辆拣货车上设置 32 个订单容器位，每次拣选开始之前，首先领取纸质拣选任务单，将每张单子分配至不同的容器中。在拣选过程中，每次到达一个待拣货位，拣货员需要依次观察所有容器内的任务单，如果有该货物，则拣选相应的数量放置在对应容器中。随着拣货车上的订单数量增加，人员将货物播种至订单花费的时间越多，差错率也越高。

随着信息技术的发展，各种类型的智能拣货车层出不穷，指导现场拣货员快速精准作业。图 2-35 中，拣货车应用无线看板和无线通信技术，无线看板不仅提示当前行走路线和待拣货位，还会在拣货员用手持设备扫描货物条码后，立刻显示播种容器位置的画面。

图 2-34　电子商务配送中心应用拣货车

图 2-35　医药配送中心应用拣货车

2.5.3　虚拟仿真场景设计

拣货员携拣货车在拆零拣选区根据订单任务拣选拆零货物，将订单箱送至包装复核区，由复核包装人员对订单进行复核，完成后将其包装。当拆零拣选区内单个货物数量少于安全库存时，触发补货人员将补货区的货物补充至拆零拣选区。

扫码观看视频

建立整托盘拣选场景模型如图 2-36 所示，模型包括拆零拣选区、复核包装区、补货区三部分。

在拆零拣选区 1-1 建立四排单排货架，两两背对相接，构成两组双排货架，货架红色立柱所在侧为出入作业侧。拆零拣选区 1-1 左侧设置两个临时保管区 6-1、6-2 分别用来暂存拣货车与周转箱。在包装复核区设置临时保管区 6-6 暂存拣选完成的载货周转箱，临时保管区 6-3、6-4 设置复核包装台用以人员复核包装作业，临时保管区 6-5 为包装完成货物的暂存区。在补货区内，设置单层地堆货架 1-2 存放货物。

1）拆零拣选：在临时保管区 6-1 生成一个拣货车，在临时保管区 6-2 生成九个周转箱。XML 作业管理器 5-1 指挥人员 5-1-1 到临时保管区 6-1 拿取一个拣货车，再到临时保管区 6-2 拿取一个周转箱放至拣货车上。XML 日程管理器 3 获取货架出库数据表 2-24，管理 XML 作业管理器 5-1 指挥人员 5-1-1 去拆零拣选区 1-1 拣选货物，并将其放置在周转箱中。拣选完成后，将载货周转箱放置在临时保管区 6-6。

2）复核包装：载货周转箱被放至临时保管区 6-6 后，触发 XML 作业管理器 5-2 指挥复核包装人员 5-2-1 在临时保管区 6-6 上拿取一个载货周转箱放置在临时保管区 6-4，再从托盘生成器 2-3 拿取一个纸箱放置在临时保管区 6-3 上，并对载货周转箱中的货物进行数量复核后放至纸箱内包装。复核包装人员 5-2-1 将包装好的纸箱放在临时保管区 6-5 的托盘上，并将空箱放回临时保管区 6-2。

3）补货作业：当拆零拣选区 1-1 中某货位货物数量小于 40 个时，触发 XML 作业管理器 5-3 指挥补货人员 5-3-1 从补货区 1-2 拣取该货物补充至拆零拣选区 1-1 对应货位内。

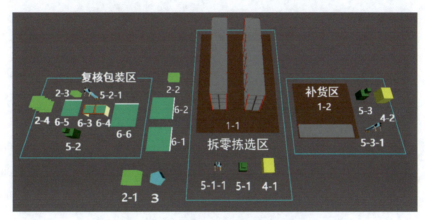

图 2-36　拆零拣选场景模型示意图

1. 设备模型

依据表 2-20 在仿真软件中配置模型设备属性参数。

表 2-20　拆零拣选场景设备属性配置表

编号	设备	属性	参数值
1-1	拆零拣选区（货架区）	尺寸—单元格的长度	350mm
		尺寸—单元格的宽度	650mm
		尺寸—单元格的高度	650mm
		尺寸—货架的间隔	2200mm
		要素/控制—挡数	4
		要素/控制—挡内的单元格数	5
		要素/控制—位数	20
		要素/控制—层数	5

（续）

编　号	设　备	属　性	参 数 值
1-2	补货区 （货架区）	尺寸—单元格的长度	1100mm
		尺寸—单元格的宽度	1100mm
		尺寸—单元格的高度	1100mm
		尺寸—货架的间隔	2200mm
		要素/控制—挡数	1
		要素/控制—挡内的单元格数	4
		要素/控制—位数	4
		要素/控制—层数	1
2-1、 2-4	托盘生成器	颜色/形状—形状	2-1：分拣车 2-4：托盘
		尺寸—发生器的长度	1000mm
		尺寸—发生器的宽度	1000mm
		尺寸—发生器的高度	1000mm
		尺寸—托盘长度	1100mm
		尺寸—托盘宽度	1100mm
		尺寸—托盘高度	1000mm
2-2	托盘生成器	颜色/形状—形状	周转箱
		尺寸—发生器的长度	1000mm
		尺寸—发生器的宽度	800mm
		尺寸—发生器的高度	300mm
		尺寸—托盘长度	400mm
		尺寸—托盘宽度	300mm
		尺寸—托盘高度	100mm
2-3	托盘生成器	颜色/形状—形状	周转箱
		尺寸—发生器的长度	600mm
		尺寸—发生器的宽度	400mm
		尺寸—发生器的高度	500mm
		尺寸—托盘长度	400mm
		尺寸—托盘宽度	300mm
		尺寸—托盘高度	100mm
3	XML日程管理器	默认参数	

(续)

编　号	设　备	属　性	参　数　值
4-1、4-2	XML 初始库存管理器	默认参数	
5-1	XML 作业管理器	概要—直接模式	
5-2、5-3	XML 作业管理器	默认参数	
5-1-1、5-2-1、5-3-1	作业人员（由 5-1、5-2、5-3 添加作业人员）	颜色/形状—形状	工作人员（男性）
6-1	临时保管区	尺寸—长度	2000mm
		尺寸—宽度	2000mm
		属性—要素/控制—最大货物数（详见说明1）	1
6-2	临时保管区	尺寸—长度	2000mm
		尺寸—宽度	2000mm
		取得方向	正面
		投入方向	正面
		属性—要素/控制—最大货物数（详见说明1）	9
6-3、6-4	临时保管区	尺寸—长度	700mm
		尺寸—宽度	800mm
		概要—Z 坐标	700mm
6-5	临时保管区	尺寸—长度	1500mm
		尺寸—宽度	1500mm
—	临时保管区 6-3、6-4 下方桌子	详见说明2	

说明1 本场景中临时保管区 6-1 只存放一个拣货车，需选择临时保管区"属性—要素/控制"，弹出窗口如图 2-37 所示，将"最大货物数"修改为"1"。

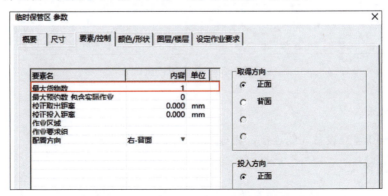

图 2-37　临时保管区"属性—要素/控制"窗口

本场景中临时保管区 6-2 初始化将生成一定数量的周转箱，需选择托盘生成器"属性—要素/控制"，弹出窗口如图 2-38 所示，将"最大生成数"修改为"9"。

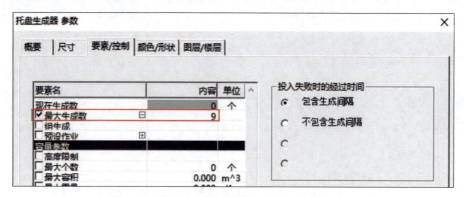

图 2-38　托盘生成器"属性—要素/控制"窗口

说明 2 设备库文件的调用。

在仿真运行窗口的设备栏中不包含临时保管区 6-3 和 6-4 下方桌子，需调用设备库文件进行添加。设备库文件调用方法如下：

1）在仿真运行窗口中，单击菜单栏中的"设备库文件"—"文件夹的指定"。

2）在弹出的窗口里选中乐龙软件的安装路径，然后单击"确定"按钮。

3）在仿真运行窗口中，单击菜单栏中的"设备库文件"，即会出现设备库"samplelib"。

4）设备库"samplelib"中包含多种模型，其中"samplelib—Library—Office—Table—Table-5.prt"即桌子模型。

> **注**
>
> 设备库中的模型默认为不可选中模式，移动设备库的模型需单击仿真运行窗口工具栏中的"可以选择立方体"按钮，如图 2-39 所示。
>
>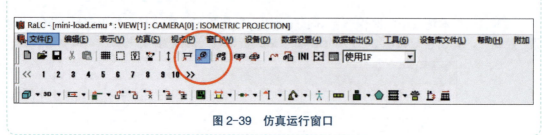
>
> 图 2-39　仿真运行窗口

2. 作业流程

参照图 2-40 建立设备间的连接，完成相关作业管理器的程序编写。

3. 仿真数据

根据表 2-21～表 2-24 制作仿真数据文件，并导入仿真模型进行运行调试。

第 2 章　工艺流程篇

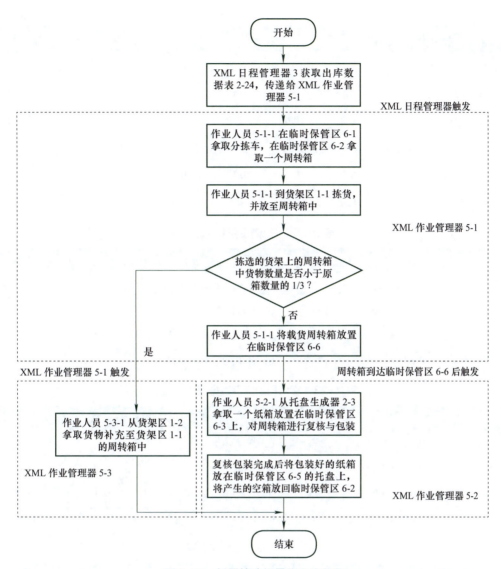

图 2-40　拆零拣选场景作业流程图

表 2-21　商品管理文件

name	style	count	length	width	height	red	green	blue
Product_001	Bara	1	0.01	0.01	0.01	0	1	0
Product_001	Inner	12	0.2	0.13	0.1	0	1	0
Product_001	Outer	120	0.6	0.4	0.3	0	1	0
Product_002	Bara	1	0.01	0.01	0.01	1	0	0
Product_002	Inner	12	0.2	0.13	0.1	1	0	0
Product_002	Outer	120	0.6	0.4	0.3	1	0	0

·063·

（续）

name	style	count	length	width	height	red	green	blue
Product_003	Bara	1	0.01	0.01	0.01	0	0	1
Product_003	Inner	12	0.2	0.13	0.1	0	0	1
Product_003	Outer	120	0.6	0.4	0.3	0	0	1
Product_004	Bara	1	0.01	0.01	0.01	1	0	0
Product_004	Inner	12	0.2	0.13	0.1	1	0	0
Product_004	Outer	120	0.6	0.4	0.3	1	0	0

表2-22 货架初始库存数据表

OrderListID	ProductID	Quantity	Location	ColorR	ColorG	ColorB
ID001	Product_001	120	01-01-01-02	0	1	0
ID002	Product_002	120	01-02-03-02	0	1	0
ID003	Product_003	120	01-03-04-02	1	0	0
ID004	Product_004	120	01-04-10-02	0	0	1

表2-23 货架初始库存数据表（补货）

OrderListID	ProductID	Quantity	Location	ColorR	ColorG	ColorB
ID001	Product_001	1200	02-01-01-01	0	1	0
ID002	Product_002	1200	02-01-02-01	0	1	0
ID003	Product_003	1200	02-01-03-01	1	0	0
ID004	Product_004	1200	02-01-04-01	0	0	1

表2-24 货架出库数据表

OrderListID	ProductID	Quantity	Style	From	Location
ID001	Product_001	30	Bara	4-1	01-01-01-02
ID001	Product_003	10	Bara	4-1	01-03-04-02
ID002	Product_001	30	Bara	4-1	01-01-01-02
ID003	Product_002	30	Bara	4-1	01-02-03-02
ID004	Product_002	30	Bara	4-1	01-02-03-02
ID005	Product_001	30	Bara	4-1	01-01-01-02
ID006	Product_002	30	Bara	4-1	01-02-03-02
ID006	Product_003	10	Bara	4-1	01-03-04-02
ID007	Product_004	10	Bara	4-1	01-04-10-02

（续）

OrderListID	ProductID	Quantity	Style	From	Location
ID007	Product_001	10	Bara	4-1	01-01-01-02
ID008	Product_002	10	Bara	4-1	01-02-03-02
ID008	Product_003	10	Bara	4-1	01-03-04-02
ID009	Product_004	10	Bara	4-1	01-04-10-02
ID009	Product_001	10	Bara	4-1	01-01-01-02
ID009	Product_002	10	Bara	4-1	01-02-03-02
ID010	Product_003	10	Bara	4-1	01-03-04-02
ID010	Product_004	10	Bara	4-1	01-04-10-02

2.5.4 虚拟仿真场景实现

1. 设备连接

表 2-25 列出了拆零拣选虚拟仿真场景中模型设备之间的参考连接方式。

表 2-25 拆零拣选场景设备连接信息表

起始连接设备		终端连接设备		连接方式
类型	编号	编号	类型	
托盘生成器	2-1	6-1	临时保管区	连接下一个设备
	2-2	6-2	临时保管区	连接下一个设备
	2-4	6-5	临时保管区	连接下一个设备
XML 日程管理器	3	5-1	XML 作业管理器	连接到日程表对象设备
初始库存设定管理器	4-1	1-1	货架区（连接货架区而非单排货架）	连接到仓库
	4-2	1-2	货架区（连接货架区而非单排货架）	连接到仓库
XML 作业管理器	5-1	6-2	临时保管区	连接到目标设备 1
		6-6	临时保管区	连接到目标设备 2
		6-1	临时保管区	连接到目标设备 3
		4-1	初始库存设定管理器	连接到目标设备 4
		5-3	XML 作业管理器	连接到目标设备 5
	5-2	6-3	临时保管区	连接到目标设备 1
		2-3	托盘生成器	连接到目标设备 2
		6-5	临时保管区	连接到目标设备 3
		6-2	临时保管区	连接到目标设备 4
		6-4	临时保管区	连接到目标设备 5
	5-3	4-2	初始库存设定管理器	连接到目标设备 1

（续）

起始连接设备		终端连接设备		连接方式
类 型	编 号	编 号	类 型	
临时保管区	6-6	5-2	XML 作业管理器	连接到作业管理器上，同时设置参数"设定作业要求—投入物作业要求设置"，详见说明3

说明3 临时保管区到货触发设置。

本场景中临时保管区 6-6 是到货触发的方式，需选择临时保管区"属性—设定作业要求"，弹出窗口如图 2-41 所示，选中"投入物作业要求有效"，并勾选下方弹出的"选择作业管理器 1"后面的 XML 作业管理器。

图 2-41 临时保管区"属性—设定作业要求"窗口

2. 程序指令

扫描前言中的二维码下载拆零拣选虚拟仿真场景参考程序。
重点理解以下指令使用方法：
◆ GET_PRODUCT_MASTER_INFO：从商品管理文件中取得数据。
◆ NEW_OBJECT：创建一个补货使用的 XML 数据文件，将补货相关的信息暂存于该文件表中各变量下。
◆ SET_INFO_TO_XML：给 XML 数据文件写入信息。

3. 仿真数据文件制作及运行设置

在用 XML 变换工具进行转换时，在出库 XML 文件设定窗口中，将参数"OrderMaster-Device"设为"3"（对应 XML 日程管理器 3），"OrderSubDevice"设为"5-1"（对应 XML 作业管理器 5-1），XML 变换工具窗口（图 1-11）中"StockInitializeData01.csv"对应的"备注①"处填写"4-1"（对应初始库存设定管理器 4-1），"StockInitializeData02.csv"对应的"备注①"处填写"4-2"（对应初始库存设定管理器 4-2）。

2.5.5 思考讨论

习题 根据表 2-26 将实验中的 4 排搁板式货架替换为 2 排流利式货架，两排货架的拣选面相对、补货面相背，仿真模型如图 2-42 所示。根据表 2-27 和表 2-28 给定的初始库存与出库订单，修改拣选和补货逻辑，使得拣选人员能够处理拣选过程中产生的空货箱，补货人员能够及时补货，保持各货位上至少有两箱货物的库存。

表 2-26 拆零拣选场景设备属性配置表

编号	设备	属性	参数值
1-1	拆零拣选区（在货架区单击右键，选择"流动货架添加"）	尺寸—单元格的长度	425mm
		尺寸—单元格的宽度	600mm
		尺寸—单元格的高度	500mm
		尺寸—货架的间隔	2200mm
		尺寸—支柱的直径	50mm
		尺寸—流动货架倾斜的高度	147.336mm
		要素/控制—挡数	4
		要素/控制—挡内的单元格数	5
		要素/控制—位数	20
		要素/控制—层数	3
		要素/控制—货架纵向货位数	3
		要素/控制—流动货架状态	自然落下
7	部件消除器	默认参数	

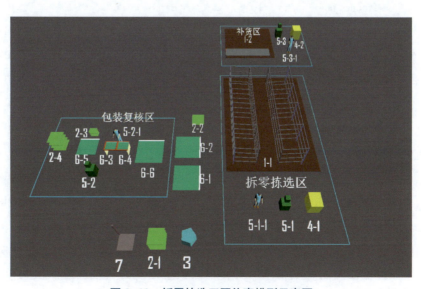

图 2-42 拆零拣选习题仿真模型示意图

表 2-27　货架初始库存数据表

OrderListID	ProductID	Style	Quantity	Location	ColorR	ColorG	ColorB	Option
ID001	Product_001	Outer	120	01-01-01-02	0	1	0	direct
ID001	Product_001	Outer	120	01-01-01-02	0	1	0	direct
ID002	Product_002	Outer	120	01-02-03-02	0	1	0	direct
ID002	Product_002	Outer	120	01-02-03-02	0	1	0	direct
ID003	Product_003	Outer	120	01-02-04-02	1	0	0	direct
ID003	Product_003	Outer	120	01-02-04-02	1	0	0	direct
ID004	Product_004	Outer	120	01-01-10-02	0	0	1	direct
ID004	Product_004	Outer	120	01-01-10-02	0	0	1	direct

表 2-28　货架出库数据表

OrderListID	ProductID	Quantity	Style	From	Location
ID001	Product_001	30	Bara	4-1	01-01-01-02
ID001	Product_003	10	Bara	4-1	01-02-04-02
ID002	Product_001	30	Bara	4-1	01-01-01-02
ID003	Product_002	30	Bara	4-1	01-02-03-02
ID004	Product_002	30	Bara	4-1	01-02-03-02
ID005	Product_001	30	Bara	4-1	01-01-01-02
ID006	Product_002	30	Bara	4-1	01-02-03-02
ID006	Product_003	10	Bara	4-1	01-02-04-02
ID007	Product_004	10	Bara	4-1	01-01-10-02
ID007	Product_001	10	Bara	4-1	01-01-01-02
ID008	Product_002	10	Bara	4-1	01-02-03-02
ID008	Product_003	10	Bara	4-1	01-02-04-02
ID009	Product_004	10	Bara	4-1	01-01-10-02
ID009	Product_001	10	Bara	4-1	01-01-01-02
ID009	Product_002	10	Bara	4-1	01-02-03-02
ID010	Product_003	10	Bara	4-1	01-02-04-02
ID010	Product_004	10	Bara	4-1	01-01-10-02

提示　在货架区单击右键，选择"连接到作业管理器（补充散货时）"将货架区连接到 XML 作业管理器，当货架区中货架上的货箱中单品数量为 0 时，货架区将会向连接的 XML 作业管理器发出补货请求，并将单品数量为 0 的货位信息赋值到 @@Location 变量中。

2.6 集货发货

2.6.1 学习目标

1. 理论知识

1) 工艺流程：掌握仓库发货前的集货发货工艺流程。

2) 组织调度：理解月台调度策略。

2. 仿真技术

理解程序指令 EQUAL 的应用方法。

2.6.2 虚拟仿真场景设计

拣货员将订单拣选完的货物按照不同的发货线路在集货区进行集货，线路货物集货完毕后由装车人员完成装车作业。

建立集货发货场景模型如图 2-43 所示，模型包括货架区、集货区、装车区三部分。货架区 1 建立四排单排货架，两两背对相接，构成两组双排货架，货架红色立柱所在侧为出入作业侧。货架区 1 右侧设置三个临时保管区 2-1、2-2、2-3 用于集货。集货区右侧设置三个部件消除器 3-1、3-2、3-3 模拟装车。

扫码观看视频

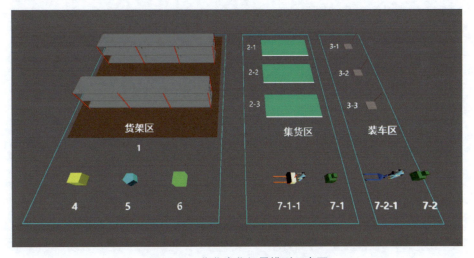

图 2-43 集货发货场景模型示意图

XML 作业管理器 7-1 指挥人员操作托盘搬运车 7-1-1 在托盘生成器 6 拿取空托盘，在货架区 1 内拣选整箱货物，并将载有货物的托盘搬运到集货区内对应的临时保管区，完成订单集货作业。

当集货区内某个临时保管区订单集结完成，由作业管理器 7-2 指挥装车人员 7-2-1 进行装车作业，从完成集货的临时保管区内搬运托盘货物至对应车厢内（采用部件消除器 3-1、3-2、

3-3 替代)。

1. 设备模型

依据表 2-29 在仿真软件中配置模型设备属性参数。

表 2-29 集货发货场景设备属性配置表

编 号	设 备	属 性	参 数 值
1	货架区	尺寸—单元格的长度	1100mm
		尺寸—单元格的宽度	1100mm
		尺寸—单元格的高度	1100mm
		尺寸—货架的间隔	2200mm
		要素/控制—挡数	3
		要素/控制—挡内的单元格数	4
		要素/控制—位数	12
		要素/控制—层数	3
		要素/控制—作业区域	01
2-1、2-2、2-3	临时保管区(集货区)	尺寸—长度	3000mm
		尺寸—宽度	6000mm
3-1、3-2、3-3	部件消除器	默认参数	
4	XML 初始库存设定管理器	默认参数	
5	XML 日程管理器	默认参数	
6	托盘生成器	默认参数	
7-1	XML 作业管理器	概要—直接模式	
7-2	XML 作业管理器	默认参数	
7-1-1、 7-2-1	作业人员 (由 7-1、7-2 添加作业人员)	颜色/形状—形状	7-1-1:低型升降机 7-2-1:托盘卡车

2. 作业流程

参照图 2-44 建立设备间的连接,完成相关作业管理器的程序编写。

3. 仿真数据

根据表 2-30～表 2-32 制作仿真数据文件,并导入仿真模型进行运行调试。

第 2 章　工艺流程篇

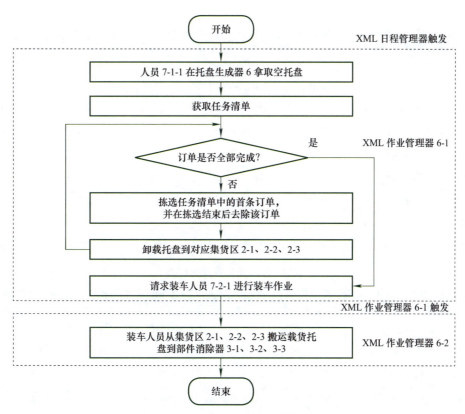

图 2-44　集货发货场景作业流程图

表 2-30　商品管理文件

name	style	count	length	width	height	red	green	blue
Product_001	Bara	1	0.01	0.01	0.01	0.2	0.7	0.2
Product_001	Inner	12	0.2	0.13	0.1	0.2	0.7	0.2
Product_001	Outer	120	0.6	0.4	0.3	0.2	0.7	0.2
Product_002	Bara	1	0.01	0.01	0.01	1	0	0
Product_002	Inner	12	0.2	0.13	0.1	1	0	0
Product_002	Outer	120	0.6	0.4	0.3	1	0	0
Product_003	Bara	1	0.01	0.01	0.01	0	0	1
Product_003	Inner	12	0.2	0.13	0.1	0	0	1
Product_003	Outer	120	0.6	0.4	0.3	0	0	1

表 2-31　货架初始库存数据表

OrderListID	ProductID	Quantity	Location	ColorR	ColorG	ColorB
ID001	Product_001	1200	01-01-01-01	1	0	0
ID002	Product_001	1200	01-02-02-01	1	0	0
ID003	Product_002	1200	01-03-03-01	0	1	0

(续)

OrderListID	ProductID	Quantity	Location	ColorR	ColorG	ColorB
ID004	Product_002	1200	01-04-04-01	0	1	0
ID005	Product_003	1200	01-01-05-01	0	0	1
ID006	Product_003	1200	01-02-06-01	0	0	1
ID007	Product_001	1200	01-03-07-01	1	0	0
ID008	Product_001	1200	01-04-08-02	1	0	0
ID009	Product_002	1200	01-01-09-03	0	1	0
ID010	Product_002	1200	01-02-10-01	0	1	0
ID011	Product_003	1200	01-03-11-01	0	0	1
ID012	Product_003	1200	01-04-12-03	0	0	1

表 2-32　货架出库数据表

OrderListID	ProductID	Quantity	Style	From	Location	Destination	Route	Option
ID001	Product_001	1200	Outer	4	01-01-01-01	1	2-1	
ID002	Product_002	1200	Outer	4	01-03-03-01	1	2-2	
ID003	Product_003	1200	Outer	4	01-01-05-01	1	2-3	
ID004	Product_001	1200	Outer	4	01-03-07-01	2	2-3	
ID005	Product_002	1200	Outer	4	01-04-04-01	2	2-1	
ID006	Product_003	1200	Outer	4	01-02-06-01	2	2-2	
ID007	Product_001	1200	Outer	4	01-02-02-01	3	2-2	END
ID008	Product_002	1200	Outer	4	01-02-10-01	3	2-3	END
ID009	Product_003	1200	Outer	4	01-03-11-01	3	2-1	END

2.6.3　虚拟仿真场景实现

1. 设备连接

表 2-33 列出了集货发货虚拟仿真场景中模型设备之间的参考连接方式。

表 2-33　集货发货场景设备连接信息表

起始连接设备		终端连接设备		连接方式
类　型	编　号	编　号	类　型	
初始库存设定管理器	4	1	货架区（连接货架区而非单排货架）	连接到仓库
XML 日程管理器	5	7-1	XML 作业管理器	连接到日程表对象设备
XML 作业管理器	7-1	6	托盘生成器	连接到目标设备 1
		7-2	XML 作业管理器	连接到目标设备 2

2. 程序指令

扫描前言中的二维码下载集货发货虚拟仿真场景参考程序。

重点理解以下指令使用方法：

◇ EQUAL 指令：专用的比较操作符，该类操作符通常用于 IF 判断语句或 FOR 循环语句的判断环节。

3. 仿真数据文件制作及运行设置

在用 XML 变换工具进行转换时，在出库 XML 文件设定窗口，将参数"OrderMasterDevice"设为"5"（对应 XML 日程管理器 5），"OrderSubDevice"设为"7-1"（对应 XML 作业管理器 7-1）。XML 变换工具窗口（图 1-11）中"StockInitializeData.csv"对应的"备注①"处填写"4"（对应初始库存设定管理器 4）。

2.6.4 思考讨论

习题1 集货发货模型中，拣选任务仅涉及整托盘拣选，实际仓库内通常是整托盘拣选、整箱拣选及拆零拣选三种方式的混合作业模式。请在原有货架出库数据文件内增加整箱拣选任务，保证每个订单号都包含两类拣选任务。在此基础上，设置作业管理器指挥专门作业人员进行整箱拣选作业，实现同一订单的两类拣选任务放置在集货区内同一个临时保管区。在装车作业中，指挥装车人员将相同订单的货物合并在一起装入车厢内，便于送达卸货时完整订单的交接。

习题2 月台门调度优化目标应该是卸车和入库行程最短。实现入库门调度的简单算法，选择离上架位置中心最近的门作为卸货站台。如果所有到达货物都来自同一个供应商或商品相同，月台调度优化相对简单。如果仓库内货物按照货物类型或供应商进行位置分配，则将来货车辆分配至离相应供应商或货物位置最近的月台门。

实验中集货区 2-1、2-2、2-3 与装车区 3-1、3-2、3-3 之间为仓库月台，请重新分配三个集货区与三条线路任务的对应关系，减少作业人员的移动距离。

第 3 章

拣选策略篇

3.1 知识框架

拣选策略是通过对拣选任务拆分、组合以及下发方式的优化，提升订单拣选效率的运营管理方法。从客户下单到完成订单装车发货所需时间称为订单履行时间。一般来说，拣货员作业效率越高，订单拣选花费的时间越短，订单履行时间越短，客户的订单响应就越及时。

常见的七种拣选策略见表 3-1。

表 3-1 拣选策略分类

拣 选 策 略	每订单拣货员数	每拣货员拣选订单数	订单下发方式
按单拣选（Discrete Picking）	一人	一个	单周期
分区拣选（Zone Picking）	多人	一个	单周期
批量拣选（Batch Picking）	一人	多个	单周期
波次拣选（Wave Picking）	一人	一个	多周期
分区批量式（Zone-Batch）	多人	多个	单周期
分区波次式（Zone-Wave）	多人	一个	多周期
分区批量波次式（Zone-Batch-Wave）	多人	多个	多周期

3.1.1 按单拣选

在按单拣选中，拣货员一次拣选行程仅完成一个订单，并且作业不受区域限制。在人到货拣选系统中，按单拣选如同进入超市购物，在购物车中收集购物清单中的全部商品，每一个购物人员只关注个人的购物清单。

如表 3-2 所示，订单 1 任务包含 4 条订单行，分别是货位 B3 上的 1 件货物 G、货位 A6 上的 4 件货物 C、货位 D7 上的 3 件货物 A 以及货位 H3 上的 5 件货物 E。订单 2 任务包含 6 条订单行，分别是货位 B3 上的 1 件货物 G、货位 A6 上的 3 件货物 C、货位 C5 上的 5 件货物 D、货位 G6 上的 2 件货物 F、货位 H3 上的 3 件货物 E 以及货位 E1 上的 4 件货物 B。拣货员 1 采用按单拣选方式，每次行程仅完成 1 个订单，如图 3-1 所示，拣选员选择合适的路径（订单任务排序问题）按照 A—C—E—G 的顺序分别从规定的位置取出合适的数量，完成订单 1 的任务后再考虑订单 2 的任务。

表 3-2 按单拣选作业任务表

拣货员	订单号	品项（SKU）	数量	位置
1	1	G	1	B3
		C	4	A6
		A	3	D7
		E	5	H3
1	2	G	1	B3
		C	3	A6
		D	5	C5
		F	2	G6
		E	3	H3
		B	4	E1

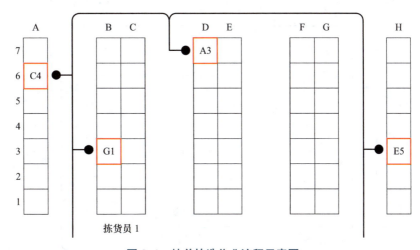

图 3-1 按单拣选作业流程示意图

按单拣选的优点是拣货员同一时间仅处理一张订单，这样会大大降低漏拣的可能性。在服务窗口期条件下，它对顾客的反应最快。缺点是当仓库内存储的 SKU 数量多时，每种货物存储在不同的货位，拣货员要走遍库内很大一部分空间才能完成任务。如果订单内 SKU 数少，则平均到每个 SKU 的行走时间就会增多，因此对于 SKU 多且单个工作人员单次行程可以完成的订单，按单拣选经济性较高。此外，当订单响应时间不允许订单排队等待进行分批作业时，例如加急任务订单，客户服务目标优先于效率目标，则必须采用按单拣选模式。

3.1.2 批量拣选

批量拣选将多张订单合并为一批，拣货员一次行程将该批订单内货物全部拣出。这种策略如同带着个人购物清单和邻居的购物清单到超市进行购物，在超市内的一次行程中完成多个订单，这样平均到每个 SKU 的行走距离将会减少。

如表 3-3 所示，拣货员 1 采用批量拣选的方式，将表 3-2 中的两个订单合并为一批，一次行程拣取全部货物，如图 3-2 所示。与按单拣选相比，当批次订单中含有相同货物或位置相近的货物时,减少了 SKU 平均行走距离,并且当多个订单同时访问相同货物时,还可以减少寻找时间。但是,批量拣选会增加将货物播种至对应订单的作业过程。

表 3-3 批量拣选作业任务表

拣货员	品项(SKU)	数量	位置	订单号
1	G	1	B3	1
	C	7	A6	1,2
	A	3	D7	1
	D	5	C5	2
	F	2	G6	2
	E	8	H3	1,2
	B	4	E1	2

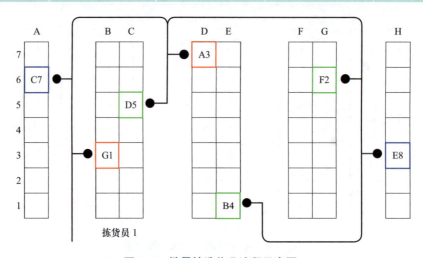

图 3-2 批量拣选作业流程示意图

批量拣选的货物播种至订单的模式分为两种。一种是边拣选边播种的方式,简称"边拣边播"。在边拣边播模式下,拣货员需要推一辆拣货车,小车上放有多个订单箱,在拣选货物的同时将货物直接放置于对应的订单箱,由于人员同时完成多件任务,出错的概率增大,人员行走速度相对较慢。另外一种是先拣选然后送至指定位置集中播种至对应订单的方式,简称"先拣后播"。在先拣后播模式下,现场需要为播种作业设置专门的区域、人员和设备。因此,以上两种方式都需要占用更多空间和付出更多劳动力。此外,实际应用中为了累积具有相同货物需求的订单,需要等待一段时间。一般来说,当采用批量拣选模式增加的播种成本小于不采用批量拣选增加的行走成本时,宜采用批量拣选模式。

批量拣选最适合订单行数少且订单体积小的场景。尤其是仅含单件货物的订单是最适合批量拣选的一类订单。这些订单不需要播种至订单,因此无须增加任何的空间和劳动力。此外,通过将仓库内货位相邻的单订单行的订单进行合并,可以在小区域内完成批量拣选,从而进一步减少行走距离。

3.1.3 分区拣选

分区拣选是指拣货员被分配至仓库内专门的区域，仅负责完成包含区域内货物的订单拣选任务。由于一个订单内的货物通常存储在不同的区域，因此一个订单需要通过多个拣货员联合作业才能完成，大部分人员无法单独完成订单。而在按单拣选和批量拣选中，单个拣货员负责完成每一个订单或多个订单的全部任务，人员可以自由进入仓库内的任意一个巷道内作业。

如图3-3所示，将A、B、C、D列货架作为分区1，E、F、G、H列货架作为分区2，每个分区内安排一个拣货员完成分区内的拣货任务，在订单1和订单2内分别根据货物货位的分区归属进行任务拆分，一个订单由两个拣货员协作完成（见表3-4）。

表3-4 分区拣选作业任务表

拣货员	订单号	品项（SKU）	数量	位置
1	1	G	1	B3
		C	4	A6
		A	3	D7
	2	G	1	B3
		C	3	A6
		D	5	C5
2	1	E	5	H3
		F	2	G6
	2	E	3	H3
		B	4	E1

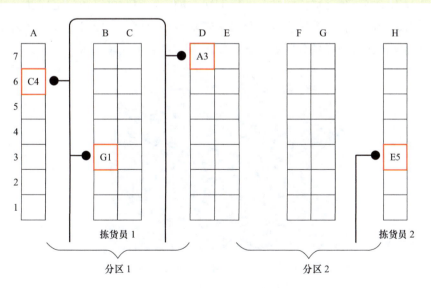

图3-3 分区拣选作业流程示意图

分区拣选的优势是拣货员分配至面积较小的专门工作区域，行走时间减少；并且随着工作时间的增加，人员对区域内货物与货位会越来越熟悉，寻找时间也会减少；此外，由于区域内人数有限，巷道内拥挤度降低。

如果拣选工作量大、货物分布区域广或订单时效性要求极高，可以选用分区拣选策略，将每一个订单任务拆分后分配给多个人来共同完成，从而保证每个订单拣选的时效性要求，但订单任务的拆分会增加额外的合并订单成本。将同一订单内由不同人员在不同分区拣选的各种货物集中在一起的作业环节称为"合并订单"，简称合单。合单的原因主要有以下两点：首先，客户对收货的完整性有特殊要求，他们希望以尽可能少的次数和包裹数量来接收订购的所有货物，从而提升客户的收货体验；其次，对于配送物流中心来说，通过合单可以有效减少包裹数量，提高送货容器的装载量，从而有效降低物流企业的配送成本。现场常用的合单方法包括：串行合单和并行合单。

串行合单：也称为接力拣选，订单容器通过手工、搬运设备从一个拣货分区传递到下一个拣货分区，直至订单全部拣选完成。该拣选策略特别适用于 SKU 数量多、单 SKU 体积小而需要多个订单容器装载的拆零订单拣选。例如在连锁便利店/药店配送中心，订单拣选可以组织成一条流水线。仓库被分成多个作业区域，每个区域设置拣选工作站，有专门的拣货员负责固定的区域任务，订单沿分区传递，由不同区域人员接力完成。

接力拣选方式的优点在于拣选过程中同步完成合并订单。如果流水线采用一条输送线贯穿，订单拣选的完成顺序将与订单下发顺序相同，此时可以通过按配送线路交付的相反顺序释放订单，输送线与月台对接，实现订单直接装车作业。

接力拣选方式的缺点是若各分区任务不均衡，会导致作业效率低的分区输送线出现堵塞，影响整体流水线的作业效率。如图 3-4 所示，流水线采用主干分支结构，主输送线位于分支线的中间，贯穿所有拣货分区，分区工作站与分支输送线相连，订单箱从主线上移至有拣货任务的分区工作站。分支输送线具有一定的缓存能力，因此可以在一定程度上减少主线堵塞的发生。先进的串行合单系统会设计分区跳转功能，即订单容器仅进入有拣选任务的分区，减少订单容器在无拣选任务分区内输送时间，有效避免主线堵塞压力。

图 3-4　主干分支结构分区拣选流水线

并行合单：所有拣货分区内的拣货员并行作业，在一个波次内同时拣选所在分区的全部拣选任务。该拣选策略特别适用于 SKU 数量多、单 SKU 订货数不足一托盘、订单货物总量对应多托盘的整箱拣选。

例如在面向医院药房的医药配送中心内，整箱拣选量和拆零拣选量占据了大部分工作。

单个医院药房的订单被拆分为整箱拣选单和拆零拣选单，分别分配给整箱拣选区与拆零拣选区内的拣货员，两个分区内的人员并行独立作业。整箱拣选区内整箱药品被拣选的同时被贴上条码标签，放置在整箱输送线上，拆零拣选区内拣选完成的订单复核包装后也放置在整箱输送线上，两个区域的货物通过输送线导入自动化分拣装备，实现自动合单。

在选择分区拣选时，需要比较分区拣选的增量收益和增量投资。分区拣选主要的增量收益在于拣选效率的提升。串行合单的增量投资是分拣区之间的传递装备投资，并行合单的增量投资是集货区分拣装备。

此外，分区拣选策略还会增加控制的复杂度。现实当中实现每天各分区拣选任务绝对均衡是不可能的。这需要非常先进的储位分配技术或复杂的分区拣选方案实现动态分区。在动态分区方案中，分区的区域根据相关的任务进行调整。无论采用何种平衡任务的方式，调度方法相比于按单拣选和批量拣选中任务调度都更加复杂。

3.1.4 波次拣选

根据订单的下达时间、配送时效性要求、配送线路以及现有集货场地空间的限制，将具有共同目的地的订单分段下发拣选，规定波次内的订单要在预定的时间段内完成。

常见的波次划分方式有两种：一种是按时间窗划分。仓库管理系统设置每隔固定的时间段，对订单池内的订单进行筛选，每隔一段时间做一次数据截取，把这段时间累积的订单汇总成一个波次。例如某些电商物流企业配送时效承诺，当日上午11：00前提交的现货订单，当日送达；当日23：00前提交的现货订单，次日15：00前送达。这就根据客户提交订单的时间，自然将订单划分为两个大波次。另一种是按配送线路划分。根据配送线路远近不同，例如市内与市外、省内与省外等，以及发货暂存区分拣设备和场地能够支持的同时集货线路数量，将订单划分为不同的波次。在实际应用中，也可将两种方法综合使用，例如以时间窗划分大波次，在此基础上以配送线路划分具体小波次。划分具体波次时，需要结合配送线路发车时间限制条件与拣选完成波次内所有订单所需要的时间，通常在30min到2h。拣货员连续拣选波次内的任务，只有一个波次拣选结束后才能启动下一个波次拣选任务。

3.1.5 组合式策略

配送中心根据配送业务和现场实际情况，会采用以上一种或几种策略的组合。

1) 分区批量式拣选：每位拣选员在指定分区内拣选货物，每次行程可以同时完成多个订单的部分任务，每班次只有一个订单安排时期。如果订单较少，拣货员可以在分区内边拣边播完成货物分类至订单作业。

2) 分区波次拣选：每位拣选员在指定分区内拣选货物，一次行程完成一个订单，每班次有多个订单安排时期。

3) 分区批量波次拣选：每位拣选员在指定分区内拣选货物，一次行程拣选多个订单，每班次有多个订单安排时期。

3.2 边拣边播

3.2.1 学习目标

1. 理论知识

组织调度：理解批量拣选中的边拣边播策略原理。

2. 仿真技术

1）设备模型：掌握临时保管区配置投入方向和配置方向参数设置。
2）程序指令：理解以下程序指令的应用方法。
① GET_INFO_AT_PICKUP；
② SET_PROPERTY；
③ GET_PROPERTY；
④ SORT_XMLLIST；
⑤ GET_DEVICE_NAME_IN_ORDER。

3.2.2 虚拟仿真场景设计

批量拣选是一类作业人员对多个订单汇总拣货的工作策略。在批量拣选过程中，作业人员操作载有 4 个订单周转箱的拣货车在货架区进行拆零拣选，边拣货边将拣出的货物播种至对应的订单周转箱中。批量拣选完成后，将订单周转箱送至复核包装区。

扫码观看视频

建立边拣边播场景模型，如图 3-5 所示。在货架区 1 建立四排单排货架，两两背对相接，构成两组双排货架，货架红色立柱所在侧为出入作业侧。在货架区 1 左边设置两组复核包装人员组成复核包装区。

1）拣选：初始库存设定管理器 3 根据货架初始库存数据表 3-8 内容，在货架上指定货位生成规定数量的载有货物的托盘。XML 日程管理器 2 将货架出库数据表 3-9 任务导入 XML 作业管理器 4-1，托盘生成器 5-1 生成 1 个拣货车至临时保管区 6-1，由 XML 作业管理器 4-1 指挥拣货员 4-1-1 从临时保管区 6-1 领取拣货车，至临时保管区 6-2 拿取周转箱放置到拣货车内，到货架区 1 指定货位拣选出的货物后将其放置到拣选车内对应订单周转箱内。

2）卸载：拣货员 4-1-1 完成一条订单拣选任务后，根据货架出库数据表 3-9 中"Route"列标注信息将订单周转箱送至临时保管区 6-4 或 6-6。

3）复核包装：订单周转箱被放至临时保管区 6-4 或 6-6 后，分别触发 XML 作业管理器 4-2 或 4-3，指挥复核包装人员 4-2-1 或 4-3-1 从托盘生成器 5-3 或 5-4 拿取一个纸箱放置到临时保管区 6-3 或 6-5 上，然后对订单周转箱中的货物进行数量复核，放至纸箱内包装。复核包装人员 4-2-1 或 4-3-1 将包装好的纸箱分别放至托盘 7-1 或 7-2 上。

第3章 拣选策略篇

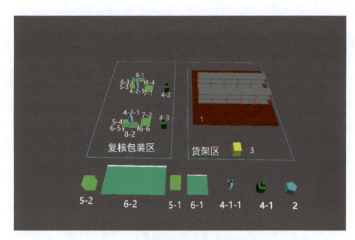

图 3-5　边拣边播场景模型示意图

1. 设备模型

依据表 3-5 在仿真软件中配置模型设备属性参数。

表 3-5　边拣边播场景设备属性配置表

编 号	设 备	属 性	参 数 值
1	货架区	尺寸—单元格的长度	600mm
		尺寸—单元格的宽度	1100mm
		尺寸—单元格的高度	1100mm
		尺寸—货架的间隔	2200mm
		要素/控制—挡数	5
		要素/控制—挡内的单元格数	5
		要素/控制—货架位数	25
		要素/控制—层数	3
		要素/控制—作业区域	01
2	XML 日程管理器	概要—设备名	2
3	XML 初始库存管理器	概要—设备名	3
4-1	XML 作业管理器	概要—直接模式	
		概要—设备名	4-1
4-2、4-3	XML 作业管理器	概要—设备名	4-2：4-2 4-3：4-3
4-1-1 ～ 4-3-1	作业人员 （由 4-1 ～ 4-3 添加作业人员）	颜色/形状—形状	工作人员（男性）

（续）

编　号	设　备	属　性	参　数　值
5-1	托盘生成器	颜色/形状—形状	分拣车
		尺寸—托盘的长度	1400mm
		尺寸—托盘的宽度	1000mm
		尺寸—托盘的高度	600mm
		要素/控制—最大生成数量	1
5-2	托盘生成器	颜色/形状—形状	周转箱
		尺寸—托盘的长度	600mm
		尺寸—托盘的宽度	400mm
		尺寸—托盘的高度	300mm
		要素/控制—最大生成数量	8
5-3、5-4	托盘生成器	颜色/形状—形状	周转箱
		尺寸—托盘的长度	300mm
		尺寸—托盘的宽度	200mm
		尺寸—托盘的高度	100mm
6-1	临时保管区	尺寸—长度	2000mm
		尺寸—宽度	2000mm
6-2	临时保管区	尺寸—长度	3000mm
		尺寸—宽度	6000mm
6-3、6-4、6-5、6-6	临时保管区	尺寸—长度	700mm
		尺寸—宽度	800mm
		概要—设备坐标—Z坐标	700mm
		要素/控制—取得方向	正面（详见说明）
		要素/控制—投入方向	正面（详见说明）
		概要—设备名（依次对应）	6-3：6-3 6-4：6-4 6-5：6-5 6-6：6-6
7-1、7-2	托盘（设备栏—托盘）	默认参数	
8-1、8-2	桌子	默认参数	

第 3 章　拣选策略篇

> **说明**　临时保管区投入方向和配置方向设置。

选择临时保管区"属性—要素/控制",设置人员取得和投入方向,其中"正面"表示从临时保管区的白色一端取得或投入货物,"背面"表示从临时保管区远离白色一端取得或投入货物。配置方向选项有八个选项,各选项名称及其所实现效果见表 3-6,其中数字代表货物放置顺序。

表 3-6　临时保管区配置方向名称及效果

名　称	效　果　图	名　称	效　果　图
右 - 背面		背面 - 右	
左 - 背面		背面 - 左	
左 - 正面		正面 - 左	
右 - 正面		正面 - 右	

2. 作业流程

参照图 3-6 建立设备间的连接，完成相关作业管理器的程序编写。

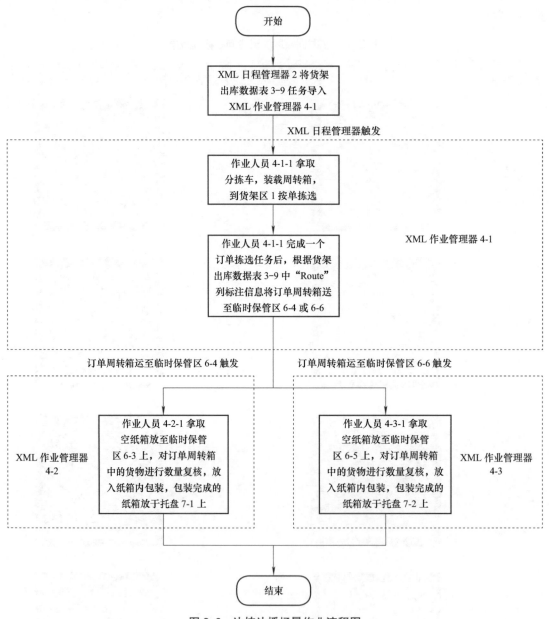

图 3-6 边拣边播场景作业流程图

3. 仿真数据

根据表 3-7～表 3-9 制作仿真数据文件，并导入仿真模型进行运行调试。

表 3-7 商品管理文件

name	style	count	length	width	height	red	green	blue
Product_001	Bara	1	0.01	0.01	0.01	1	0	0
Product_001	Inner	12	0.2	0.13	0.1	1	0	0
Product_001	Outer	120	0.6	0.4	0.3	1	0	0
Product_002	Bara	1	0.01	0.01	0.01	0	1	0
Product_002	Inner	12	0.2	0.13	0.1	0	1	0
Product_002	Outer	120	0.6	0.4	0.3	0	1	0
Product_003	Bara	1	0.01	0.01	0.01	0	0	1
Product_003	Inner	12	0.2	0.13	0.1	0	0	1
Product_003	Outer	120	0.6	0.4	0.3	0	0	1
Product_004	Bara	1	0.01	0.01	0.01	1	1	0
Product_004	Inner	12	0.2	0.13	0.1	1	1	0
Product_004	Outer	120	0.6	0.4	0.3	1	1	0
Product_005	Bara	1	0.01	0.01	0.01	0	1	1
Product_005	Inner	12	0.2	0.13	0.1	0	1	1
Product_005	Outer	120	0.6	0.4	0.3	0	1	1
Product_006	Bara	1	0.01	0.01	0.01	1	0	1
Product_006	Inner	12	0.2	0.13	0.1	1	0	1
Product_006	Outer	120	0.6	0.4	0.3	1	0	1
Product_007	Bara	1	0.01	0.01	0.01	0.5	0.2	0.2
Product_007	Inner	12	0.2	0.13	0.1	0.5	0.2	0.2
Product_007	Outer	120	0.6	0.4	0.3	0.5	0.2	0.2
Product_008	Bara	1	0.01	0.01	0.01	0.2	0.5	0.2
Product_008	Inner	12	0.2	0.13	0.1	0.2	0.5	0.2
Product_008	Outer	120	0.6	0.4	0.3	0.2	0.5	0.2

表 3-8　货架初始库存数据表

OrderListID	ProductID	Quantity	Location	ColorR	ColorG	ColorB
ID001	Product_001	1000	01-01-02-01	0.2	0.7	0.2
ID002	Product_002	1000	01-01-23-01	0.2	0.7	0.2
ID003	Product_003	1000	01-02-22-01	1	0	0
ID004	Product_004	1000	01-02-02-01	1	0	0
ID005	Product_005	1000	01-03-04-01	0	1	0
ID006	Product_006	1000	01-03-25-01	0	1	0
ID007	Product_007	1000	01-04-21-01	0	0	1
ID008	Product_008	1000	01-04-03-01	0	0	1

表 3-9　货架出库数据表

OrderListID	ProductID	Quantity	Style	From	Location	BarCode	Route
ID001	Product_001	1	Bara	3	01-01-02-01	order01	6-4
ID001	Product_002	3	Bara	3	01-01-23-01	order01	6-4
ID001	Product_003	5	Bara	3	01-02-22-01	order01	6-4
ID001	Product_002	7	Bara	3	01-01-23-01	order02	6-4
ID001	Product_003	9	Bara	3	01-02-22-01	order02	6-4
ID001	Product_004	11	Bara	3	01-02-02-01	order02	6-4
ID001	Product_003	1	Bara	3	01-02-22-01	order03	6-6
ID001	Product_004	3	Bara	3	01-02-02-01	order03	6-6
ID001	Product_005	5	Bara	3	01-03-04-01	order03	6-6
ID001	Product_004	7	Bara	3	01-02-02-01	order04	6-6
ID001	Product_005	9	Bara	3	01-03-04-01	order04	6-6
ID001	Product_006	11	Bara	3	01-03-25-01	order04	6-6
ID002	Product_006	1	Bara	3	01-03-25-01	order05	6-4
ID002	Product_007	3	Bara	3	01-04-21-01	order05	6-4

（续）

OrderListID	ProductID	Quantity	Style	From	Location	BarCode	Route
ID002	Product_008	5	Bara	3	01-04-03-01	order05	6-4
ID002	Product_007	7	Bara	3	01-04-21-01	order06	6-4
ID002	Product_008	9	Bara	3	01-04-03-01	order06	6-4
ID002	Product_001	11	Bara	3	01-01-02-01	order06	6-4
ID002	Product_008	1	Bara	3	01-04-03-01	order07	6-6
ID002	Product_001	3	Bara	3	01-01-02-01	order07	6-6
ID002	Product_002	5	Bara	3	01-01-23-01	order07	6-6
ID002	Product_001	7	Bara	3	01-01-02-01	order08	6-6
ID002	Product_002	9	Bara	3	01-01-23-01	order08	6-6
ID002	Product_003	11	Bara	3	01-02-22-01	order08	6-6

注："OrderListID"列对应批次订单号，"BarCode"列对应订单号，"From"列对应初始库存设定管理器设备名，"Route"列对应复核包装台（临时保管区）设备名。

3.2.3 虚拟仿真场景实现

1. 设备连接

表 3-10 列出了边拣边播虚拟仿真场景中模型设备之间的参考连接方式。

表 3-10　边拣边播场景设备连接信息表

起始连接设备		终端连接设备		连接方式
类　型	编　号	编　号	类　型	
初始库存设定管理器	3	1	货架区（连接货架区而非单排货架）	连接到仓库
XML 日程管理器	2	4-1	XML 作业管理器	连接到日程表对象设备
XML 作业管理器	4-1	6-1	临时保管区	连接到目标设备 1
		6-2	临时保管区	连接到目标设备 2

(续)

起始连接设备			终端连接设备		连接方式
类型	编号	编号	类型		
XML 作业管理器	4-2	6-3	临时保管区		连接到目标设备 1
		5-3	托盘生成器		连接到目标设备 2
		7-1	托盘		连接到目标设备 3
	4-3	6-5	临时保管区		连接到目标设备 1
		5-4	托盘生成器		连接到目标设备 2
		7-2	托盘		连接到目标设备 3
托盘生成器	5-1	6-1	临时保管区		连接下一个设备
	5-2	6-2	临时保管区		连接下一个设备
临时保管区	6-4	4-2	XML 作业管理器		连接到作业管理器上，同时设置参数"设定作业要求—投入物作业要求设置"
	6-6	4-3	XML 作业管理器		连接到作业管理器上，同时设置参数"设定作业要求—投入物作业要求设置"

2. 程序指令

扫描前言中的二维码下载边拣边播虚拟仿真场景参考程序。

重点理解以下指令使用方法：

- ◆ GET_INFO_AT_PICKUP：将所要拿取的货物设备名赋值给变量。
- ◆ SET_PROPERTY：在指定设备上设定指定的参数。
- ◆ GET_PROPERTY：获取指定设备上指定的参数。
- ◆ SORT_XMLLIST：对 XMLList 按 Type 所指定的信息进行排序。
- ◆ GET_DEVICE_NAME_IN_ORDER：取得指定设备上的货物的名称。

3. 仿真数据文件制作及运行设置

在用 XML 变换工具进行转换时，在出库 XML 文件设定窗口，将参数 "OrderMasterDevice" 设为 "2"（对应 XML 日程管理器 2），"OrderSubDevice" 设为 "4-1"（对应 XML 作业管理器 4-1）。XML 变换工具窗口（图 1-11）中 "StockInitializeData.csv" 对应的 "备注①"

处填写"3"（对应初始库存设定管理器 3）。

3.2.4 思考讨论

习题 实验中每个批次订单包含货物品项数量较多，造成拣货员拣选一个批次订单需要遍历货架货位数量多，行走距离长。以减少每个批次订单中品项数量为目标，对本实验原有订单任务重新划分构建新的批次订单，缩短拣货员行走距离，提高拣选效率。

3.3 先拣后播

3.3.1 学习目标

1. 理论知识

组织调度：理解批量拣选中的先拣后播策略。

2. 仿真技术

1）设备模型：掌握用于拆零拣选的流利式货架参数设置和控制方法、仿真运行进度表的应用方法。

2）程序指令：理解程序指令 DELIVER_CHILDREN 的应用方法。

3.3.2 虚拟仿真场景设计

将 32 个订单分成两个批次订单，工作人员操作载单个周转箱的拣货车在货架区进行拆零拣选，一次拣选行程将单个批次订单所含的货物全部拣选至周转箱中。拣选完成后，将周转箱送至播种区，由播种人员将周转箱内的货物播种至播种墙上的订单箱。播种完成后，由复核包装人员完成订单的复核包装任务。

扫码观看视频

建立先拣后播场景模型如图 3-7 所示，模型包括货架区、播种区、复核包装区三部分。货架区 1-1 建立四排单排货架，两两背对相接，构成两组双排货架，货架红色立柱所在侧为出入作业侧。货架区 1-1 左侧设置播种区与复核包装区，在播种区设置单排流动货架 1-2 作为播种墙使用。

1）拣选：初始库存设定管理器 3-1 根据货架初始库存数据表 3-13、表 3-14 内容，在货架上指定货位生成规定数量的载有货物的托盘。XML 日程管理器 2 根据货架出库数据表 3-15 内容，管理 XML 作业管理器 4-1 指挥拣货员 4-1-1 从临时保管区 6-1 领取拣货车，到临时保管区 6-2 拿取周转箱后至货架区 1-1 完成批次订单的汇总拣选任务。

2）卸载：单个批次订单拣选完成后，拣货员 4-1-1 将拣货车上的载货周转箱送到播种区内的临时保管区 6-3。

3）播种：载货周转箱被放至临时保管区 6-3 后，触发 XML 作业管理器 4-2 指挥播种人员 4-2-1 将载货周转箱内的货物根据订单号播种至播种墙 1-2 对应的订单箱内。

4）复核包装：一旦播种墙 1-2 上有订单箱内货物集齐，立刻触发 XML 作业管理器 4-3 指挥复核包装人员 4-3-1 从播种墙 1-2 上拿取该订单箱，然后拿取一个纸箱放置在临时保管区 6-4 上，对订单箱中的货物进行数量复核后放至纸箱内包装，包装好的纸箱被放至托盘 7 上。

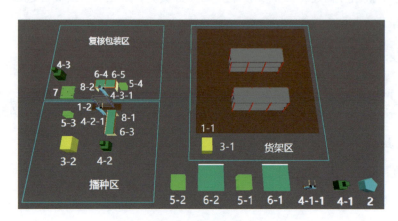

图 3-7　先拣后播场景模型示意图

1. 设备模型

依据表 3-11 在仿真软件中配置模型设备属性参数。

表 3-11　先拣后播场景设备属性配置表

编　号	设　备	属　性	参　数　值
1-1	货架区（普通货架）	尺寸—单元格的长度	1100mm
		尺寸—单元格的宽度	1100mm
		尺寸—单元格的高度	1100mm
		尺寸—货架的间隔	2200mm
		要素/控制—挡数	3
		要素/控制—挡内的单元格数	4
		要素/控制—货架位数	12
		要素/控制—层数	3
		要素/控制—作业区域	01

(续)

编号	设备	属性	参数值
1-2	货架区 （单击货架区，右键菜单栏中选择"流动货架的添加"）	尺寸—单元格的长度	300mm
		尺寸—单元格的宽度	300mm
		尺寸—单元格的高度	300mm
		尺寸—货架的间隔	2200mm
		要素/控制—挡数	1
		要素/控制—挡内的单元格数	4
		要素/控制—货架位数	4
		要素/控制—层数	5
		要素/控制—货架纵向货位数	1
		要素/控制—忽略最上层货架	勾选
		要素/控制—自动生成托盘	直接模式
		要素/控制—流动货架状态	自然落下
		颜色/形状—形状	只要框
		要素/控制—作业区域	02
2	XML 日程管理器	概要—设备名	2
3-1、3-2	XML 初始库存管理器	概要—设备名	3-1 3-2
4-1	XML 作业管理器	概要—直接模式	
		概要—设备名	4-1
4-2、4-3	XML 作业管理器	默认参数	
4-1-1、 4-3-1	作业人员 （由 4-1、4-3 添加作业人员）	颜色/形状—形状	工作人员（男性）
4-2-1	作业人员 （由 4-2 添加作业人员）	颜色/形状—形状	工作人员（男性）
		要素/控制—取得时间	0s
		要素/控制—放置时间	0s
5-1	托盘生成器	颜色/形状—形状	分拣车
		尺寸—托盘的长度	1100mm
		尺寸—托盘的宽度	1100mm
		尺寸—托盘的高度	600mm
		要素/控制—最大生成数	1

（续）

编　号	设　备	属　性	参　数　值
5-2	托盘生成器	颜色/形状—形状	周转箱
		尺寸—托盘的长度	500mm
		尺寸—托盘的宽度	400mm
		尺寸—托盘的高度	300mm
		要素/控制—最大生成数	2
5-3	托盘生成器	颜色/形状—形状	周转箱
		尺寸—托盘的长度	300mm
		尺寸—托盘的宽度	200mm
		尺寸—托盘的高度	100mm
		要素/控制—最大生成数量	32
5-4	托盘生成器	颜色/形状—形状	周转箱
		尺寸—托盘的长度	400mm
		尺寸—托盘的宽度	300mm
		尺寸—托盘的高度	200mm
6-1、6-2	临时保管区	尺寸—长度	2000mm
		尺寸—宽度	2000mm
6-3	临时保管区	尺寸—长度	700mm
		尺寸—宽度	2000mm
		概要—设备名	6-3
6-4、6-5	临时保管区	尺寸—长度	700mm
		尺寸—宽度	800mm
7	托盘	默认参数	
8-1、8-2	桌子	默认参数	

2. 作业流程

参照图 3-8 建立设备间的连接，完成相关作业管理器的程序编写。

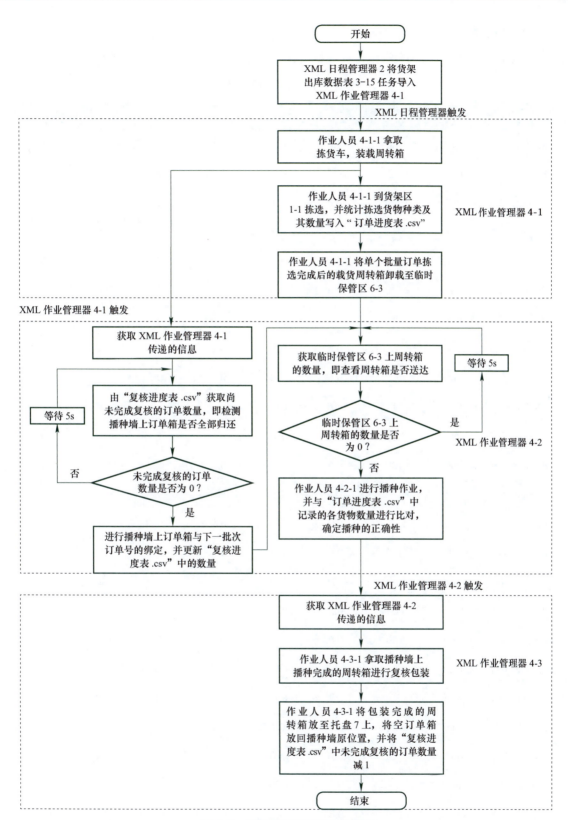

图 3-8 先拣后播场景作业流程图

3. 仿真数据

根据表 3-12～表 3-15 制作仿真数据文件,并导入仿真模型进行运行调试。

表 3-12 商品管理文件

name	style	count	length	width	height	red	green	blue
Product_001	Bara	1	0.01	0.01	0.01	1	0	0
Product_001	Inner	12	0.2	0.13	0.1	1	0	0
Product_001	Outer	120	0.6	0.4	0.3	1	0	0
Product_002	Bara	1	0.01	0.01	0.01	0	1	0
Product_002	Inner	12	0.2	0.13	0.1	0	1	0
Product_002	Outer	120	0.6	0.4	0.3	0	1	0
Product_003	Bara	1	0.01	0.01	0.01	0	0	1
Product_003	Inner	12	0.2	0.13	0.1	0	0	1
Product_003	Outer	120	0.6	0.4	0.3	0	0	1
Product_004	Bara	1	0.01	0.01	0.01	1	1	0
Product_004	Inner	12	0.2	0.13	0.1	1	1	0
Product_004	Outer	120	0.6	0.4	0.3	1	1	0
Product_005	Bara	1	0.01	0.01	0.01	0	1	1
Product_005	Inner	12	0.2	0.13	0.1	0	1	1
Product_005	Outer	120	0.6	0.4	0.3	0	1	1
Product_006	Bara	1	0.01	0.01	0.01	1	0	1
Product_006	Inner	12	0.2	0.13	0.1	1	0	1
Product_006	Outer	120	0.6	0.4	0.3	1	0	1
Product_007	Bara	1	0.01	0.01	0.01	0.5	0.2	0.2
Product_007	Inner	12	0.2	0.13	0.1	0.5	0.2	0.2
Product_007	Outer	120	0.6	0.4	0.3	0.5	0.2	0.2
Product_008	Bara	1	0.01	0.01	0.01	0.2	0.5	0.2
Product_008	Inner	12	0.2	0.13	0.1	0.2	0.5	0.2
Product_008	Outer	120	0.6	0.4	0.3	0.2	0.5	0.2

第 3 章　拣选策略篇

表 3-13　货架 1-1 初始库存数据表

OrderListID	ProductID	Quantity	Location	ColorR	ColorG	ColorB
ID001	Product_001	1000	01-01-02-01	0.2	0.7	0.2
ID002	Product_002	1000	01-01-08-01	0.2	0.7	0.2
ID003	Product_003	1000	01-02-02-01	1	0	0
ID004	Product_004	1000	01-02-07-01	1	0	0
ID005	Product_005	1000	01-03-04-01	0	1	0
ID006	Product_006	1000	01-03-07-01	0	1	0
ID007	Product_007	1000	01-04-01-01	0	0	1
ID008	Product_008	1000	01-04-08-01	0	0	1

表 3-14　货架 1-2 初始库存数据表

OrderListID	ProductID	Quantity	Location	Destination	ReferenceDevice
ID001	Product_001	0	02-01-01-01	02-01-01-01	5-3
ID001	Product_002	0	02-01-02-01	02-01-02-01	5-3
ID001	Product_003	0	02-01-03-01	02-01-03-01	5-3
ID001	Product_004	0	02-01-04-01	02-01-04-01	5-3
ID001	Product_005	0	02-01-01-02	02-01-01-02	5-3
ID001	Product_006	0	02-01-02-02	02-01-02-02	5-3
ID001	Product_007	0	02-01-03-02	02-01-03-02	5-3
ID001	Product_008	0	02-01-04-02	02-01-04-02	5-3
ID001	Product_001	0	02-01-01-03	02-01-01-03	5-3
ID001	Product_002	0	02-01-02-03	02-01-02-03	5-3
ID001	Product_003	0	02-01-03-03	02-01-03-03	5-3
ID001	Product_004	0	02-01-04-03	02-01-04-03	5-3
ID001	Product_005	0	02-01-01-04	02-01-01-04	5-3
ID001	Product_006	0	02-01-02-04	02-01-02-04	5-3
ID001	Product_007	0	02-01-03-04	02-01-03-04	5-3
ID001	Product_008	0	02-01-04-04	02-01-04-04	5-3

注：表 3-14 的作用是在播种墙 1-2 上初始化生成空订单箱，其中，"ReferenceDevice" 列的含义为参照托盘生成器 5-3 的参数设置在播种墙 1-2 上生成空订单箱。

表 3-15　货架 1-1 出库数据表

OrderListID	ProductID	Quantity	Style	From	Location	BarCode
ID001	Product_001	2	Bara	3-1	01-01-02-01	order01
ID001	Product_001	2	Bara	3-1	01-01-02-01	order05
ID001	Product_001	2	Bara	3-1	01-01-02-01	order09
ID001	Product_001	2	Bara	3-1	01-01-02-01	order13
ID001	Product_002	2	Bara	3-1	01-01-08-01	order01
ID001	Product_002	2	Bara	3-1	01-01-08-01	order05
ID001	Product_002	3	Bara	3-1	01-01-08-01	order09
ID001	Product_002	3	Bara	3-1	01-01-08-01	order13
ID001	Product_003	5	Bara	3-1	01-02-02-01	order02
ID001	Product_003	5	Bara	3-1	01-02-02-01	order06
ID001	Product_003	5	Bara	3-1	01-02-02-01	order10
ID001	Product_003	5	Bara	3-1	01-02-02-01	order14
ID001	Product_004	5	Bara	3-1	01-02-07-01	order02
ID001	Product_004	5	Bara	3-1	01-02-07-01	order06
ID001	Product_004	1	Bara	3-1	01-02-07-01	order10
ID001	Product_004	1	Bara	3-1	01-02-07-01	order14
ID001	Product_005	3	Bara	3-1	01-03-04-01	order03
ID001	Product_005	3	Bara	3-1	01-03-04-01	order07
ID001	Product_005	5	Bara	3-1	01-03-04-01	order11
ID001	Product_005	5	Bara	3-1	01-03-04-01	order15
ID001	Product_006	5	Bara	3-1	01-03-07-01	barder03
ID001	Product_006	5	Bara	3-1	01-03-07-01	order07
ID001	Product_006	5	Bara	3-1	01-03-07-01	order11
ID001	Product_006	5	Bara	3-1	01-03-07-01	order15
ID001	Product_007	2	Bara	3-1	01-04-01-01	order04
ID001	Product_007	2	Bara	3-1	01-04-01-01	order08
ID001	Product_007	2	Bara	3-1	01-04-01-01	order12
ID001	Product_007	3	Bara	3-1	01-04-01-01	order16

（续）

OrderListID	ProductID	Quantity	Style	From	Location	BarCode
ID001	Product_008	3	Bara	3-1	01-04-08-01	order04
ID001	Product_008	3	Bara	3-1	01-04-08-01	order08
ID001	Product_008	3	Bara	3-1	01-04-08-01	order12
ID001	Product_008	3	Bara	3-1	01-04-08-01	order16
ID002	Product_001	2	Bara	3-1	01-01-02-01	order17
ID002	Product_001	2	Bara	3-1	01-01-02-01	order21
ID002	Product_001	2	Bara	3-1	01-01-02-01	order25
ID002	Product_001	2	Bara	3-1	01-01-02-01	order29
ID002	Product_002	2	Bara	3-1	01-01-08-01	order17
ID002	Product_002	2	Bara	3-1	01-01-08-01	order21
ID002	Product_002	3	Bara	3-1	01-01-08-01	order25
ID002	Product_002	3	Bara	3-1	01-01-08-01	order29
ID002	Product_003	5	Bara	3-1	01-02-02-01	order18
ID002	Product_003	5	Bara	3-1	01-02-02-01	order22
ID002	Product_003	5	Bara	3-1	01-02-02-01	order26
ID002	Product_003	5	Bara	3-1	01-02-02-01	order30
ID002	Product_004	5	Bara	3-1	01-02-07-01	order18
ID002	Product_004	5	Bara	3-1	01-02-07-01	order22
ID002	Product_004	1	Bara	3-1	01-02-07-01	order26
ID002	Product_004	1	Bara	3-1	01-02-07-01	order30
ID002	Product_005	3	Bara	3-1	01-03-04-01	order19
ID002	Product_005	3	Bara	3-1	01-03-04-01	order23
ID002	Product_005	5	Bara	3-1	01-03-04-01	order27
ID002	Product_005	5	Bara	3-1	01-03-04-01	order31
ID002	Product_006	5	Bara	3-1	01-03-07-01	order19
ID002	Product_006	5	Bara	3-1	01-03-07-01	order23
ID002	Product_006	5	Bara	3-1	01-03-07-01	order27
ID002	Product_006	5	Bara	3-1	01-03-07-01	order31

（续）

OrderListID	ProductID	Quantity	Style	From	Location	BarCode
ID002	Product_007	2	Bara	3-1	01-04-01-01	order20
ID002	Product_007	2	Bara	3-1	01-04-01-01	order24
ID002	Product_007	2	Bara	3-1	01-04-01-01	order28
ID002	Product_007	3	Bara	3-1	01-04-01-01	order32
ID002	Product_008	3	Bara	3-1	01-04-08-01	order20
ID002	Product_008	3	Bara	3-1	01-04-08-01	order24
ID002	Product_008	3	Bara	3-1	01-04-08-01	order28
ID002	Product_008	3	Bara	3-1	01-04-08-01	order32

注："OrderListID"列对应批次订单号，"BarCode"列对应订单号，"From"列对应初始库存设定管理器 3-1 设备名。

3.3.3 虚拟仿真场景实现

1. 设备连接

表 3-16 列出了先拣后播虚拟仿真场景中模型设备之间的参考连接方式。

表 3-16　先拣后播场景设备连接信息表

起始连接设备		终端连接设备		连接方式
类　型	编　号	编　号	类　型	
初始库存设定管理器	3-1	1-1	货架区（连接货架区而非单排货架）	连接到仓库
	3-2	1-2	货架区（连接货架区而非单排货架）	连接到仓库
XML 日程管理器	2	4-1	XML 作业管理器	日程表对象设备
XML 作业管理器	4-1	6-1	临时保管区	连接到目标设备 1
		6-2	临时保管区	连接到目标设备 2
		6-3	临时保管区	连接到目标设备 3
		4-2	XML 作业管理器	连接到目标设备 4
	4-2	1-2	货架区（连接货架区而非单排货架）	连接到目标设备 2
		4-3	XML 作业管理器	连接到目标设备 3

（续）

起始连接设备		终端连接设备		连接方式
类　型	编　号	编　号	类　型	
XML 作业管理器	4-3	6-4	临时保管区	连接到目标设备 1
		5-4	托盘生成器	连接到目标设备 2
		7	托盘	连接到目标设备 3
		6-5	临时保管区	连接到目标设备 4
		1-2	货架区（连接货架区而非单排货架）	连接到目标设备 5
托盘生成器	5-1	6-1	临时保管区	连接下一个设备
托盘生成器	5-2	6-2	临时保管区	连接下一个设备

2. 仿真进度状态表配置

为实现播种墙 1-2 上某个订单箱内货物集齐时立刻触发 XML 作业管理器 4-3 指挥复核包装人员 4-3-1 从播种墙 1-2 上拿取该订单箱的功能，需应用过程进度表记录播种墙 1-2 内各订单箱的完成进度情况。

根据表 3-17，利用 EXCEL 生成"订单进度表 .csv"，选择菜单栏"数据设置—csv 表格信息一览"，弹出窗口"csv 表格信息一览"，单击"打开 csv 文件"按钮读入"订单进度表 .csv"。

在模型中，拣货员 4-1-1 每拣选一次货物，即在订单进度表 .csv"总数量"一栏中累计对应订单的货物总数。播种人员在播种作业过程中，每播种完一件货物，就在订单进度表 .csv"播种数量"一栏中累计对应订单的货物总数，并检查当前作业订单的"播种数量"与"总数量"是否相等。当二者相等时，说明该订单的所有货物全部播种至订单箱，立刻触发 XML 作业管理器 4-3 指挥复核包装人员 4-3-1 从播种墙 1-2 上拿取该订单箱。

表 3-17　订单进度表

ID	订　单　号	总　数　量	流动货架货位	播种数量
1	order01	0		0
2	order02	0		0
⋮	⋮	⋮		⋮
32	order32	0		0

应用"复核进度表 .csv"记录复核人员 4-3-1 复核包装作业的完成进度情况，见表 3-18。

表 3-18 复核进度表

复 核 人 员	未复核件数
4-3-1	0

3. 程序指令

扫描前言中的二维码下载先拣后播虚拟仿真场景参考程序。

重点理解以下指令使用方法：

◇ DELIVER_CHILDREN：用来将自己持有的货箱全部放置到指定设备上指定条码的托盘中。

4. 仿真数据文件制作及运行设置

在用 XML 变换工具进行转换时，在出库 XML 文件设定窗口中，将参数 "OrderMasterDevice" 设为 "2"（对应 XML 日程管理器 2），"OrderSubDevice" 设为 "4-1"（对应 XML 作业管理器 4-1）。XML 变换工具窗口（图 1-11）中 "StockInitializeData.csv" 对应的 "备注①" 处填写 "3-1"（对应初始库存设定管理器 3-1），"StockInitializeData-播种墙.csv" 对应的 "备注①" 处填写 "3-2"（对应初始库存设定管理器 3-2）。

3.3.4 思考讨论

习题 1 拣货员拣选货物的路线由下发任务的排序决定，请在本实验的订单分批任务的基础上，对现有 32 个订单进行重新分批，实现拣货员行走路径的减少。通过实验仿真对比原有订单排序，验证优化效果。

习题 2 实验中播种人员在完成一个批次订单播种任务后，需要等待至复核包装人员将该批次任务全部完成，才开启下一批次订单播种任务。这期间存在时间等待浪费。请将播种人员启动下一批订单的方式调整为下一批次订单到达且播种墙内有空订单箱即开始启动播种。通过实验仿真与对比原有订单排序进行对比，验证优化效果。

3.4 分区接力拣选

3.4.1 学习目标

1. 理论知识

1）组织调度：理解分区接力拣选策略原理。

2）仓储装备：了解带式输送机、辊筒输送机、链板输送机、链条输送机、往复式提升机、螺旋提升机和循环提升机的工作原理、基本性能和选型原则。

2. 仿真技术

1）设备模型：掌握分流输送机分流规则设置；托盘生成器生成带编码信息的空容器；

楼层高度设置方法；螺旋输送机建模方法。

2）程序指令：理解以下程序指令的应用方法。

① MEMORY_CMD 指令集；

② SET_BUNKI_NO。

3.4.2 理论知识

两个固定路径之间进行经常性的物料移动时需要用到输送设备，但要有足够的运量以满足专用设备的经济要求。例如在大型配送中心内部，由于处理品类丰富且覆盖面积大，订单拣选中经常采用分区拣选策略，各分区拣选的货物需要快速送至分拣集货区，当运量足够大时就需要用到专用的输送装备。

在仓库内，输送作业对象主要是托盘货物、箱装货物或其他固定尺寸的集装单元货物。根据输送方向不同，输送机可以分为水平输送机和垂直输送机。

1. 水平输送机

（1）带式输送机 通用带式输送机经常用来在操作台、部门、地面和楼宇间输送轻型物料，尤其用于在路径有升降倾斜工况下的运送，如图3-9所示。因为带式输送机与货物之间有足够的摩擦力，所以它对货物位置和方位控制较好，尤其在运行中突然停机的情况下，摩擦力也能防止货物打滑。带式输送机通常由托辊或托板支撑，采用三相电动机作为驱动装置。当运输体积小、不规则形状物料时，只能采用托板支撑，其他情况下常用比较经济的托辊支持方式。

（2）辊筒输送机 辊筒输送机是利用按一定间距架设在固定支架上的若干个辊子来输送成件货物的输送机，如图3-10所示。输送机可以有动力，也可以没有动力。若无动力，辊筒输送机上物料是由货物本身的重力驱动在倾斜辊道上运动。若有动力，辊筒输送机可以采用三相电动机带动带或链条来驱动。近几年，直流24V电辊筒驱动方式被广泛采用，无动力辊筒被用弹性带（多楔带/圆带）连接在电动辊筒上。辊筒输送机非常适合物料等间距输送和临时贮存积放。由于辊筒光滑，被传输的物料底面必须平整坚硬。此外，由于辊筒之间存在一定间距，适用物料的尺寸受到一定限制，辊子间距为输送货物长度的1/3～1/4；当货物输送的平稳性要求较高时，间距可取输送货物长度的1/4～1/5。

图3-9 带式输送机

图3-10 辊筒输送机

(3) 链板输送机 链板输送机由金属板条组成，板条间隔分布，连接在链条上，由链条提供牵引力，用金属板承载物料进行输送。链板输送机的运行很像带式输送机，被传送货物保持与传送面的相对位置不变，由于传送面与货物一起移动，所以货物的方位和位置是可以控制的。重货、表面粗糙的物料或那些可能损坏带式输送机的物料通常由链板输送机进行输送。

(4) 链式输送机 链式输送机由一条或多条链条组成，以链条作为牵引和承载体输送物料，如图 3-11 所示。链式输送机常用于传送物料箱和托盘，此时只需要两三根链条就可以提供足够的刚性支持，并有效运转。

图 3-11 链式输送机

2. 垂直输送机

(1) 往复式提升机 也称为往复式升降输送机，其构造原理与升降电梯类似，由链条带动，通过变频调速控制电动机，提升轿厢上下往复运动实现物料的垂直输送。提升轿厢上配有输送设备，与出入口输送设备相配合，使输送过程实现全自动化，如图 3-12 所示。与循环式提升机和螺旋式提升机相比，往复式提升机占地空间最小，输送效率受高度和载货单元重量、数量的影响，适用于整托盘和箱装单元货物的垂直输送作业。此外，货物进出升降机方向设计灵活，便于生产设备布局。

(2) 螺旋提升机 物流中心内使用的螺旋提升机，是一类通过电动机带动链板围绕同一个圆心沿一定倾角循环旋转实现货物升降的装备，主要用于箱装货物垂直方向的连续输送，如图 3-13 所示。该设备占地面积小，输送效率高，一般箱装货物可以到达 2000～3500 件/h，并且可根据出入口的方向及位置调整倾角和布局，规划各楼层设备布局时可不用考虑提升机的衔接方位。

(3) 循环提升机 循环提升机由单链或双链组成循环提升主链，在链条上每隔一定距离悬挂一个载货平台，悬挂载货平台的链条在垂直方向形成一个大的窄长形回转输送环，如图 3-14 所示。链条上行的一侧载货平台接收楼层送来的箱装货物，链条下行的一侧载货平台向各楼层送出箱装货物。提升机机架上在每个楼层出口位置安装有可伸缩的活动接货平台，该平台按控制指令实现与载货平台之间的货物交接。该提升机适用于箱装货物在各楼层间的高效输送，输送效率可达 400 箱/h，可以有效解决楼层多、各楼层可同时进出货物、任意两楼层间有输送需求的复杂垂直输送情况。

第 3 章 拣选策略篇

图 3-12　往复式提升机　　　图 3-13　螺旋提升机　　　图 3-14　循环提升机

3.4.3　虚拟仿真场景设计

将拣货区域划分为 3 个分区，每个分区安排专门的拣货员负责拣选作业，订单拣选过程中将一个订单的任务根据货物存储分区的不同拆分成若干个子任务，分配至不同分区内拣货员独立完成。空订单箱从主输送线起始段发起任务，到达一个分区后判断是否有拣货任务，有则分流至分支缓存输送线，没有则沿输送线行进至下一个分区。分区内的拣货员完成缓存输送支线的订单箱对应的子任务后，将订单周转箱投入主输送线传递至下一个分区内。

扫码观看视频

建立分区接力拣选策略场景模型如图 3-15 所示，模型包括货架区、接力拣选区、集货区三部分。在三个货架区中建立六排单排货架，每个货架区中的两个货架形成一条作业通道，货架红色立柱所在侧为出入作业侧。输送机末端设置临时保管区 2 用于集货。

三个货架区内按照从左到右的顺序，将货架区 1-1 定义为 1 号拣货分区，将货架区 1-2 定义为 2 号拣货分区，将货架区 1-3 定义为 3 号拣货分区。每个拣货分区内各设置一个拣货员 5-2-1、5-3-1、5-4-1 独立完成分区内的订单子任务。

1）分流：初始库存设定管理器 3 根据货架初始库存数据表 3-21 内容，在货架上指定货位生成规定数量的载有货物的托盘。托盘生成器根据表 3-22 生成对应订单号的订单箱至直线输送机 6-1 上，并触发作业管理器 5-1，作业人员 5-1-1 将读取订单箱上的订单号与货架出库数据表 3-22，将所有的货物出库数据以联想记忆的方式写入货箱，将分流信息以分流代码的方式写入货箱。当订单箱到达左分流输送机 6-3、6-5、6-7 时，会自动根据分流代码信息分流至对应的拣货分区。

2）拣选：当订单箱被分流至拣货分区内直线输送机 6-9、6-10、6-11 时，到达触发对应拣货分区内 XML 作业管理器 5-2、5-3、5-4 读取订单箱联想记忆中的拣选任务，指挥拣货员 5-2-1、5-3-1、5-4-1 在分区内拆零拣选，拣选任务完成后将订单箱放置到直线输送机 6-5、6-8、6-11。

3）集货：订单箱沿主输送线经过所有拣货分区，订单内所有货物都被拣选至周转箱中，订单周转箱到达直线输送机 6-8 后被自动放置在集货区内临时保管区 2。

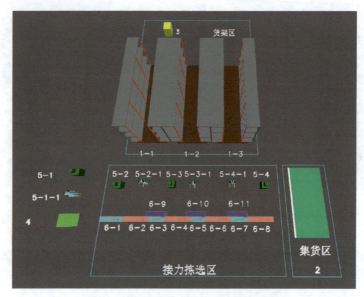

图 3-15　分区接力拣选场景模型示意图

1. 设备模型

依据表 3-19 在仿真软件中配置模型设备属性参数。

表 3-19　分区接力拣选场景设备属性配置表

编　号	设　备	属　性	参　数　值
1-1、1-2、1-3	货架区 （详见说明1）	尺寸—单元格的长度	1100mm
		尺寸—单元格的宽度	1100mm
		尺寸—单元格的高度	1100mm
		尺寸—货架的间隔	2200mm
		要素/控制—挡数	4
		要素/控制—挡内的单元格数	2
		要素/控制—位数	8
		要素/控制—层数	4
		要素/控制—作业区域	1-1：01 1-2：02 1-3：03
		尺寸—长度	3000mm
		尺寸—宽度	9000mm
2	临时保管区	尺寸—长度	3000mm
		尺寸—宽度	6000mm

（续）

编号	设备	属性	参数值
3	XML 初始库存管理器	概要—设备名	3
4	托盘生成器	颜色/形状—形状	周转箱
		尺寸—托盘的长度	600mm
		尺寸—托盘的宽度	400mm
		尺寸—托盘的高度	300mm
		要素/控制—时间间隔	10s
		属性—要素/控制	导入生成信息文件（详见说明 2）
5-1、5-2、5-3、5-4	XML 作业管理器	概要—设备名	5-1：TM01 5-2：TM02 5-3：TM03 5-4：TM04
5-1-1～5-4-1	作业人员（由 5-1～5-4 添加作业人员）	颜色/形状—形状	工作人员（男性）
6-1、6-2、6-4、6-6、6-8	直线输送机	默认参数	
6-3、6-5、6-7	左分流输送机	分流控制—编辑规则—条件—托盘信息—站点号码	6-3：1 6-5：2 6-7：3 （详见说明 3）
		要素/控制—不能分流的时候	等待
		要素/控制—在分流点的旋转	√
6-9～6-11	左折输送机	要素/控制—在拐角处旋转	逆时针旋转 90°

说明 1 货架区货架的排列方式。

货架区共设置三个，每个货架区设置两排货架形成通道，如图 3-16 所示。

说明 2 托盘生成器生成带编码信息的空容器。

实验中，应用托盘生成器生成带有订单号的周转箱。

1）新建一个 txt 格式文件，按照表 3-22 货架出库数据表中作业顺序写入订单号信息，如图 3-17 所示，保存后将文件名修改为 "box.dat"。

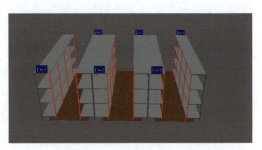

图 3-16 货架排列方式示意图

2）将 dat 文件导入托盘生成器：首先，选择托盘生成器 "属性—要素/控制"，勾选 "生成信息文件",单击"Format"按钮,弹出"File Format Dialog"对话框,如图3-18所示。在对话框中勾选"托盘条码",单击"OK"按钮。然后,单击"Ref"按钮,选择之前生成的"box.dat"文件,将其打开。最后,单击"确定"按钮退出。

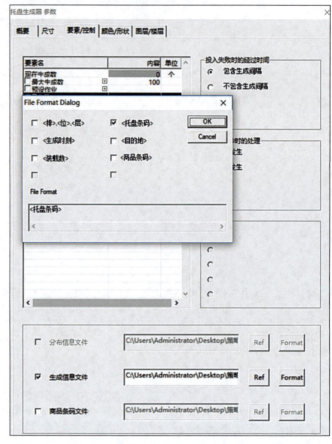

图 3-17　订单号信息窗口　　图 3-18　托盘生成器"属性—生成信息文件导入"窗口

说明 3 分流输送机分流控制。

分流输送机是实现货物向左/右分流的输送机。分流规则通过设置左/右分流输送机"属性—分流控制"参数实现。选择左/右分流输送机"属性—分流控制—分支有效—新建组"生成"Ruler1",选择"编辑规则—条件—托盘信息",设置其"条码"为"A",如图3-19所示。

实验中,货箱根据拣选任务需要经过多次分流进入不同分区,需要采用分流输送机的分流控制实现。选择分流输送机"属性—分流控制",弹出窗口如图3-20所示,设置"编辑规则—条件—托盘信息"为"站点号码"。货箱信息的站点号码条件设置需要与货箱"属性—作业通用信息—分流代码"参数配合使用,如图3-21所示。当货箱经过站点号码设定为 i (i 为数字)的分流输送机时,分流输送机会判断货箱上分流代码的左起第 i 位是否为站点号码条件值,决定是否对货箱进行分流。经过站点号码为 i 的输送机后,货物上分流代码的第 i 位将会自动被设定为"0"。在本实验中,左分流输送机6-3、6-5、6-7的站点号码依次设置为"1""2""3"。

第3章 拣选策略篇

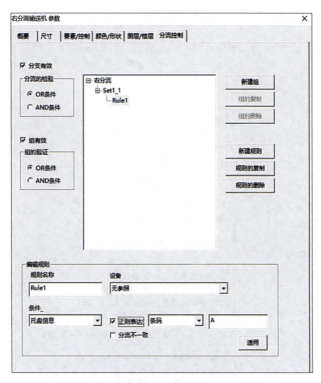

图3-19 右分流输送机"属性—分流控制"窗口

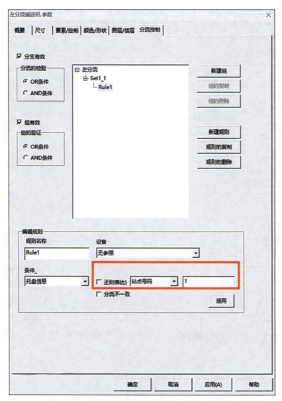

图3-20 左分流输送机"属性—分流控制"窗口

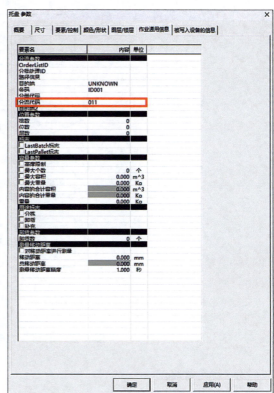

图3-21 托盘"属性—作业通用信息"窗口

2. 作业流程

参照图 3-22 建立设备间的连接，完成相关作业管理器的程序编写。

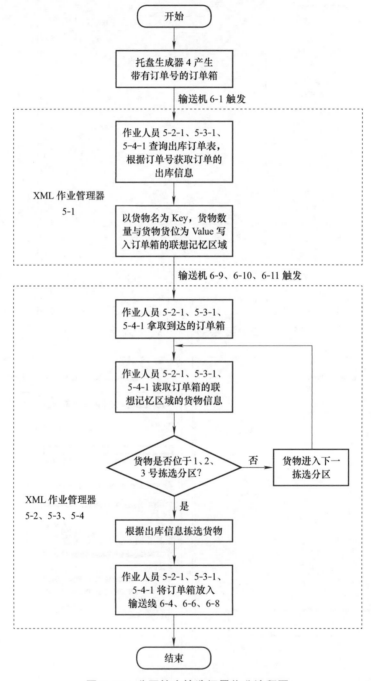

图 3-22 分区接力拣选场景作业流程图

3. 仿真数据

根据表 3-20～表 3-22 制作仿真数据文件，并导入仿真模型进行运行调试。

表 3-20　商品管理文件

name	style	count	length	width	height	red	green	blue
Product_001	Bara	1	0.01	0.01	0.01	0.2	0.7	0.2
Product_001	Inner	12	0.2	0.13	0.1	0.2	0.7	0.2
Product_001	Outer	120	0.6	0.4	0.3	0.2	0.7	0.2
Product_002	Bara	1	0.01	0.01	0.01	1	0	0
Product_002	Inner	12	0.2	0.13	0.1	1	0	0
Product_002	Outer	120	0.6	0.4	0.3	1	0	0
Product_003	Bara	1	0.01	0.01	0.01	0	0	1
Product_003	Inner	12	0.2	0.13	0.1	0	0	1
Product_003	Outer	120	0.6	0.4	0.3	0	0	1
Product_004	Bara	1	0.01	0.01	0.01	0.2	0.7	0.2
Product_004	Inner	12	0.2	0.13	0.1	0.2	0.7	0.2
Product_004	Outer	120	0.6	0.4	0.3	0.2	0.7	0.2
Product_005	Bara	1	0.01	0.01	0.01	1	0	0
Product_005	Inner	12	0.2	0.13	0.1	1	0	0
Product_005	Outer	120	0.6	0.4	0.3	1	0	0
Product_006	Bara	1	0.01	0.01	0.01	0	0	1
Product_006	Inner	12	0.2	0.13	0.1	0	0	1
Product_006	Outer	120	0.6	0.4	0.3	0	0	1

表 3-21　货架初始库存数据表

OrderListID	ProductID	Quantity	Location	ColorR	ColorG	ColorB
ID001	Product_001	1000	01-01-02-01	0.2	0.7	0.2
ID002	Product_002	1000	01-02-07-01	0.2	0.7	0.2
ID003	Product_003	1000	01-03-04-01	1	0	0
ID004	Product_004	1000	01-04-08-01	1	0	0
ID005	Product_005	1000	01-05-05-01	0	1	0
ID006	Product_006	1000	01-06-03-01	0	1	0

表 3-22　货架出库数据表

OrderListID	ProductID	Quantity	Style	Location
ID001	Product_002	12	Bara	01-02-07-01
ID001	Product_003	6	Bara	02-01-04-01
ID001	Product_005	4	Bara	03-01-05-01
ID002	Product_001	12	Bara	01-01-02-01
ID002	Product_002	6	Bara	01-02-07-01
ID002	Product_005	4	Bara	03-01-05-01
ID003	Product_004	12	Bara	02-02-08-01
ID003	Product_005	6	Bara	03-01-05-01
ID003	Product_006	4	Bara	03-02-03-01
ID004	Product_002	12	Bara	01-02-07-01
ID004	Product_003	6	Bara	02-01-04-01
ID004	Product_006	4	Bara	03-02-03-01
ID005	Product_002	12	Bara	01-02-07-01
ID005	Product_003	6	Bara	02-01-04-01
ID005	Product_005	4	Bara	03-01-05-01
ID006	Product_001	12	Bara	01-01-02-01
ID006	Product_002	6	Bara	01-02-07-01
ID006	Product_005	4	Bara	03-01-05-01
ID007	Product_004	12	Bara	02-02-08-01
ID007	Product_005	6	Bara	03-01-05-01
ID007	Product_006	4	Bara	03-02-03-01
ID008	Product_002	12	Bara	01-02-07-01
ID008	Product_003	6	Bara	02-01-04-01
ID008	Product_006	4	Bara	03-02-03-01

3.4.4　虚拟仿真场景实现

1. 设备连接

表 3-23 列出了分区接力拣选虚拟仿真场景中模型设备之间的参考连接方式。

表 3-23 分区接力拣选虚拟仿真场景设备连接信息表

起始连接设备		终端连接设备		连接方式
类　型	编　号	编　号	类　型	
初始库存设定管理器	3	1-1	货架区（连接货架区而非单排货架）	连接到仓库
		1-2	货架区（连接货架区而非单排货架）	连接到仓库
		1-3	货架区（连接货架区而非单排货架）	连接到仓库
托盘生成器	4	6-1	直线输送机	连接下一个设备
XML 作业管理器	5-2	6-4	直线输送机	连接到目标设备 1
	5-3	6-6	直线输送机	连接到目标设备 1
	5-4	6-8	直线输送机	连接到目标设备 1
直线输送机	6-1	5-1	XML 作业管理器	连接作业管理器（货物到达时）
		6-2	直线输送机	连接下一个设备
	6-2	6-3	左分流输送机	连接下一个设备
	6-4	6-5	左分流输送机	连接下一个设备
	6-6	6-7	左分流输送机	连接下一个设备
	6-8	2	临时保管区	临时保管区
左折输送机	6-9	5-2	XML 作业管理器	连接作业管理器（货物到达时）
	6-10	5-3	XML 作业管理器	连接作业管理器（货物到达时）
	6-11	5-4	XML 作业管理器	连接作业管理器（货物到达时）
左分流输送机	6-3	6-4	直线输送机	连接下一个设备
		6-9	左折输送机	支线（L）与下一个设备相连
	6-5	6-6	直线输送机	连接下一个设备
		6-10	左折输送机	支线（L）与下一个设备相连
	6-7	6-8	直线输送机	连接下一个设备
		6-11	左折输送机	支线（L）与下一个设备相连

2. 程序指令

扫描前言中的二维码下载分区接力拣选虚拟仿真场景参考程序。

重点理解以下指令使用方法:
- ◆ MEMORY_CMD: 在设备 / 容器上添加自定义属性。
- ◆ SET_BUNKI_NO: 将对货物上的分流代码进行设定。

3. 仿真数据文件制作及运行设置

在用 XML 变换工具进行转换时,因为本实验的 XML 作业管理器全部为非直接模式,所以"OrderMasterDevice"与"OrderSubDevice"不用填写,XML 变换工具窗口(图 1-11)中"StockInitializeData.csv"对应的"备注①"处填写初始库存设定管理器名称"3"(对应初始库存设定管理器 3)。

3.4.5 思考讨论

习题1 本实验中,货架区设置在接力拣选线一侧,即拣货分区单侧布局。为了提升接力拣选线的利用率,采用拣货分区双侧布局的方式,即接力拣选线两侧都设置货架区,如图 3-23 所示,将货架区划分 6 个拣货分区。根据表 3-24 货架初始库存数据表(货架区 1)、表 3-25 货架初始库存数据表(货架区 2)将本实验的货物拆分至 6 个拣货分区存储后,完成本实验的订单拣选任务。

扫码观看视频

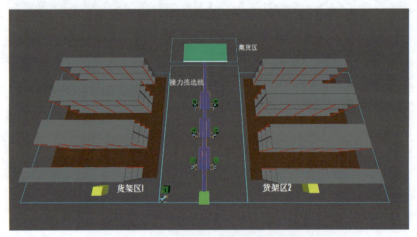

图 3-23 拣货分区双侧布局场景模型示意图

表 3-24 货架初始库存数据表(货架区 1)

OrderListID	ProductID	Quantity	Location	ColorR	ColorG	ColorB
ID001	Product_001	1000	01-01-02-01	0.2	0.7	0.2
ID002	Product_003	1000	01-03-04-01	1	0	0
ID003	Product_005	1000	01-05-05-01	0	1	0

表 3-25 货架初始库存数据表（货架区 2）

OrderListID	ProductID	Quantity	Location	ColorR	ColorG	ColorB
ID001	Product_002	1000	02-02-07-01	0.2	0.7	0.2
ID002	Product_004	1000	02-04-08-01	1	0	0
ID003	Product_006	1000	02-06-03-01	0	1	0

习题 2 如图 3-24 所示，搭建三层仓库平面，在仓库一层建立输送机模型，模型从左向右依次为货梯、升降机、螺旋提升机、各类垂直循环提升机、单立柱往复式提升机、多立柱往复式提升机。

扫码观看视频

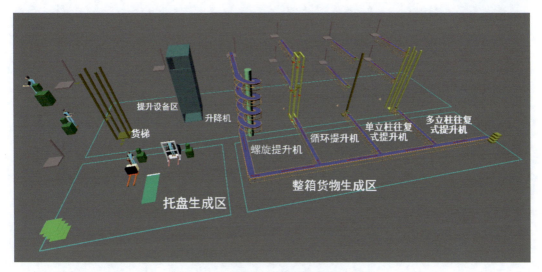

图 3-24 立体输送机场景模型示意图

货梯（在菜单栏中依次选择"设备—楼梯"，设置"属性—颜色/形状—形状"为"电梯"）和升降机（工具栏"电梯"）内均没有水平移动装置，因此需要作业人员操作叉车携托盘货物或将整托盘货物放至货梯内，取出货物同样也需要作业人员参与。货梯作业流程为在一层设置托盘生成器生成承载货物的托盘，生成货物在暂存区内存储，作业人员驾驶电动平移车叉取托盘货物驶入货梯，到达指定楼层三层，驶出货梯将其放置到托盘消除器后返回一层继续进行作业。升降机作业流程为作业人员驾驶电动平移车叉取托盘货物，将其放置于载货电梯内，由载货电梯将托盘货物送至指定楼层三层，再由三层作业人员将其放置于托盘消除器。

螺旋提升机（详见说明 5）、循环提升机（工具栏"垂直运送机"）、单立柱往复式提升机（菜单栏"设备-SAS(RESERVER)"）与多立柱往复式提升机（工具栏"升降机"）载货平台均有水平移动装置，需右键单击载货平台，选择"I/O 部分的添加"，将 I/O 与水平输送机对接，即可实现货物的垂直方向自动输送。在一层设置部件生成器生成整箱货物，货物经输送线分流送至螺旋提升机、循环提升机、单立柱往复式提升机与多立柱往复式提升机，货物被送至二层或三层后，进入部件消除器。

说明4　楼层高度设置方法。

仿真运行窗口选择菜单栏中的"仿真—环境的设置—地面",弹出窗口如图3-25所示,在下拉菜单中选择"2F的设置",修改"高度"栏内容即可调整二层地面高度,其他楼层原理相同。

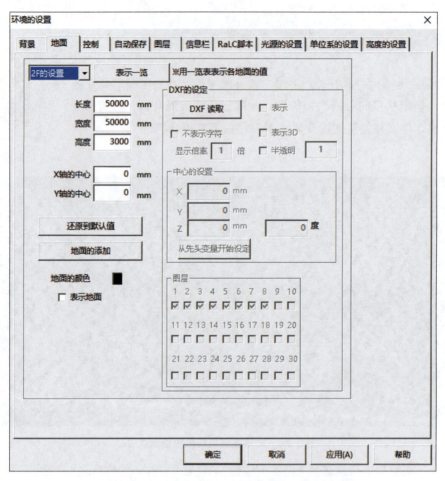

图3-25　菜单栏"仿真—环境的设置—地面"窗口

说明5　螺旋提升机建模方法。

螺旋提升机模型如图3-26所示,按表3-26对设备参数进行设置。

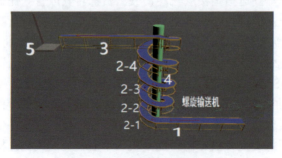

图3-26　螺旋输送机模型

第3章 拣选策略篇

表3-26 螺旋提升机设备属性配置表

编 号	设 备	属 性	参 数 值
1	直线输送机	尺寸—长度	5000mm
2-1～2-4	右曲输送机 （详见说明5）	尺寸—宽度	600mm
		尺寸—上升	1500mm
		尺寸—半径	1200mm
		尺寸—角度	360°
3	直线输送机	尺寸—长度	5000mm
4	圆柱体	尺寸—高度	7000mm
		尺寸—半径	300mm
5	部件消除器	尺寸—高度	6000mm

注：右曲输送机 2-1 设置参数后，右曲输送机 2-2、2-3、2-4 及输送机 3 的高度无须设置，通过在前一个设备中选择"连接下一个设备"，连接到该设备之后，其高度会自动调整。

3.5 分区并行拣选

3.5.1 学习目标

1. 理论知识

组织调度：理解分区并行拣选策略原理。

2. 仿真技术

1）设备模型：掌握应用 CSV 表格记录仿真进度状态方法。

2）程序指令：理解表格的使用方法及相关指令。

3.5.2 虚拟仿真场景设计

两个货架巷道各对应一个分区，将订单拣选任务根据待拣货物所在分区拆分成两个子任务，将子任务分配给巷道内拣货员独立完成。复核打包区内设置 4 个空托盘用于合并订单，拣货员每完成一个订单子任务即将货物放置在复核打包区内对应的托盘内，当托盘上的订单货物到齐，由复核打包人员进行复核包装作业。

建立分区并行拣选策略场景仿真模型如图 3-27 所示，模型包括货架区、复核包装区两部分。货架区 1 建立四排单排货架，两两一组形成两条作业通道，货架红色立柱所在侧为出入作业侧，将货架区 1 内 1-1 和 1-2 排货架划分为 1 号拣货分区，分配作业人员 4-1-1 在该分区内拣货；将 3-1 和 4-1 排货架分为 2 号拣货分区，分配作业人员 4-1-2 在该分区内拣货。复核包装区内，作业人员 4-4-1 在该区域完成合并订单及复核包装作业。

扫码观看视频

XML 作业管理器 4-3 将分区订单任务情况写入 CSV 表格,记录复核包装区内托盘上的订单完成进度。

1)拣选:初始库存设定管理器 3 根据货架初始库存数据表 3-29 内容,在货架上指定货位生成规定数量的载有货物的托盘。XML 日程管理器 2 根据表 3-30 管理 XML 作业管理器 4-3 将分区订单任务情况写入 CSV 表格,记录复核包装区内托盘上的订单完成进度。XML 作业管理器 4-3 作业完成后,触发 XML 作业管理器 4-1 与 XML 作业管理器 4-2,使其指挥拣货员 4-1-1、4-2-1 从托盘生成器 5-1 拿取拣货车,到托盘生成器 5-2 装载周转箱后进行拣选作业。其中,拣货员 4-1-1 仅在 1 号拣货分区内作业,拣货员 4-2-1 仅在 2 号拣货分区内作业。

2)集货:拣货员 4-1-1、4-2-1 在完成订单子任务后,根据订单号将周转箱放至复核包装区内的对应托盘 7-1~7-4,保证一个托盘内仅存储一个订单的货物。

3)合并订单及复核打包:合并订单完成后,触发 XML 作业管理器 4-4 指挥复核打包人员 4-4-1 在托盘 7-1~7-4 上拿取周转箱放至临时保管区 6-1,然后从托盘生成器 5-3 拿取空纸箱放至临时保管区 6-2,对载货周转箱中的货物进行数量复核后放至纸箱内包装,最后将包装好的纸箱放到托盘 7-5 内。

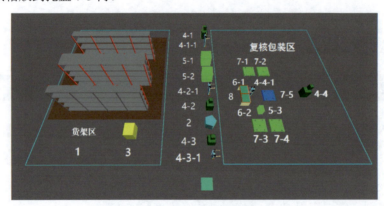

图 3-27 分区并行拣选场景仿真模型

1. 设备模型

依据表 3-27 在仿真软件中配置模型设备属性参数。

表 3-27 分区并行拣选场景设备属性配置表

编号	设备	属性	参数值
1	货架区	尺寸—单元格的长度	1100mm
		尺寸—单元格的宽度	1100mm
		尺寸—单元格的高度	1100mm
		尺寸—货架的间隔	2200mm
		要素/控制—挡数	3

(续)

编　号	设　　备	属　　性	参　数　值
1	货架区	要素/控制—挡内的单元格数	4
		要素/控制—货架位数	12
		要素/控制—层数	3
		要素/控制—作业区域	01
2	XML日程管理器	概要—设备名	2
3	XML初始库存管理器	概要—设备名	3
4-1、4-2、4-3、4-4	XML作业管理器	默认参数	
		概要—设备名（依次对应）	4-1：4-1 4-2：4-2 4-3：4-3 4-4：4-4
4-1-1 ~ 4-4-1	作业人员 （由4-1~4-4添加作业人员）	颜色/形状—形状	工作人员（男性）
5-1	托盘生成器	颜色/形状—形状	分拣车
		尺寸—托盘的长度	1400mm
		尺寸—托盘的宽度	1000mm
		尺寸—托盘的高度	600mm
5-2	托盘生成器	颜色/形状—形状	周转箱
		尺寸—托盘的长度	600mm
		尺寸—托盘的宽度	400mm
		尺寸—托盘的高度	300mm
5-3	托盘生成器	颜色/形状—形状	周转箱
		尺寸—托盘的长度	300mm
		尺寸—托盘的宽度	200mm
		尺寸—托盘的高度	100mm
6-1、6-2	临时保管区	尺寸—长度	700mm
		尺寸—宽度	800mm
7-1 ~ 7-5	托盘	默认参数	
8	桌子	默认参数	

2. 作业流程

参照图 3-28 建立设备间的连接，完成相关作业管理器的程序编写。

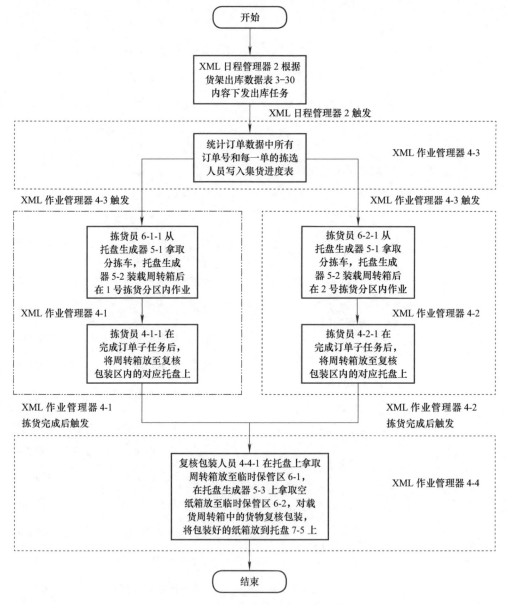

图 3-28　分区并行拣选场景作业流程图

3. 仿真数据

根据表 3-28～表 3-30 制作仿真数据文件，并导入仿真模型进行运行调试。

表 3-28 商品管理文件

name	style	count	length	width	height	red	green	blue
Product_001	Bara	1	0.1	0.1	0.1	1	0	0
Product_001	Inner	12	0.2	0.13	0.1	1	0	0
Product_001	Outer	120	0.6	0.4	0.3	1	0	0
Product_002	Bara	1	0.1	0.1	0.1	0	1	0
Product_002	Inner	12	0.2	0.13	0.1	0	1	0
Product_002	Outer	120	0.6	0.4	0.3	0	1	0
Product_003	Bara	1	0.1	0.1	0.1	0	0	1
Product_003	Inner	12	0.2	0.13	0.1	0	0	1
Product_003	Outer	120	0.6	0.4	0.3	0	0	1
Product_004	Bara	1	0.1	0.1	0.1	1	1	0
Product_004	Inner	12	0.2	0.13	0.1	1	1	0
Product_004	Outer	120	0.6	0.4	0.3	1	1	0
Product_005	Bara	1	0.1	0.1	0.1	0	1	1
Product_005	Inner	12	0.2	0.13	0.1	0	1	1
Product_005	Outer	120	0.6	0.4	0.3	0	1	1
Product_006	Bara	1	0.1	0.1	0.1	1	0	1
Product_006	Inner	12	0.2	0.13	0.1	1	0	1
Product_006	Outer	120	0.6	0.4	0.3	1	0	1
Product_007	Bara	1	0.1	0.1	0.1	0.5	0.2	0.2
Product_007	Inner	12	0.2	0.13	0.1	0.5	0.2	0.2
Product_007	Outer	120	0.6	0.4	0.3	0.5	0.2	0.2
Product_008	Bara	1	0.1	0.1	0.1	0.2	0.5	0.2
Product_008	Inner	12	0.2	0.13	0.1	0.2	0.5	0.2
Product_008	Outer	120	0.6	0.4	0.3	0.2	0.5	0.2

表 3-29 货架初始库存数据表

OrderListID	ProductID	Quantity	Location	ColorR	ColorG	ColorB
ID001	Product_001	1000	01-01-02-01	0.2	0.7	0.2
ID002	Product_002	1000	01-03-07-01	0.2	0.7	0.2
ID003	Product_003	1000	01-04-02-01	1	0	0
ID004	Product_004	1000	01-02-03-01	1	0	0
ID005	Product_005	1000	01-03-05-01	0	1	0
ID006	Product_006	1000	01-02-07-01	0	1	0
ID007	Product_007	1000	01-01-05-01	0	0	1
ID008	Product_008	1000	01-04-06-01	0	0	1

表 3-30 货架出库数据表

OrderListID	ProductID	Quantity	Style	From	Location	BarCode
ID001	Product_001	10	Bara	3	01-01-02-01	ID001
ID001	Product_002	20	Bara	3	01-02-07-01	ID001
ID001	Product_003	30	Bara	3	01-01-05-01	ID001
ID002	Product_002	10	Bara	3	01-02-07-01	ID002
ID002	Product_003	20	Bara	3	01-01-05-01	ID002
ID002	Product_004	30	Bara	3	01-02-03-01	ID002
ID003	Product_005	10	Bara	3	01-03-05-01	ID003
ID003	Product_006	20	Bara	3	01-03-07-01	ID003
ID004	Product_006	10	Bara	3	01-03-07-01	ID004
ID004	Product_007	30	Bara	3	01-04-02-01	ID004
ID005	Product_001	10	Bara	3	01-01-02-01	ID005
ID005	Product_004	20	Bara	3	01-02-03-01	ID005
ID006	Product_001	20	Bara	3	01-01-02-01	ID006
ID006	Product_003	30	Bara	3	01-01-05-01	ID006
ID007	Product_005	10	Bara	3	01-03-05-01	ID007
ID007	Product_006	20	Bara	3	01-03-07-01	ID007
ID007	Product_007	20	Bara	3	01-04-02-01	ID007
ID008	Product_006	30	Bara	3	01-03-07-01	ID008

（续）

OrderListID	ProductID	Quantity	Style	From	Location	BarCode
ID008	Product_007	10	Bara	3	01-04-02-01	ID008
ID008	Product_008	20	Bara	3	01-04-06-01	ID008
ID009	Product_001	30	Bara	3	01-01-02-01	ID009
ID010	Product_004	10	Bara	3	01-02-03-01	ID010
ID011	Product_005	20	Bara	3	01-03-05-01	ID011
ID011	Product_008	30	Bara	3	01-04-06-01	ID011
ID012	Product_002	10	Bara	3	01-02-07-01	ID012
ID012	Product_003	20	Bara	3	01-01-05-01	ID012
ID013	Product_006	30	Bara	3	01-03-07-01	ID013
ID013	Product_008	10	Bara	3	01-04-06-01	ID013
ID014	Product_002	20	Bara	3	01-02-07-01	ID014
ID014	Product_004	30	Bara	3	01-03-07-01	ID014
ID015	Product_005	10	Bara	3	01-03-05-01	ID015
ID015	Product_001	10	Bara	3	01-01-02-01	ID015
ID015	Product_002	20	Bara	3	01-02-07-01	ID015
ID016	Product_006	30	Bara	3	01-03-07-01	ID016
ID016	Product_007	20	Bara	3	01-04-02-01	ID016
ID016	Product_003	10	Bara	3	01-01-05-01	ID016

3.5.3 虚拟仿真场景实现

1. 设备连接

表 3-31 列出了分区并行拣选虚拟仿真场景中模型设备之间的参考连接方式。

表 3-31 分区并行拣选场景设备连接信息表

起始连接设备		终端连接设备		连接方式
类　型	编　号	编　号	类　型	
初始库存设定管理器	3	1	货架区（连接货架区而非单排货架）	连接到仓库
XML 日程管理器	2	4-3	XML 作业管理器	日程表对象设备

（续）

起始连接设备		终端连接设备		连接方式
类型	编号	编号	类型	
XML 作业管理器	4-1	5-1	托盘生成器	连接到目标设备 1
		5-2	托盘生成器	连接到目标设备 2
		4-4	XML 作业管理器	连接到目标设备 3
	4-2	5-1	托盘生成器	连接到目标设备 1
		5-2	托盘生成器	连接到目标设备 2
		4-4	XML 作业管理器	连接到目标设备 3
	4-4	7-9	托盘	连接到目标设备 1
		6-1	临时保管区	连接到目标设备 2
		5-3	托盘生成器	连接到目标设备 3
		6-2	临时保管区	连接到目标设备 4

2. 仿真进度记录表

应用 CSV 表格记录复核包装区内托盘上的订单完成进度，以此判断 XML 作业管理器 4-4 是否启动合并订单及复核包装作业。

仿真开始前，利用 EXCEL 生成"集货进度表 .csv"，该表包含序号、订单号（表 3-30 货架出库数据表中的所有订单号）、拣货员 4-1-1 任务、拣货员 4-2-1 任务、托盘名共 5 列。在仿真运行窗口菜单栏中选择"数据设置—csv 表格信息一览"，弹出"csv 表格信息一览"窗口，单击"打开 csv 文件"读入"集货进度表 .csv"，如图 3-29 所示。

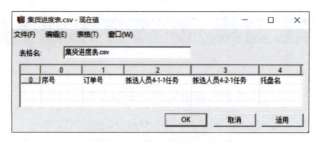

图 3-29 集货进度表导入结果

仿真运行初始，XML 作业管理器 4-3 读取订单数据进行分析后，将结果写入集货进度表，如图 3-30 所示。表中共计 16 条订单，每条订单根据待拣货位所在分区拆分为拣货员 4-1-1 任务与拣货员 4-2-1 任务两部分。当该订单中含拣货员 4-1-1 任务时，对应表中拣货员 4-1-1 任务值列为 0；否则，其值为 1。同样，当该订单中含拣货员 4-2-1 任务时，对应表中拣货员 4-2-1 任务值列为 0；否则，其值为 1。

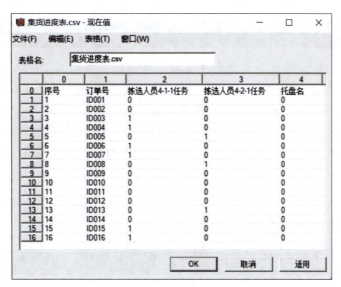

图 3-30 仿真过程中集货进度表窗口

仿真运行过程中，作业人员 4-1-1、4-2-1 每完成一个订单子任务，即在"集货进度表 .csv"的"拣货员 4-1-1 任务"或"拣货员 4-2-1 任务"一栏中修改值为 1。集货过程中，作业人员 4-1-1、4-2-1 每次将周转箱放至复核包装区内的托盘上，就触发 XML 作业管理器 4-4 一次。XML 作业管理器 4-4 读取该托盘承载订单对应的"拣货员 4-1-1 任务"与"拣货员 4-2-1 任务"两个参数。当两个参数都为 1 时，说明拣货员 4-1-1 与拣货员 4-2-1 都已完成该订单的子任务，此时 XML 作业管理器 4-4 指挥作业人员 4-4-1 从对应托盘上拿取全部周转箱进行合并订单及复核包装作业；当两个参数不全为 1 时，等待下次触发。

3. 程序指令

扫描前言中的二维码下载分区并行拣选虚拟仿真场景参考程序。

重点理解指令 TABLE_CMD 使用方法：

◇ TABLE_CMD：对 CSV 表格中的数据进行增添、修改、查询、删除。

4. 仿真数据文件制作及运行设置

如图 3-31 所示，在用 XML 变换工具进行转换时，需输入两个出库 XML 文件，第一个出库 XML 文件名为 ShipmentData_delete.csv，第二个出库 XML 文件名为 ShipmentData_read.csv。在出库文件设置窗口中，参照图 3-31 设定参数。XML 变换工具窗口（图 1-11）中"StockInitializeData.csv"对应的"备注①"处填写"3"（对应初始库存设定管理器 3）。

设定出库XML文件		返回到MENU
XML文件No	No03	No04
工作表名称	ShipmentData_delete	ShipmentData_read
文件类型	打开出库	打开出库
时间设定	2021-01-01 00:00:00	2021-01-01 00:00:00
OrderMasterDevice	2	
OrderSubDevice	4-3	
OrderKubun	01	01

图 3-31 出库文件设置窗口

3.5.4 思考讨论

习题 本实验订单任务总共包含 8 种品项货物。货物 Product_001、Product_002、Product_006 和 Product_007 的货位在同一个拣货分区内,由拣货员 4-1-1 负责拣选;货物 Product_003、Product_004、Product_005 和 Product_008 的货位在同一个拣货分区内,由拣货员 4-2-1 负责拣选。观察仿真过程动画,分析拣货员 4-1-1 和拣货员 4-2-1 作业过程中出现长时间等待的原因,并通过重新调整两个分区内的货位分配,减少拣货员等待时间,提升作业效率。注意:每个货物在货架上仅对应唯一的货位。

3.6 分区批量波次拣选

3.6.1 学习目标

1. 理论知识

组织调度:理解分区批量波次拣选策略原理。

2. 仿真技术

设备模型:掌握携带工具的作业人员设置方法;三分流输送机的使用;合流输送机参数配置;熟悉利用 CSV 表格记录仿真进度状态方法。

3.6.2 虚拟仿真场景设计

建立分区批量波次拣选场景模型如图 3-32 所示,模型包括货架区、自动分拣区两部分。货架区 4-1、4-2、4-3 各建立四排单排货架,两两背对相接,构成两组双排货架,货架红色立柱所在侧为出入作业侧。货架区右下方设置自动分拣区。

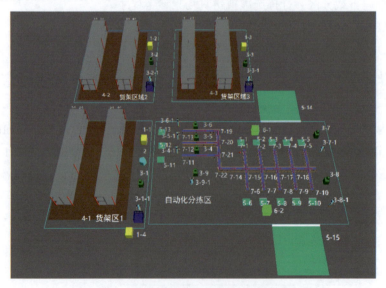

扫码观看视频

图 3-32 分区批量波次拣选策略场景模型示意图

货架区被划分为 3 个分区，每个分区内安排专人负责区内拣货任务。50 个订单均分 5 个波次依次下发，每个波次内 10 个订单根据货物在拣货分区拆分成若干个子任务，每个子任务内合并相同品项的拣选任务，然后分配给对应分区内的拣货员独立完成。拣货员携带笼车在货架区进行整箱拣选，根据订单任务将货物拣选至笼车中。每个笼车最大承载量为 18 箱，每当笼车满载，拣货员即将笼车中的货物送至对应自动化分拣区内暂存区存放。自动化分拣区设置 3 个专门投线作业人员将暂存区内货物投放至输送线上，通过自动分拣线分拣至对应的分拣道口，完成订单合并。每个波次的任务全部投线完成后，再启动下一个波次任务的投线。分拣道口末端设置 2 个专门码垛人员，将货物从道口内取出码放至对应订单笼车。

将 50 个整箱拣选订单（Order01 ~ Order50）分成 5 个波次订单（BID01 ~ BID05），每个波次订单中都包含 10 个订单。根据每组订单中货物在拣货分区的分布情况，将波次订单拆分成 3 个货架出库数据表（表 3-38、表 3-39 和表 3-40）。

1）拣选：初始库存设定管理器 1-1、1-2、1-3 根据表 3-35、表 3-36 和表 3-37 在货架上指定货位生成规定数量的载有货物的托盘。XML 日程管理器 2 根据表 3-38、表 3-39 和表 3-40 内容，管理 XML 作业管理器 3-1、3-2、3-3，指挥拣货员 3-1-1、3-2-1、3-3-1 在货架区 4-1、4-2、4-3 拣选整箱货物放入笼车，当笼车内满 18 箱货物之后即将货物放置在临时保管区 5-11、5-12、5-13，然后继续拣选货物直至全部任务完成。

2）分拣：自动分拣线如图 3-33 所示，货物到达临时保管区 5-11、5-12、5-13 后触发 XML 作业管理器 3-4、3-5、3-6 指挥人员 3-4-1、3-5-1、3-6-1 依次拿取货物放置在对应直线输送机 7-11、7-12、7-13 上。货物流经三分流输送机 7-14、7-15、7-16、7-17、7-18 处进行分流判断，根据货物目的地信息（与订单号对应）分流至不同的直线输送机 7-1、7-2、7-3、7-4、7-5、7-6、7-7、7-8、7-9、7-10，其分别对应 1 ~ 10 号分支线。货物到达分支线触发 XML 作业管理器 3-7、3-8 指挥作业人员 3-7-1、3-8-1 将触发设备上的货物搬运到该分支线末端附近临时保管区 5-1、5-2、5-3、5-4、5-5、5-6、5-7、5-8、5-9、5-10 上的笼车内。当某分支线内订单全部到齐，作业人员将笼车送至集货区的临时保管区 5-14、5-15，再领一个空笼车送至对应分支线末端附近。

3）波次下发：首个波次任务自动下发，后续波次任务下发通过货物到达左折输送机 7-22 触发 XML 作业管理器 3-9 进行计数作业，当前波次货物投线完成且全部经过该段输送机后，触发 XML 作业管理器 3-4、3-5、3-6，启动下一波次货物投线作业。

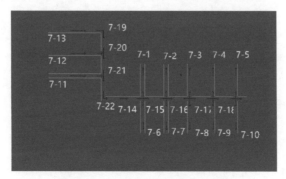

图 3-33　自动分拣线部分示意图

1. 设备模型

依据表 3-32 在仿真软件中配置模型设备属性参数。

表 3-32　分区批量波次拣选场景设备属性配置表

编　号	设　备	属　性	参　数　值
1-1、1-2、1-3、1-4	XML 初始库存管理器	概要—设备名（依次对应）	1-1 1-2 1-3 1-4
2	XML 日程管理器	概要—设备名	2
3-1、3-2、3-3	XML 作业管理器	概要—直接模式	
		颜色/形状—带有运送工具	✓（详见说明 1）
		颜色/形状—形状 2	笼车
		概要—设备名（依次对应）	3-1 3-2 3-3
3-4～3-9	XML 作业管理器	默认参数	
3-1-1～3-3-1	作业人员（带有运送工具，详见说明 1）（由 3-1～3-3 添加作业人员）	颜色/形状—形状	工作人员（男性）
3-4-1～3-9-1	作业人员（由 3-4～3-9 添加作业人员）	颜色/形状—形状	工作人员（男性）
4-1、4-2、4-3	货架区	要素/控制—作业区域（依次对应）	01 02 03
		尺寸—长度	10000mm
		尺寸—宽度	15100mm
5-1～5-13	临时保管区	尺寸—长度	1000mm
		尺寸—宽度	1000mm
5-14、5-15	临时保管区	尺寸—长度	4000mm
		尺寸—宽度	4000mm
6-1、6-2	托盘生成器	颜色/形状—形状	笼型托盘

(续)

编　号	设　备	属　性	参　数　值
7-1～7-10	直线输送机	尺寸—长度	2000mm
		尺寸—宽度	400mm
		尺寸—高度	700mm
7-11～7-13	直线输送机	尺寸—长度	4000mm
		尺寸—宽度	400mm
		尺寸—高度	700mm
7-14～7-18	三分流输送机	分流控制参数详见说明2	
		尺寸—分流前的长度	1050mm
		尺寸—分流后的长度	1050mm
		尺寸—左分流的长度	1050mm
		尺寸—右分流的长度	1050mm
		尺寸—宽度	400mm
		尺寸—高度	700mm
7-19	右折输送机	尺寸—第1部分的长度	1000mm
		尺寸—第2部分的长度	1000mm
		尺寸—宽度	400mm
		尺寸—高度	700mm
7-20、7-21	右合流输送机（详见说明3）	尺寸—合流前的长度	1000mm
		尺寸—右合流的长度	1000mm
		尺寸—合流后的长度	1000mm
		尺寸—宽度	400mm
		尺寸—高度	700mm
7-22	左折输送机	尺寸—第1部分的长度	1000mm
		尺寸—第2部分的长度	500mm
		尺寸—宽度	400mm
		尺寸—高度	700mm

说明1　携带工具作业人员的设置方法。

拣货员3-1-1、3-2-1、3-3-1设置为初始带有运送工具的人员，该类型人员无须在作业

开始后前往某个固定位置拿取运送工具,而是通过 XML 作业管理器添加作业人员时设置好持有运送工具。设置方式如下:

① 选择 XML 作业管理器"属性—颜色/形状",弹出窗口如图 3-34 所示;

② 勾选左侧"项目"栏中的"带有运送工具"选项,并在右侧"形状 2"中选中"笼车";

③ 保存设置后,右键单击 XML 作业管理器,选择"作业人员的添加",此时生成的作业人员便是手持笼车的作业人员。

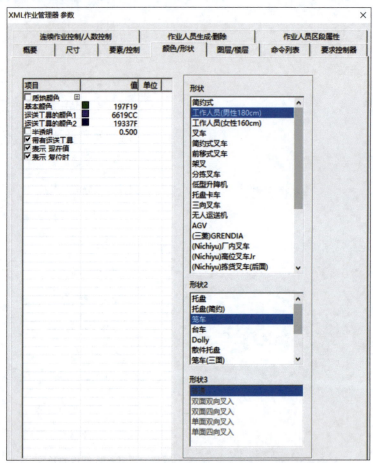

图 3-34　XML 作业管理器"属性—颜色/形状"窗口

说明 2　三分流输送机设置。

输送机包括直线、左曲、右曲、左折、右折、分流、合流等类型,分流输送机在使用时需要注意分流规则的设置。以本实验中三分流输送机的设置为例,说明分流规则的设置方法:

① 选择三分流输送机"属性—分流控制",弹出窗口如图 3-35 所示;

② 选择"右分流"选项,单击"新建组"按钮,在"右分流"分支下会生成名为"Set1_1"的组,该组下方默认规则"Rule1",如图 3-36 所示;

③ 选择"Rule1"选项,单击"新建规则"按钮,在"编辑规则"窗口对该规则进行设置;

④ "左分流"部分设置方法同上,结果如图 3-36 所示。

然后,选择三分流输送机"属性—要素/控制",在弹出的窗口中"不能分流的时候"选项栏勾选"等待"选项。

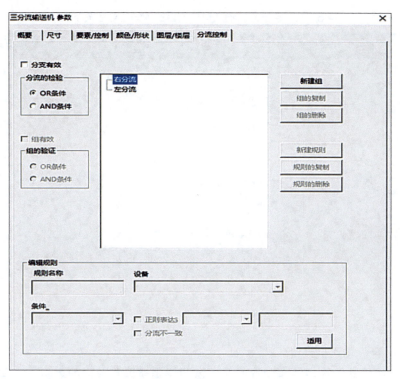

图 3-35　三分流输送机"属性—分流控制"窗口（1）

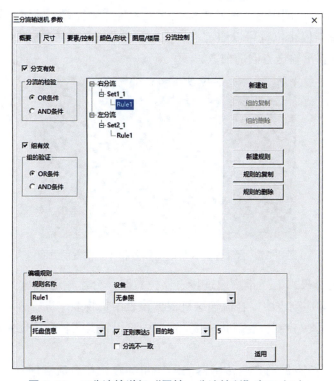

图 3-36　三分流输送机"属性—分流控制"窗口（2）

自动分拣线各支线与目的地编号的对应关系可参照表 3-33 进行设置。

表 3-33 各三分流输送机分流目的地编号对应关系表

三分流输送机名称	分流方式	用于分流的目的地编号	到达目的地
7-14	左分流	0	7-1
	右分流	5	7-6
7-15	左分流	1	7-2
	右分流	6	7-7
7-16	左分流	2	7-3
	右分流	7	7-8
7-17	左分流	3	7-4
	右分流	8	7-9
7-18	左分流	4	7-5
	右分流	9	7-10

说明 3 合流输送机设置。

（1）传感器位置和停止位置　合流输送机的传感器位置是检测货物是否经过的位置，当货物通过传感器位置时，合流输送机将对其实施合流控制。停止位置是货物等待合流的位置。如图 3-37 所示，图中的实线圆圈标识部分为传感器位置，虚线圆圈标识部分为停止位置，传感器位置与停止位置可以通过"属性—尺寸"中对应参数来调整，但停止位置只能设置在传感器位置沿输送方向的前方。

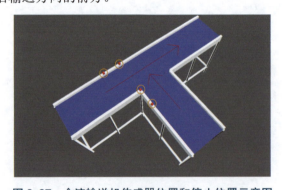

图 3-37　合流输送机传感器位置和停止位置示意图

（2）合流优先级规则　当货物通过传感器位置时，合流输送机基于合流优先级规则，将货物登记在合流顺序列表中，合流输送机根据该表中货物顺序进行合流作业。在右/左合流输送机"属性—要素/控制—合流优先度"窗口中可以设置三种合流优先级规则，如图 3-38 所示。

1）无优先级：按照货物到达传感器的顺序将其登记在合流顺序列表中。图 3-39 中 A 先于 B 到达传感器，因此合流顺序列表登记为 A、B。

2）主要输送机优先：对于主输送机和支线输送机上到达传感器的货物，主输送机货物优先登记在合流顺序列表中。图 3-40 中 A、B 和 D 三个货物依次到达传感器。当 A 通过时，合流顺序列表登记为 B、D。

3）支线输送机优先：对于主输送机和支线输送机上到达传感器的货物，支线输送机货物优先登记在合流顺序列表中。图 3-41 中 A、B 和 D 三个货物依次到达传感器。当 A 通过时，合流顺序列表登记为 D、B。

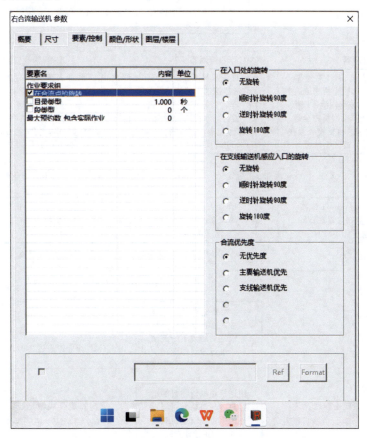

图 3-38 合流输送机"属性—要素/控制"窗口

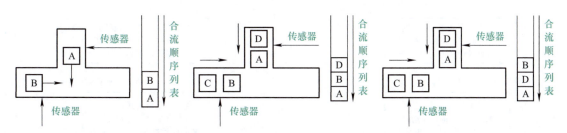

图 3-39 无优先级规则示意图　图 3-40 主要输送机优先规则示意图　图 3-41 支线输送机优先规则示意图

（3）合流前后货物姿态调整　在左/右合流输送机姿态控制中，合流前货物姿态调整是通过选择"属性—要素/控制—在入口处旋转"实现；进入主输送线后的姿态变化是通过选择"属性—要素/控制—在支线输送机感应入口旋转"实现；合流后货物姿态调整，是通过选择"属性—要素/控制—在合流点的旋转"实现。

2. 作业流程

参照图 3-42 建立设备间的连接，完成相关作业管理器的程序编写。

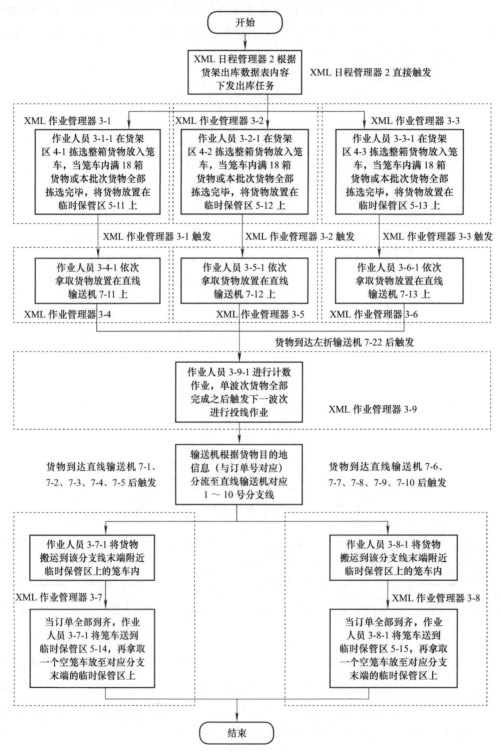

图 3-42　分区批量波次拣选场景作业流程图

3. 仿真数据

根据表 3-34～表 3-40 制作仿真数据文件,并导入仿真模型进行运行调试。

表 3-34　商品管理文件

name	style	count	length	width	height	red	green	blue
Product_001	Outer	120	0.4	0.3	0.3	1	0	0
Product_002	Outer	120	0.4	0.3	0.3	0.9	0.1	0
Product_003	Outer	120	0.4	0.3	0.3	0.8	0.2	0
Product_004	Outer	120	0.4	0.3	0.3	0.7	0.3	0
Product_005	Outer	120	0.4	0.3	0.3	0.6	0.4	0
Product_006	Outer	120	0.4	0.3	0.3	0.5	0.5	0
Product_007	Outer	120	0.4	0.3	0.3	0.4	0.6	0
Product_008	Outer	120	0.4	0.3	0.3	0.3	0.7	0
Product_009	Outer	120	0.4	0.3	0.3	0.2	0.8	0
Product_010	Outer	120	0.4	0.3	0.3	0.1	0.9	0
Product_011	Outer	120	0.4	0.3	0.3	0	0.1	0.9
Product_012	Outer	120	0.4	0.3	0.3	0	0.2	0.8
Product_013	Outer	120	0.4	0.3	0.3	0	0.3	0.7
Product_014	Outer	120	0.4	0.3	0.3	0	0.4	0.6
Product_015	Outer	120	0.4	0.3	0.3	0	0.5	0.5

表 3-35　货架初始库存数据表 01

OrderListID	ProductID	Quantity	Location	ColorR	ColorG	ColorB
ID001	Product_001	6000	01-01-01-01	1	0.1	0
ID002	Product_002	6000	01-01-02-01	0.9	0.2	0
ID003	Product_003	6000	01-02-04-01	0.8	0.3	0
ID004	Product_004	6000	01-02-03-01	0.7	0.4	0
ID005	Product_005	6000	01-03-02-01	0.6	0.5	0

表 3-36　货架初始库存数据表 02

OrderListID	ProductID	Quantity	Location	ColorR	ColorG	ColorB
ID001	Product_006	6000	02-03-03-01	0.5	0.6	0
ID002	Product_007	6000	02-03-08-01	0.4	0.7	0
ID003	Product_008	6000	02-04-06-01	0.3	0.8	0
ID004	Product_009	6000	02-04-10-01	0.2	0.9	0
ID005	Product_010	6000	02-04-11-01	0.1	1	0

表 3-37　货架初始库存数据表 03

OrderListID	ProductID	Quantity	Location	ColorR	ColorG	ColorB
ID001	Product_011	6000	03-01-01-01	0	0.1	0.9
ID002	Product_012	6000	03-01-02-01	0	0.2	0.8
ID003	Product_013	6000	03-02-04-01	0	0.3	0.7
ID004	Product_014	6000	03-02-03-01	0	0.4	0.6
ID005	Product_015	6000	03-03-02-01	0	0.5	0.5

表 3-38　货架出库数据表 01

OrderListID	ProductID	Quantity	Style	From	Location	Destination	Option
BID001	Product_001	480	Outer	1-1	01-01-01-01	1	Order01
BID001	Product_001	480	Outer	1-1	01-01-01-01	2	Order02
BID001	Product_002	480	Outer	1-1	01-01-02-01	5	Order05
BID001	Product_002	240	Outer	1-1	01-01-02-01	8	Order08
BID001	Product_003	600	Outer	1-1	01-02-04-01	3	Order03
BID001	Product_003	600	Outer	1-1	01-02-04-01	7	Order07
BID001	Product_004	600	Outer	1-1	01-02-03-01	9	Order09
BID001	Product_005	480	Outer	1-1	01-03-02-01	0	Order10
BID002	Product_002	480	Outer	1-1	01-01-02-01	4	Order14
BID002	Product_002	480	Outer	1-1	01-01-02-01	6	Order16

（续）

OrderListID	ProductID	Quantity	Style	From	Location	Destination	Option
BID002	Product_004	360	Outer	1-1	01-02-03-01	1	Order11
BID002	Product_004	360	Outer	1-1	01-02-03-01	2	Order12
BID002	Product_004	360	Outer	1-1	01-02-03-01	5	Order15
BID002	Product_004	360	Outer	1-1	01-02-03-01	0	Order20
BID002	Product_005	600	Outer	1-1	01-03-02-01	4	Order14
BID003	Product_001	600	Outer	1-1	01-01-01-01	6	Order26
BID003	Product_002	600	Outer	1-1	01-01-02-01	8	Order28
BID003	Product_002	600	Outer	1-1	01-01-02-01	3	Order23
BID003	Product_002	600	Outer	1-1	01-01-02-01	7	Order27
BID003	Product_003	240	Outer	1-1	01-02-04-01	9	Order29
BID003	Product_004	240	Outer	1-1	01-02-03-01	3	Order23
BID003	Product_005	480	Outer	1-1	01-03-02-01	7	Order27
BID003	Product_005	480	Outer	1-1	01-03-02-01	9	Order29
BID004	Product_001	480	Outer	1-1	01-01-01-01	1	Order31
BID004	Product_003	480	Outer	1-1	01-02-04-01	2	Order32
BID004	Product_003	600	Outer	1-1	01-02-04-01	5	Order35
BID004	Product_004	600	Outer	1-1	01-02-03-01	0	Order40
BID004	Product_004	600	Outer	1-1	01-02-03-01	4	Order34
BID004	Product_005	360	Outer	1-1	01-03-02-01	6	Order36
BID005	Product_003	480	Outer	1-1	01-02-04-01	8	Order48
BID005	Product_003	480	Outer	1-1	01-02-04-01	0	Order50
BID005	Product_003	600	Outer	1-1	01-02-04-01	4	Order44
BID005	Product_004	600	Outer	1-1	01-02-03-01	6	Order46
BID005	Product_004	600	Outer	1-1	01-02-03-01	1	Order41
BID005	Product_005	480	Outer	1-1	01-03-02-01	2	Order42
BID005	Product_005	480	Outer	1-1	01-03-02-01	4	Order44

表3-39 货架出库数据表02

OrderListID	ProductID	Quantity	Style	From	Location	Destination	Option
BID001	Product_007	480	Outer	1-2	02-03-08-01	7	Order07
BID001	Product_007	480	Outer	1-2	02-03-08-01	5	Order05
BID001	Product_007	480	Outer	1-2	02-03-08-01	4	Order04
BID001	Product_007	240	Outer	1-2	02-03-08-01	6	Order06
BID001	Product_007	600	Outer	1-2	02-03-08-01	8	Order08
BID001	Product_008	600	Outer	1-2	02-04-06-01	3	Order03
BID001	Product_008	600	Outer	1-2	02-04-06-01	7	Order07
BID001	Product_009	480	Outer	1-2	02-04-10-01	9	Order09
BID001	Product_006	480	Outer	1-2	02-03-03-01	2	Order02
BID002	Product_006	480	Outer	1-2	02-03-03-01	0	Order20
BID002	Product_008	360	Outer	1-2	02-04-06-01	1	Order11
BID002	Product_008	360	Outer	1-2	02-04-06-01	2	Order12
BID002	Product_008	360	Outer	1-2	02-04-06-01	5	Order15
BID003	Product_009	360	Outer	1-2	02-04-10-01	8	Order28
BID003	Product_009	600	Outer	1-2	02-04-10-01	3	Order23
BID003	Product_006	600	Outer	1-2	02-03-03-01	7	Order27
BID003	Product_006	600	Outer	1-2	02-03-03-01	9	Order29
BID003	Product_007	600	Outer	1-2	02-03-08-01	0	Order30
BID003	Product_007	600	Outer	1-2	02-03-08-01	6	Order26
BID003	Product_008	240	Outer	1-2	02-04-06-01	9	Order29
BID003	Product_008	240	Outer	1-2	02-04-06-01	1	Order21
BID003	Product_010	480	Outer	1-2	02-04-11-01	0	Order30
BID003	Product_010	480	Outer	1-2	02-04-11-01	4	Order24
BID004	Product_006	480	Outer	1-2	02-03-03-01	6	Order36

（续）

OrderListID	ProductID	Quantity	Style	From	Location	Destination	Option
BID004	Product_008	480	Outer	1-2	02-04-06-01	8	Order38
BID004	Product_008	600	Outer	1-2	02-04-06-01	0	Order40
BID004	Product_009	600	Outer	1-2	02-04-10-01	3	Order33
BID004	Product_009	600	Outer	1-2	02-04-10-01	6	Order36
BID004	Product_009	360	Outer	1-2	02-04-10-01	7	Order37
BID004	Product_006	480	Outer	1-2	02-03-03-01	9	Order39
BID004	Product_006	480	Outer	1-2	02-03-03-01	1	Order31
BID004	Product_006	600	Outer	1-2	02-03-03-01	4	Order34
BID005	Product_007	600	Outer	1-2	02-03-08-01	0	Order50
BID005	Product_007	600	Outer	1-2	02-03-08-01	4	Order44
BID005	Product_008	480	Outer	1-2	02-04-06-01	6	Order46
BID005	Product_009	480	Outer	1-2	02-04-10-01	1	Order41

表3-40　货架出库数据表03

OrderListID	ProductID	Quantity	Style	From	Location	Destination	Option
BID001	Product_011	480	Outer	1-3	03-01-01-01	1	Order01
BID001	Product_012	480	Outer	1-3	03-01-02-01	1	Order01
BID001	Product_013	480	Outer	1-3	03-02-04-01	5	Order05
BID001	Product_014	240	Outer	1-3	03-02-03-01	6	Order06
BID002	Product_014	600	Outer	1-3	03-02-03-01	3	Order13
BID002	Product_015	600	Outer	1-3	03-03-02-01	7	Order17
BID002	Product_015	600	Outer	1-3	03-03-02-01	8	Order18
BID002	Product_015	480	Outer	1-3	03-03-02-01	0	Order10
BID002	Product_012	480	Outer	1-3	03-01-02-01	2	Order12
BID002	Product_012	480	Outer	1-3	03-01-02-01	6	Order16
BID002	Product_014	360	Outer	1-3	03-02-03-01	4	Order14
BID002	Product_014	360	Outer	1-3	03-02-03-01	7	Order17

（续）

OrderListID	ProductID	Quantity	Style	From	Location	Destination	Option
BID002	Product_014	360	Outer	1-3	03-02-03-01	9	Order19
BID002	Product_015	360	Outer	1-3	03-03-02-01	0	Order20
BID002	Product_015	600	Outer	1-3	03-03-02-01	1	Order11
BID003	Product_012	600	Outer	1-3	03-01-02-01	2	Order22
BID003	Product_012	600	Outer	1-3	03-01-02-01	5	Order25
BID003	Product_013	600	Outer	1-3	03-02-04-01	3	Order23
BID003	Product_014	600	Outer	1-3	03-02-03-01	6	Order26
BID004	Product_014	240	Outer	1-3	03-02-03-01	9	Order39
BID004	Product_015	240	Outer	1-3	03-03-02-01	3	Order33
BID004	Product_015	480	Outer	1-3	03-03-02-01	8	Order38
BID004	Product_015	480	Outer	1-3	03-03-02-01	0	Order30
BID004	Product_011	480	Outer	1-3	03-01-01-01	3	Order33
BID004	Product_011	480	Outer	1-3	03-01-01-01	7	Order37
BID004	Product_012	600	Outer	1-3	03-01-02-01	9	Order39
BID004	Product_012	600	Outer	1-3	03-01-02-01	2	Order32
BID004	Product_015	600	Outer	1-3	03-03-02-01	1	Order31
BID004	Product_015	360	Outer	1-3	03-03-02-01	6	Order36
BID005	Product_012	480	Outer	1-3	03-01-02-01	7	Order47
BID005	Product_012	480	Outer	1-3	03-01-02-01	3	Order43
BID005	Product_013	600	Outer	1-3	03-02-04-01	5	Order45
BID005	Product_013	600	Outer	1-3	03-02-04-01	9	Order49
BID005	Product_013	600	Outer	1-3	03-02-04-01	3	Order43
BID005	Product_014	480	Outer	1-3	03-02-03-01	5	Order45
BID005	Product_015	480	Outer	1-3	03-03-02-01	0	Order50

注："OrderListID"列对应波次号，"From"列对应拣货分区内初始库存设定管理器设备名，"Destination"列对应分流目的地编号，"Option"列对应订单号。

3.6.3 虚拟仿真场景实现

1. 设备连接

表 3-41 列出了分区批量波次拣选虚拟仿真场景中模型设备之间的参考连接方式。

表 3-41 分区批量波次拣选场景设备连接信息表

起始连接设备		终端连接设备		连接方式
类 型	编 号	编 号	类 型	
初始库存设定管理器	1-1	4-1	货架区（连接货架区而非单排货架）	连接到仓库
	1-2	4-2	货架区（连接货架区而非单排货架）	连接到仓库
	1-3	4-3	货架区（连接货架区而非单排货架）	连接到仓库
	1-4	4-1 4-2 4-3	货架区（连接货架区而非单排货架）	连接到仓库
XML 日程管理器	2	3-1	XML 作业管理器	连接到日程表对象设备
		3-2	XML 作业管理器	连接到日程表对象设备
		3-3	XML 作业管理器	连接到日程表对象设备
XML 作业管理器	3-1	5-11	临时保管区	连接到目标设备 1
	3-2	5-12	临时保管区	连接到目标设备 1
	3-3	5-13	临时保管区	连接到目标设备 1
	3-4	7-11	直线输送机	连接到目标设备 1
	3-4	5-11	临时保管区	连接到目标设备 2
	3-5	7-12	直线输送机	连接到目标设备 1
	3-5	5-12	临时保管区	连接到目标设备 2
	3-6	7-13	直线输送机	连接到目标设备 1
	3-6	5-13	临时保管区	连接到目标设备 2

（续）

起始连接设备		终端连接设备		连接方式
类　型	编　号	编　号	类　型	
XML 作业管理器	3-7	5-1	临时保管区	连接到目标设备1
		5-2		连接到目标设备2
		5-3		连接到目标设备3
		5-4		连接到目标设备4
		5-5		连接到目标设备5
		6-1	托盘生成器	连接到目标设备6
		5-14	临时保管区	连接到目标设备7
	3-8	5-6	临时保管区	连接到目标设备1
		5-7		连接到目标设备2
		5-8		连接到目标设备3
		5-9		连接到目标设备4
		5-10		连接到目标设备5
		6-2	托盘生成器	连接到目标设备6
		5-15	临时保管区	连接到目标设备7
直线输送机	7-1	3-7	XML 作业管理器	连接作业管理器（货物到达时）
	7-2			
	7-3			
	7-4			
	7-5			
	7-6			
	7-7	3-8		
	7-8			
	7-9			
	7-10			
临时保管区	5-11	3-4	XML 作业管理器	连接到作业管理器上，同时设置参数"设定作业要求—投入物作业要求设置"
	5-12	3-5		
	5-13	3-6		
左折输送机	7-22	3-9	XML 作业管理器	连接作业管理器（货物到达时）

2. 仿真进度记录表

使用 CSV 表格记录临时保管区 5-1 ～ 5-10 上笼车内的订单集货完成进度，判断是否将笼车搬运至集货区。

如图 3-43 所示，利用 EXCEL 生成“集货进度表 .csv”，该表包含序号、货架出库数据表中的所有订单号、总箱数、集货箱数。选择仿真运行窗口菜单栏“数据设置—csv 表格信息一览”，在弹出的“csv 表格信息一览”窗口中单击“打开 csv 文件”按钮读入“集货进度表 .csv”。

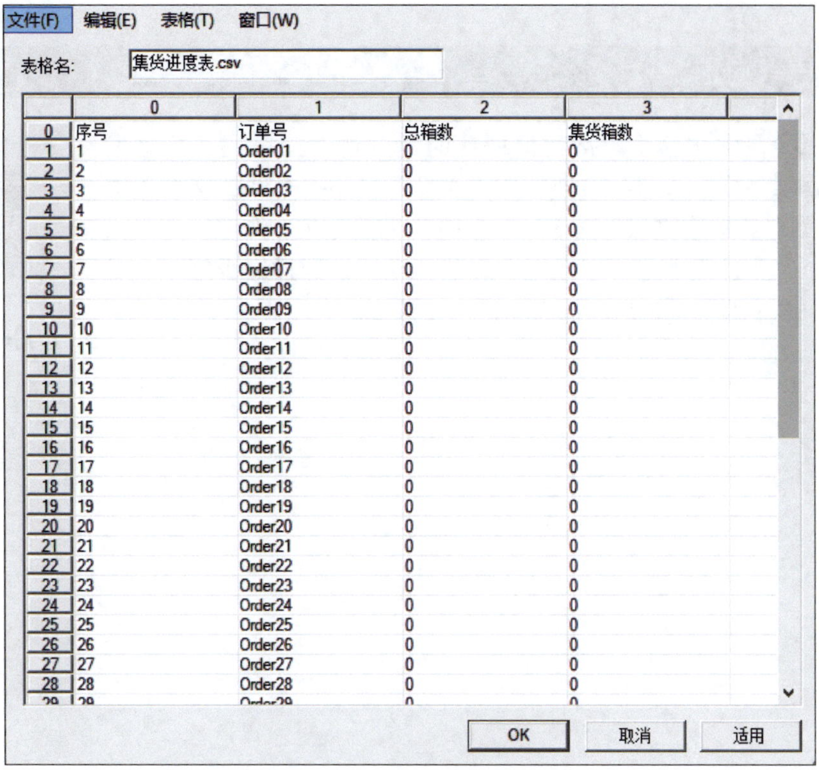

	0	1	2	3
0	序号	订单号	总箱数	集货箱数
1	1	Order01	0	0
2	2	Order02	0	0
3	3	Order03	0	0
4	4	Order04	0	0
5	5	Order05	0	0
6	6	Order06	0	0
7	7	Order07	0	0
8	8	Order08	0	0
9	9	Order09	0	0
10	10	Order10	0	0
11	11	Order11	0	0
12	12	Order12	0	0
13	13	Order13	0	0
14	14	Order14	0	0
15	15	Order15	0	0
16	16	Order16	0	0
17	17	Order17	0	0
18	18	Order18	0	0
19	19	Order19	0	0
20	20	Order20	0	0
21	21	Order21	0	0
22	22	Order22	0	0
23	23	Order23	0	0
24	24	Order24	0	0
25	25	Order25	0	0
26	26	Order26	0	0
27	27	Order27	0	0
28	28	Order28	0	0

图 3-43　集货进度表内容

在模型中，作业人员 3-1-1、3-2-1、3-3-1 每拣选一箱货物，即在集货进度表 .csv“总箱数”一栏中累计对应数值。集货过程中，作业人员 3-7-1、3-8-1 每次将周转箱放置在笼车上，就在集货进度表 .csv 中“集货箱数”一栏中累计对应数，并检查当前作业订单的“集货箱数”与“总箱数”是否相等。当二者相等时，说明该订单的所有货物集货完成，立刻将该笼车搬运至集货区后领取新笼车。

3. 程序指令

扫描前言中的二维码下载分区批量波次拣选虚拟仿真场景参考程序。

4. 仿真数据文件制作及运行设置

在用 XML 变换工具进行转换时，在出库 XML 文件设定窗口，设定第一个出库 XML 文件参数“OrderMasterDevice”设为“2”（对应 XML 日程管理器 2），“OrderSubDevice”

设为"3-1"（对应 XML 作业管理器 3-1），第二个出库 XML 文件参数"OrderMasterDevice"设为"2"（对应 XML 日程管理器 2），"OrderSubDevice"设为"3-2"（对应 XML 作业管理器 3-2），第三个出库 XML 文件参数"OrderMasterDevice"设为"2"（对应 XML 日程管理器 2），"OrderSubDevice"设为"3-3"（对应 XML 作业管理器 3-3）。XML 变换工具窗口（图 1-11）中"StockInitializeData01.csv"对应的"备注①"处填写"1-1"（对应初始库存设定管理器 1-1），"StockInitializeData02.csv"对应的"备注①"处填写"1-2"（对应初始库存设定管理器 1-2），"StockInitializeData03.csv"对应的"备注①"处填写"1-3"（对应初始库存设定管理器 1-3）。

3.6.4 思考讨论

习题 在本实验中，货物根据目的地到达对应分支线后触发 XML 作业管理器 3-7、3-8，指挥作业人员 3-7-1、3-8-1 将触发设备上的货物搬运到对应的临时保管区 5-1 ～ 5-10 上的笼车内。观察工作人员 3-7-1、3-8-1 作业过程中是否存在不合理的移动。请通过减少工作人员 3-7-1、3-8-1 多余的行走距离，提高集货作业效率。

扫码观看视频

第 4 章

仓库装备篇

4.1 知识框架

4.1.1 装卸搬运装备

装卸是指在指定地点将货物装入运输设备或从运输设备上卸下的活动，主要以垂直方向移动为主；搬运是指在同一场所内以将货物水平移动为主的活动。装卸搬运是两类活动的合成，是指在同一空间范围内改变货物的存放状态和空间位置的活动。

仓库内的装卸搬运作业虽然不是一个独立的工艺流程，但它贯穿于仓库运营作业的全过程，实现各工艺环节之间有机联系和紧密衔接，是仓库工艺流程的"润滑剂"。各装卸搬运装备功能描述与场景模型章节分布见表 4-1。

表 4-1 装卸搬运装备功能描述与场景模型章节分布说明

装备类型	装备名称	功能描述章节	场景模型章节
库内装卸装备	桥式（梁式）起重机	4.8.2	4.8.3
	码垛机器人	4.3.2	4.3.3
库内搬运装备	水平输送机	3.4.2	3.4.3 3.6.3 4.3.3 4.6.3
	垂直输送机	3.4.2	3.4.5
	托盘搬运车	2.2.2	2.2.3 2.6.3
	轨道导引车	4.3.2	4.3.3
	自动导引车	4.5.2 4.7.2	4.5.3 4.7.3

1）库内装卸装备：仓库内常用的装卸设备包括以重型、非标准化单元包装货物为主要作业对象的桥式（梁式）起重机，以轻型、单元化包装货物为主要作业对象的码垛机器人。

2）库内搬运装备：包括输送机、托盘搬运车、轨道导引车（Rail Guided Vehicle，RGV）以及自动导引车（Automated Guided Vehicle，AGV）。库内搬运装备根据货物在库内的运动方向分为水平搬运装置和垂直搬运装备。输送机可以分为水平输送机，例如带式输送机、辊筒输送机、链板输送机和链式输送机；垂直输送机，例如往复式提升机、循环式提升机、螺旋式提升机。

4.1.2 整托盘存储与存取装备

整托盘存储装备为托盘货物在库内储存提供空间，整托盘存取装备是实现托盘货物入库与出库的搬运堆垛工具。尽管在库内两类装备一起协同工作，但是在对各类设备进行选型时的影响因素却不尽相同，托盘存储装备选型主要考虑存储密度要求，而托盘存取装备的选型主要考虑搬运效率与装备投资之间的平衡。整托盘存储与存取装备功能描述与场景模型章节分布见表4-2。

表4-2 整托盘存储与存取装备功能描述与场景模型章节分布说明

装备类型	装备名称	功能描述章节	场景模型章节
整托盘存储装备	单深位托盘货架	2.3.2	2.2.3 2.3.3 2.4.3 2.5.3 2.6.3
	驶入式货架	4.2.2	4.2.3
	压入式货架	4.2.2	4.2.3
	重力式货架	4.2.2	4.2.3
	移动式货架	4.2.2	4.2.3
	穿梭板式货架	4.2.2	—
整托盘存取装备	平衡重叉车	2.3.2	2.3.5
	托盘堆高车	2.3.2	2.3.3
	前移式叉车	2.3.2	2.3.5
	窄巷道叉车	2.3.2	2.3.5
	托盘自动化立体仓库堆垛机	4.3.2	4.3.3
	托盘穿梭板	4.2.2	—

1）整托盘存储装备：根据设备存储密度分为传统托盘存储货架和密集式托盘货架两类。传统托盘存储货架为单深位托盘货架，密集式托盘货架包括驶入式货架、压入式货架、重力式货架、移动式货架和穿梭板式货架。

2）整托盘存取装备：根据设备的自动化水平分为人工托盘存取设备和自动化存取设备。常见的人工托盘存取设备包括平衡重叉车、托盘堆高车、前移式叉车、窄巷道叉车。常见的自动化托盘存取设备包括托盘自动化立体仓库堆垛机和托盘穿梭板。

4.1.3 整箱存储与拣选装备

根据自动化程度不同，整箱拣选装备分为人到货、货到人和自动化三种类型。整箱存储与拣选装备功能描述与场景模型章节分布见表4-3。

表 4-3 整箱存储与拣选装备功能描述与场景模型章节分布说明

装备类型	装备名称	功能描述章节	场景模型章节
人到货	低位拣选叉车	2.4.2	2.4.2
	高位拣选叉车	2.4.2	2.4.2
货到人	托盘自动化立体仓库货到人整箱拣选系统	4.3.2	4.3.5
	类 Kiva 机器人货到人整箱拣选系统	4.5.2	—
自动化	箱式自动化立体仓库系统	4.4.2	4.4.3
	多层穿梭车立体仓库系统	4.4.5	4.4.5

1）人到货：拣货员行走至货位，手工拣取相应数量货物放置在托盘上。该拣选类型通常借用整托盘存储装备存储货物。如果仅对货架底层货物进行拣选，可以采用托盘搬运车或低位拣选叉车；如果需要对货架高层的货物进行拣选，则需要应用高位拣选叉车。

2）货到人：拣货员无须行走，待拣货物自动到达人员或机器人面前，拣取相应数量货物放至托盘或输送线。该拣选类型通常采用托盘自动化立体仓库系统，立体仓库出入库站台设计在巷道一侧，出库的整托盘货物送至拣选台，由人工完成整箱拣选后，剩余货物再返回至托盘自动化立体仓库内存储。近些年，类 Kiva 机器人系统也得到成功应用，该系统采用托盘支架承载托盘货物，应用顶升式 AGV 设备潜伏至平面存储区内指定托盘支架下方，将托盘支架连同其承载货物送至拣选台，由人工完成整箱拣选后，将承载剩余货物的托盘支架送回至存储区存放。

3）自动化：通过自动化存取装备将整箱货物从货架中拣选至输送线。常用的自动化存取装备包括箱式自动化立体仓库系统、多层穿梭车立体仓库系统。箱式自动化立体仓库采用单深位或双深位箱式货架，应用轻型料箱堆垛机进行自动拣选，多层穿梭车立体仓库系统采用单深位或双深位箱式货架，每层货架巷道内安装穿梭车行驶轨道，通过固定层或换层的穿梭车设备将货物送至巷道前端，然后借助料箱提升机将货物升降至出库输送线。

由于箱式存储货架的存储密度远远低于整托盘存储装备上货物的存储密度，使用箱式存储货架会增加整箱拣选过程中的补货成本，因此人到货和货到人整箱拣选作业多从托盘上以整箱为单位抓取货物，借用整托盘存储装备作为整箱存储装备。虽然整箱拣选和整托盘拣选采用的存储装备相近，但是整箱拣选的复杂度要远远高于整托盘拣选，整托盘存储装备内单个托盘上仅存放同类货物，整托盘拣选作业时可以用叉车直接叉取托盘出库，而整箱拣选需要从多个托盘上搬取不同的货物混合码放在同一托盘上。

4.1.4 拆零存储与拣选装备

根据自动化程度不同，拆零存储与拣选装备分为人到货、货到人和自动化三种类型。拆零存储与拣选装备功能描述与场景模型章节分布见表 4-4。

表 4-4　拆零存储与拣选装备功能描述与场景模型章节分布说明

装备类型	装备名称	功能描述章节	场景模型章节
人到货	搁板式货架	2.5.2	2.5.3 3.2.2 3.3.2 3.4.3 3.5.2
人到货	流利式货架	2.5.2	2.5.5
人到货	阁楼式货架	2.5.2	—
人到货	拣货车	2.5.2	2.5.3 3.2.2 3.3.2 3.4.3 3.5.2
货到人	箱式自动化立体仓库拆零拣选系统	4.4.2	4.4.3
货到人	多层穿梭车立体仓库拆零拣选系统	4.4.2	4.4.5
货到人	类 Kiva 机器人拆零拣选系统	4.5.2	4.5.3
货到人	旋转货架拆零拣选系统	4.5.2	4.5.5
自动化	A 字架	4.5.2	—

1）人到货：拣货员步行或驾驶设备至存储货架货位，从货物箱内拣选一定数量单品至订单容器中。该拣选类型常用的拣选货架为搁板式货架、流利式货架、阁楼式货架，拣选装备采用根据现场拣选规则设计的拣货车。

2）货到人：应用箱式自动化立体仓库系统、多层穿梭车立体仓库系统、类 Kiva 机器人系统或旋转货架系统将承载待拣货物的容器送至固定的拣选工作站，站内拣货员从容器内拣选一定数量单品货物放至对应的订单容器中。

3）自动化：各品项货物提前放置于不同的通道内，拣选时通道设备前端弹射装置将一定数量单品货物自动弹射至带式输送线，通过输送线将货物集中至发货容器或纸箱。A 字架是最有代表性的设备。

4.1.5　分拣装备

分拣是指将拣选出的货物输送或搬运至发货站台附近区域，分拣至客户订单以及装车线路，并根据发货装车要求对货物进行复核、包装、排序，完成发货前的货物集结准备工作。

分拣作业要求与现场选用的拣选策略相关。当选用分区并行拣选策略时，订单被拆分至不同的分区并行拣选，因此需要通过分拣作业实现客户订单的合并；当选用先拣后播的批量拣选策略时，多个订单合并为一个批次订单一次拣选出来，因此需要通过分拣作业将批次订单拆分至单个客户订单；当选用波次拣选策略，将多个送货线路合并为一个波次下发拣选时，需要通过分拣作业实现同一个送货线路的货物集结。

根据自动化程度不同,分拣装备分为人到货、货到人和自动化三种类型。分拣装备功能描述与场景模型章节分布见表 4-5。

表 4-5 分拣装备功能描述与场景模型章节分布说明

装 备 类 型	装 备 名 称	功能描述章节	场景模型章节
人到货	托盘搬运车、拣选叉车、拣货车	2.2.2 2.4.2 2.5.2	2.5.3
货到人	输送机	3.4.2	—
自动化	组合式分拣机	4.6.2	3.5.2 4.6.5
	一体式分拣机	4.6.2	4.6.3

1)人到货:拣选员将订单所需货物装入拣货车或托盘搬运车,手工送至分拣集货区,通过人工方式将货物分拣至相应的区域,完成装车前的订单集结。

2)货到人:为缩短人员的行走距离,利用输送机传送货物,在输送机两侧配备作业人员根据货物上的标签、色标、编号等分拣标志,将符合要求的货物手工分拣至对应集货暂存区。

3)自动化:自动化分拣装备根据分拣主线构成方式不同分为组合式分拣机和一体式分拣机。组合式分拣机是由辊筒/带式/链板输送设备与专门分流装置组合而成的组合式分拣机,输送设备实现主线传输,分流装置设置于分拣道口实现货物分拣,常用的分流装置包括推挡式(摆臂式)分拣装置、引导式分拣装置、斜轮分拣机、摆轮(万向轮)分拣机;一体式分拣机由若干个专门设计的分流输送单元组成,每个单元同时承担货物主线输送和道口分流两个作业任务,常见的设备包括滑块式分拣线、交叉带式分拣机、斜盘式分拣系统、分离盘式分拣系统、滚珠模组带分拣机。

4.2 密集式托盘货架

4.2.1 学习目标

1. 理论知识

仓库装备:了解驶入式货架、重力式货架、压入式货架、移动式货架、穿梭板式货架的工作原理、基本性能和选型原则。

2. 仿真技术

设备模型:掌握暂存区初始化库存设置方法;掌握驶入式货架、重力式货架、压入式货架、移动式货架建模及参数配置方法;掌握驶入式货架、流利式货架、压入式货架货位管理方法;掌握货架区内作业人员移动速度限定设置方法。

4.2.2 理论知识

1. 驶入式货架

驶入式货架（图 4-1）取消了位于各排货架之间的作业通道，将货架合并在一起，使同一层、同一列的货物互相贯通构成货架内流道。驶入式货架结构包括立柱、牛腿（牛腿梁与货架立柱的主要连接件，分单面与双面）、牛腿梁（货物存放的主要支承搁层）、顶梁（货架立柱的连接稳固件）、顶拉（货架立柱的连接稳固件）、背拉（货架立柱的连接稳固件，用于货架单向排布时）、护脚（货架正面保护件）、护轨（叉车进入巷道时货架保护件）等。

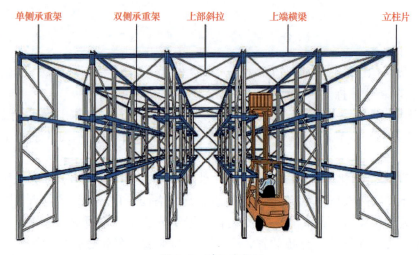

图 4-1 驶入式货架

巷道内部无横梁，因此叉车可以驶入巷道内放置或拣选托盘。托盘被放置于货架立柱伸出的托架上（由立柱上的牛腿和牛腿梁构成），沿流道深度方向紧密存储，可纵深放置 5～10 个托盘。这种货架结构实现了叉车作业通道和货物存储空间共用，因此，将叉车作业通道空间压缩至极致，仓库的空间平面利用率可达 80%。驶入式货架既具备托盘堆叠式仓储所具有的高空间利用率的优点，同时也具备货架式存储所具有的无货物堆叠挤压的优点。

驶入式货架的缺点：

1）由于同一流道内的两排立柱之间，除了顶部的顶梁、拉杆和地面连接外，内部没有横梁连接，因此系统结构稳定性较差。叉车带货进入货架流道内前，需要提前将货物举升至放置层高，然后高举货物驶入流道，为防止叉车晃动而撞到货架，通常车速很低，严重影响拣选效率。为提高叉车运行速度，可在流道地面配置导向轨道。此外，侧座式托盘堆垛车尤其适用于此类系统，因为驾驶员在倒车驶出巷道时视野不会受阻。

2）存在蜂窝损失。驶入式货架内部存储方式决定同一流道内不允许存储不同品项的货物，会导致流道内空间不能被有效利用。为减少蜂窝损失，叉车取货时应优先选取存放同种货物的多个流道中存货最少的流道进行作业。因此，驶入式货架适用于周期性大批量的同品项，且对拣选效率要求不高的货物的存储，尤其适用于季节性库存。

此外，驶入式货架内部货物仅能以先入后出的原则进行存取。贯通式货架与驶入式货架相比，结构没有太大差异，仅是流道驶入口数量不同。驶入式货架仅能从流道一端进出存取托盘，而贯通式货架的流道两端都可以进出存取整托盘货物。因此，贯通式货架通常用于货物以流动的方式进行堆栈，货物从流道的一端放入，从流道的另一端取出，实现货物的先入先出。

2. 重力式货架

如图 4-2 所示，重力式货架结构与横梁式货架相似，只是在横梁上安装有辊筒式轨道。轨道呈 3°～5° 倾斜，托盘货物用叉车搬运至货架流道入口侧（最高点），借助其自身重力，托盘货物从入口自动滑行至另一端的取货口。叉车将取货口的托盘货物卸下后，后面的托盘会自动补上，从而确保取货作业的持续性。

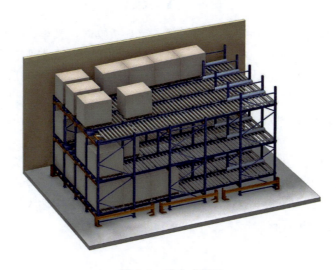

图 4-2　重力式货架

重力式货架的主要优点是作业效率和空间利用率高，拣选作业面和补货作业面空间分离，可以实现货物的先入先出作业。重力式货架适用于在库托盘数量多且托盘周转快的应用场景，对有效期短的货物尤为有效。

为保证货物在货架流道内重力下滑的速度限定在一个安全区间（0.25m/s），流道轨道上每间隔一定长度就设有一个阻尼辊。阻尼辊可以提供一定的下滑阻力，确保货物的平稳下滑，避免货物之间以及货物与货架结构之间的碰撞损伤。此外，在每个货架流道的取货口都配备一个安全分离器，可以确保第一个托盘在被取下之前，下一个托盘不会滑到取货位置，避免巷道内剩余货物对在取货物的挤压。分离装置提供的作业分离时延，可以增强操作和货位的安全性，降低作业风险。

3. 压入式货架

如图 4-3 所示，压入式货架是一种借助货架流道内的多层滑缩式台车实现 2～6 个托盘货格深度的货架。货架流道呈 3° 左右坡度，货格内多层滑缩式台车重叠相连，每台台车可以在货格轨道内前后移动。

图 4-3 压入式货架

叉车存取作业过程如下：当在空货格内放入首托货物时，叉车直接将货物托盘放置在台车表面，之后再放入货物时，叉车利用叉举货物托盘推动货格最外侧的存货台车，将其推向货架流道内部，为上架托盘创造空间，直至流道最外侧空出货位空间后，叉车再将货物放置在下方台车表面。当货架流道前端的货物被取走后，剩余存货台车会自动向外滑动一个货位，确保在货架的外侧能持续提供货物。每个货架流道内仅存储单一品项货物，采用先入后出存取模式。

相比于驶入式货架，由于压入式货架所有的上架和取货都发生在货架前端，作业安全性大幅提高，存取货效率明显改善，随着货架流道深度的增加，存取货效率提高幅度越大，在 6 托盘深度时效率最大可提高 25%。压入式货架适用于对周期性大批量的同品项，且对拣选效率要求高的货物进行存储。

4. 移动式货架

如图 4-4 所示，移动式货架是将两排单深位托盘货架背靠背成组安装在一个移动底盘上，呈多组排列，每个底盘附设多个滚轮和驱动电动机，通过按动控制按钮，由驱动电动机通过链条传动带动整个底盘及其上货架货物，沿铺于地面上的两条或多条轨道移动（或无轨—磁条导引），从而使叉车可进入已移动开的通道进行存取货。

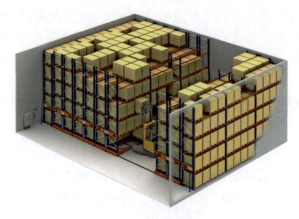

图 4-4 移动式货架

多列并排的移动式货架共享一条叉车作业通道,在需要取货时通过移动待取货物所在列附近的货架,空出相应的作业通道,因此,平面空间利用率可达到80%~85%,存储密度是以上所有托盘存储方式中最大的。与其他密集式托盘货架相比,货位可拣选率提升至100%,但是,由于同一时间仅允许对单个通道内的货物进行存取,无法支持多叉车在多组货架之间的并行作业,托盘存取效率相对最低。因此,该货架适用于空间缺乏且土地价格高、库存品种多但出入库频率较低的货物存储,尤其在冷库行业得到成功应用。由于移动式货架的高空间利用率,在冷库建设中,能节约一半的土地,冷库建筑物也能节约50%~60%的面积,前期的制冷设备投资和后期运营能耗也相应减少。相比其他密集式货架,移动式货架有一个均匀散开功能,即当不取货时,移动列均匀散开排列,各列之间的间隙均等,这样有利于冷空气的循环,提高制冷效果,所有货位都能均等受冷。

5. 穿梭板式货架

如图4-5、图4-6所示,穿梭板式货架通过设置横梁支撑穿梭板行走导轨,叉车无须驶入货架内部,由运行在导轨上的穿梭板实现货架内部托盘的搬运,克服了驶入式货架中叉车在货架内行驶速度慢以及货架系统稳定性差的缺点。

穿梭板式货架由叉车或堆垛机将货物放在穿梭式货架流道导轨的端口,通过无线电遥控或WMS操作的穿梭式台车顶升承载托盘货物送至货架内部;取货时,先遥控穿梭板将货架深处的托盘移至导轨的端口,再由叉车或堆垛机取下。此外,叉车或堆垛机可将穿梭板放置在不同的流道,多个流道可共用一部穿梭台车。穿梭板的数量由流道深度、货物总量、出货频率等综合因素来决定。

图4-5 穿梭板式货架

图4-6 穿梭板
1—车辆 2—导轨 3—货架

普通穿梭板式货架内的穿梭板仅拥有一套轮系,支持货架流道内行走,更换货架流道时,需要借助其他搬运堆垛设备协助完成。四向穿梭板是一种具有两套轮系的穿梭板,其中一套轮系负责货格巷道内的X方向行走,另一套轮系负责穿越巷道的Y方向行走。穿梭板在货格巷道内作业时,小车在X方向货架轨道上运行,当需要在同层更换货架流道时,需要行驶至专门Y方向跨流道的轨道,通过更换轮系来完成Y方向运行。当穿梭板更换层时,通过流道外的提升机来完成的。当穿梭板自动驶入提升机后,提升机升降至指定楼层,完成换层作业。对于四向穿梭板,一个作业区域往往会有多台车同时作业,如何对穿梭板进行有效任务调度、线路规划是提升系统总体效率的关键。

穿梭式货架相比于重力式货架和压入式货架，多个流道之间实现了动力的共享，性价比较高。穿梭板多采用超级电容或锂电池充电方式。超级电容要保证在装载或换层等作业间歇一次充电能够完成一次最远端的作业往返要求；锂电池充电方式则需要定期进行充电，避免小车在中途停电或电压过低而无法工作。

此类货架系统特点是存储空间利用率高，系统稳定可靠，可以实现先入先出或先入后出，适用于大批量少品种、效率要求中等的货物的存储，如食品、饮料、冷藏等行业。尤其是在冷链仓库中，采用穿梭式货架进行储存，可以大幅度提升空间利用率，并可以大大改善作业区的环境，特别是当采用四向穿梭台车时，作业人员无须进入冷库内部，在缓冲区进行货物搬运即可。

4.2.3 虚拟仿真场景设计

密集式托盘货架场景模型如图 4-7 所示，包括入库区、货架区、出库区三部分。货架区内共设有驶入式货架 1-1、流动货架 1-2、压入式货架 1-3、移动式货架 1-4 四类密集存储式货架，货架区旁边设置入库区用于存储待入库货物，设置出库区用于存储出库完成货物。

1）入库：XML 作业管理器 4-1 指挥人员驾驶叉车 4-1-1 将临时保管区 5-1 内托盘货物搬运至指定货架存储。

扫码观看视频

2）出库：XML 作业管理器 4-2 指挥人员驾驶叉车 4-2-1 从各类货架搬运货物至临时保管区 5-2。

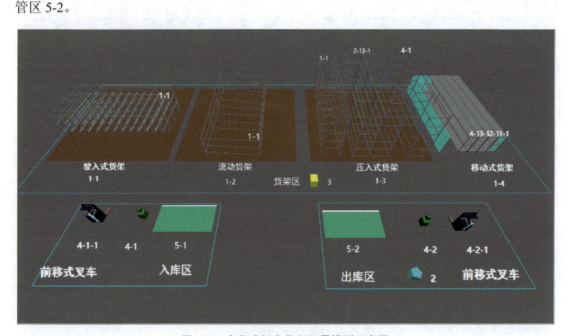

图 4-7 密集式托盘货架场景模型示意图

1. 设备模型

依据表 4-6 在仿真软件中配置模型设备属性参数。

表 4-6 密集式托盘货架场景设备属性配置表

编 号	设 备	属 性	参 数 值
1-1	驶入式货架 （货架区—右键选择 "得来速货架（V）"）	尺寸—单元格的长度	1100mm
		尺寸—单元格的宽度	1100mm
		尺寸—单元格的高度	1100mm
		要素/控制—位数	12
		要素/控制—层数	5
		要素/控制—纵向货位数	6
		要素/控制—自动生成托盘	直接模式
		尺寸—长度 （在货架区设置）	6600mm
		尺寸—宽度 （在货架区设置）	13500mm
		要素/控制—作业区域 （在货架区设置）	01
		要素/控制—区域登记 （在货架区设置）	勾选（详见说明2）
		要素/控制—区ID （在货架区设置）	驶入式货架
1-2	重力式货架 （货架区—右键选择 "流动货架的添加（V）"）	尺寸—单元格的长度	1100mm
		尺寸—单元格的宽度	1100mm
		尺寸—单元格的高度	1100mm
		尺寸—货架的间隔	2200mm
		尺寸—流动货架倾斜的高度	345.840mm
		概要—速度	15m/min
		要素/控制—挡数	3
		要素/控制—挡内的单元格数	4
		要素/控制—位数	12
		要素/控制—层数	3
		要素/控制—纵向货位数	6
		要素/控制—自动生成托盘	直接模式
		要素/控制—流动货架状态	自然落下
		颜色/形状—形状	只要框
		要素/控制—作业区域 （在货架区设置）	02

（续）

编　号	设　备	属　性	参　数　值
1-3	压入式货架 （货架区—右键选择 "流动货架的添加（V）"， 详见说明1）	尺寸—单元格的长度	1100mm
		尺寸—单元格的宽度	1100mm
		尺寸—单元格的高度	1100mm
		尺寸—货架的间隔	2200mm
		尺寸—流动货架倾斜的高度	0mm
		概要—速度	15m/min
		要素/控制—挡数	3
		要素/控制—挡内的单元格数	4
		要素/控制—位数	12
		要素/控制—层数	6
		要素/控制—纵向货位数	2
		要素/控制—自动生成托盘	直接模式
		要素/控制—流动货架状态	先入先出
		颜色/形状—形状	只要框
		要素/控制—作业区 （在货架区设置）	03
1-4	移动式货架	尺寸—单元格的长度	1100mm
		尺寸—单元格的宽度	1100mm
		尺寸—单元格的高度	1100mm
		尺寸—货架的间隔	2200mm
		要素/控制—挡数	3
		要素/控制—挡内的单元格数	4
		要素/控制—位数	12
		要素/控制—层数	3
		要素/控制—货架数	4
		要素/控制—自动生成托盘	直接模式
		颜色/形状—形状 3	墙壁 2
		要素/控制—作业区域	04

（续）

编号	设备	属性	参数值
2	XML 日程管理器	概要—设备名	2
3	初始库存设置管理器	概要—设备名	3
4-1	XML 作业管理器	默认参数	
4-2	XML 作业管理器	概要—直接模式	
4-1-1、4-2-1	作业人员（由 4-1、4-2 添加作业人员）	颜色 / 形状—形状	前移式叉车
		要素 / 控制—考虑叉车的取得时间	勾选
		要素 / 控制—取得时间	10s
		要素 / 控制—考虑叉车的放置时间	勾选
		要素 / 控制—放置时间	10s
		区属性—有效	勾选（详见说明2）
5-1、5-2	临时保管区	尺寸—长度	3000mm
		尺寸—宽度	6000mm

说明 1 应用流动货架模型来模拟压入式货架，注意流动货架正面（蓝色立柱面）朝向叉车拣选巷道。

如图 4-8 所示，流动货架共有三种状态，分别为自然落下、先入后出、先入先出。自然落下状态时，作业人员在流动货架正面（蓝色立柱面）存放货物，在流动货架背面拿取货物，当货物被取走时，同一流道内其他货物在重力作用下向下滑动。先入后出状态时，作业人员在流动货架正面（蓝色立柱面）存放货物，在流动货架背面拿取货物，与自然落下不同的是，通道内货物被取走后，货物不会自然落下，在下次作业时，驾驶叉车将通道内货物取出。先入先出状态时，与先入后出不同的是，在货架的同一侧存放和拿取货物，作业人员在流动货架正面（蓝色立柱面）存放和拿取货物，流道内货物被取走后，货物不会自然落下，在下次作业时，驾驶叉车将流道内货物取出。

说明 2 货架区内作业人员移动速度限定设置。

驶入式货架模型参数不含叉车在驶入式货架内的移动速度设置，可采用货架区属性进行区域登记、在叉车"属性—区属性"中设定登记区域内叉车移动速度。选择货架区"属性—要素 / 控制"，弹出窗口如图 4-9 所示，勾选区域登记并指定区 ID，对驶入式货架区的相关信息进行登记，以便作业人员对货架区进行识别。随后选择作业管理器作业人员"属性—区属性"，弹出窗口如图 4-10 所示，勾选"有效"，并单击现有的区段 ID 设置，将会显示出所有已经登记过的货架区信息，将驶入式货架的指定速度设定为相对值 30%。

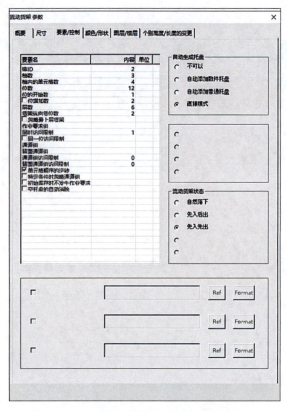

图 4-8 流动货架"属性—要素/控制"窗口

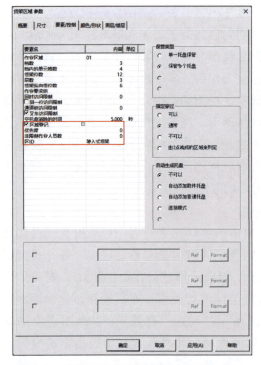

图 4-9 货架区域"属性—要素/控制"窗口

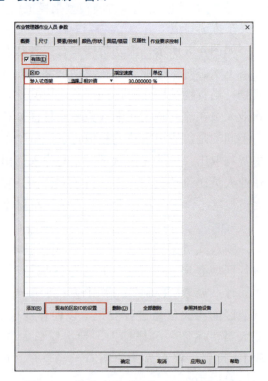

图 4-10 作业人员"属性—区属性"窗口

2. 作业流程

参照图 4-11 建立设备间的连接，完成相关作业管理器的程序编写。

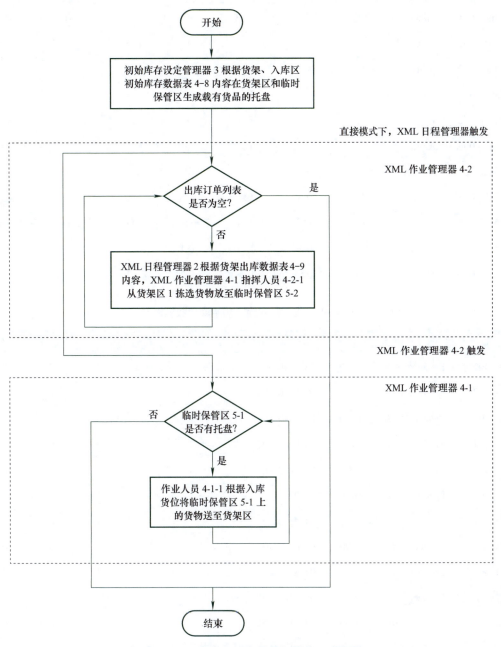

图 4-11　密集式托盘货架场景作业流程图

3. 仿真数据

根据表 4-7～表 4-9 制作仿真数据文件，并导入仿真模型进行运行调试。

表4-7 商品管理文件

name	style	count	length	width	height	red	green	blue
Product_001	Bara	1	0.01	0.01	0.01	1	0	0
Product_001	Inner	12	0.2	0.13	0.1	1	0	0
Product_001	Outer	120	0.6	0.4	0.3	1	0	0
Product_002	Bara	1	0.01	0.01	0.01	0	1	0
Product_002	Inner	12	0.2	0.13	0.1	0	1	0
Product_002	Outer	120	0.6	0.4	0.3	0	1	0
Product_003	Bara	1	0.01	0.01	0.01	0	0	1
Product_003	Inner	12	0.2	0.13	0.1	0	0	1
Product_003	Outer	120	0.6	0.4	0.3	0	0	1
Product_004	Bara	1	0.01	0.01	0.01	1	1	0
Product_004	Inner	12	0.2	0.13	0.1	1	1	0
Product_004	Outer	120	0.6	0.4	0.3	1	1	0

表4-8 货架、入库区初始库存数据表

OrderListID	ProductID	Quantity	Location	Device	Destination	ColorR	ColorG	ColorB
ID001	Product_001	1000	01-01-02-01			1	0	0
ID002	Product_001	1000	01-01-02-01			1	0	0
ID003	Product_001	1000	01-01-02-01			1	0	0
ID004	Product_001	1000	01-01-02-01			1	0	0
ID005	Product_001	1000	01-01-02-01			1	0	0
ID006	Product_001	1000	01-01-02-01			1	0	0
ID007	Product_001	1000	01-01-02-01			1	0	0
ID008	Product_001	1000	01-01-02-01			1	0	0
ID009	Product_001	1000	01-01-02-01			1	0	0
ID010	Product_001	1000	01-01-02-01			1	0	0
ID011	Product_001	1000	01-01-02-01			1	0	0
ID012	Product_001	1000	01-01-02-01			1	0	0
ID013	Product_001	1000	02-01-02-01			0	1	0
ID014	Product_001	1000	02-01-02-02			0	1	0
ID015	Product_001	1000	02-01-02-01			0	1	0

（续）

OrderListID	ProductID	Quantity	Location	Device	Destination	ColorR	ColorG	ColorB
ID016	Product_001	1000	02-01-02-02			0	1	0
ID017	Product_001	1000	02-01-02-01			0	1	0
ID018	Product_001	1000	02-01-02-02			0	1	0
ID019	Product_001	1000	02-01-02-01			0	1	0
ID020	Product_001	1000	02-01-02-02			0	1	0
ID021	Product_001	1000	02-01-02-01			0	1	0
ID022	Product_001	1000	02-01-02-02			0	1	0
ID023	Product_001	1000	02-01-02-01			0	1	0
ID024	Product_001	1000	02-01-02-02			0	1	0
ID025	Product_001	1000	03-02-03-01			1	0	0
ID026	Product_001	1000	03-02-03-01			1	0	0
ID027	Product_001	1000	03-02-04-01			0	0	1
ID028	Product_001	1000	03-02-04-01			0	0	1
ID029	Product_001	1000	03-02-05-01			0	1	0
ID030	Product_001	1000	03-02-05-01			0	1	0
ID031	Product_001	1000	03-02-06-01			1	0	0
ID032	Product_001	1000	03-02-06-01			1	0	0
ID033	Product_001	1000	03-02-07-01			0	0	1
ID034	Product_001	1000	03-02-07-01			0	0	1
ID035	Product_001	1000	03-02-08-01			0	1	0
ID036	Product_001	1000	03-02-08-01			0	1	0
ID037	Product_001	1000	04-01-02-01			1	0	0
ID038	Product_001	1000	04-01-02-02			0	1	0
ID039	Product_001	1000	04-02-02-03			0	0	1
ID040	Product_001	1000	04-02-03-01			1	0	0
ID041	Product_001	1000	04-04-04-01			0	1	0
ID042	Product_001	1000	04-04-04-03			0	0	1
ID043	Product_001	1000		5-1	01-01-01-01	1	0	0
ID044	Product_001	1000		5-1	01-01-01-01	1	0	0
ID045	Product_001	1000		5-1	02-01-01-01	0	1	0
ID046	Product_001	1000		5-1	02-01-01-01	0	1	0
ID047	Product_001	1000		5-1	03-02-01-01	0	1	0
ID048	Product_001	1000		5-1	03-02-01-01	0	1	0
ID049	Product_001	1000		5-1	04-01-04-01	1	0	0
ID050	Product_001	1000		5-1	04-01-04-02	0	1	0

注：初始库存数据表中"Device"列表示生成初始库存的设备名，在此实验中"5-1"为临时保管区名称，在临时保管区 5-1 上初始存储整托盘货物。

表 4-9 货架出库数据表

OrderListID	ProductID	Quantity	Style	From	Location
ID001	Product_001	720	Bara	3	01-01-02-01
ID002	Product_001	720	Bara	3	01-01-02-01
ID003	Product_001	720	Bara	3	01-01-02-01
ID004	Product_002	720	Bara	3	02-01-02-01
ID005	Product_002	720	Bara	3	02-01-02-02
ID006	Product_002	720	Bara	3	02-01-02-01
ID007	Product_003	720	Bara	3	03-02-03-01
ID008	Product_003	720	Bara	3	03-02-03-01
ID009	Product_004	720	Bara	3	04-01-02-01
ID010	Product_004	720	Bara	3	04-01-02-02

说明 3 驶入式、重力式货架货位管理方式。

驶入式、重力式货架同一货架流道使用同一货位编号。

在驶入式货架内，同一货架流道内货位不区分层数，以场景中驶入式货架 01-01-02-01 货位为例，货物存放顺序如图 4-12a 中数字所示。在同一货架流道内货物由下到上、由内到外依次存货，货物出库顺序与存货顺序相反。

在重力式货架内，货位区分层数，以场景中重力式货架 02-01-02-01 和 02-01-02-02 货位为例，货物存放顺序如图 4-12b 中数字所示，在同一货架流道内货物由内到外依次存放。货物出库顺序在先入先出设定下，与存货顺序相同；在先入后出设定下，与存货顺序相反。

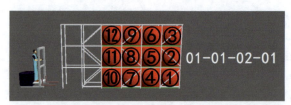

a) 场景中驶入式货架货位 01-01-02-01

b) 场景中流动式货架货位 02-01-02-02 和 02-01-02-01

图 4-12 货架流道内货物存货顺序示意图

4.2.4 虚拟仿真场景实现

1. 设备连接

表 4-10 列出了密集式托盘货架虚拟仿真场景中模型设备之间的参考连接方式。

表 4-10　密集式托盘货架场景设备连接信息表

起始连接设备		终端连接设备		连接方式
类　　型	编　号	编　号	类　　型	
XML 日程管理器	2	4-2	XML 作业管理器	连接到日程表对象设备
初始库存设定管理器	3	1-1	货架区（连接货架区而非单排货架）	连接到仓库
		1-2	货架区（连接货架区而非单排货架）	连接到仓库
		1-3	货架区（连接货架区而非单排货架）	连接到仓库
		1-4	移动货架	连接到仓库
XML 作业管理器	4-1	5-1	临时保管区	连接到目标设备 1
		3	初始库存设定管理器	连接到目标设备 2
	4-2	3	初始库存设定管理器	连接到目标设备 1
		5-2	临时保管区	连接到目标设备 2
		4-1	XML 作业管理器	连接到目标设备 3

2. 程序指令

扫描前言中的二维码下载密集式托盘货架虚拟仿真场景参考程序。

3. 仿真数据文件制作及运行设置

在用 XML 变换工具进行转换时，在出库 XML 文件设定窗口中，将"OrderMasterDevice"设为"2"（对应 XML 日程管理器 2），"OrderSubDevice"设为"4-2"（对应 XML 作业管理器 4-2）。XML 变换工具窗口（图 1-11）中"StockInitializeData.csv"对应的"备注①"处填写"3"（对应初始库存设定管理器 3）。

4.2.5　思考讨论

习题　参照图 4-13～图 4-15 中布局方案，在 17300mm×9800mm 仓库内分别设置单深位托盘货架、驶入式货架和压入式货架模型，所有类型货架均为三层，叉车巷道宽 3000mm，存储 1200mm×1000mm 标准托盘货物，托盘之间以及托盘与横梁间距 50mm。自行设计出入库任务进行仿真，对数据结果进行分析，填写货架方案性能分析表（表 4-11）。

表 4-11　货架方案性能分析表

货架类型	仓储占地比例	巷道占地比例	作业耗时	SKU 数量
横梁式货架				
压入式货架				
驶入式货架				

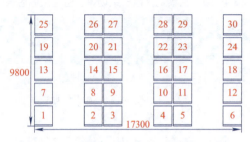

图 4-13 单深位托盘货架平面布局示意图

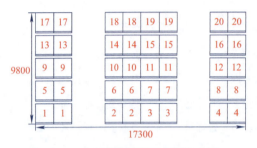

图 4-14 压入式货架平面布局示意图

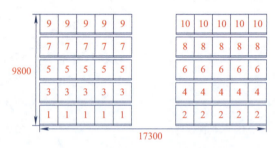

图 4-15 驶入式货架平面布局示意图

4.3 托盘自动化立体仓库

4.3.1 学习目标

1. 理论知识

仓库装备：了解托盘自动化立体仓库、码垛机械手、自动化拆/叠盘机、有轨制导车辆（RGV）的工作原理、基本性能和选型原则。

2. 仿真技术

1）设备模型：掌握托盘自动化立体仓库、码垛机械手、自动化拆/叠盘机、有轨制导车辆的设置方法；熟悉自动化立体仓库初始库存设置及出入库控制方法。

2）程序指令：理解程序指令 SHIP_REQUEST 的应用方法。

4.3.2 理论知识

1. 托盘自动化立体仓库堆垛机

托盘自动化立体仓库堆垛机是一种工作在固定的两排货架之间的轨道上运行的托盘存取设备。托盘堆垛机通常用于搬运托盘货物。

典型的自动存取操作过程是巷道堆垛机在货架一端入库站台，通过堆垛机载货台上的伸缩货叉取入库站台上的货物至载货台，然后运行至指定空货位，由堆垛机载货台上的伸缩货叉放置货物至货位上,最后堆垛机空载返回货架入库站台,如图 4-16 所示。以上是一次单指令作业模式,即在连续两次访问出/入库站台之间仅完成一次货物出库或入库任务。双指令作业模式是从入库站台取货,将货物送至指定货架空货位放置货物,然后空载移动至需要取货物的货位,取出货物后将它送至出库站台。在双指令运行周期中,堆垛机在连续两次访问出入库站台之间,完成入库上架和出库下架两个作业。堆垛机行走特点是在垂直方向和水平方向同时运动。因此,在货架内的单次运行时间等于从起点到终点水平运行时间和垂直运行时间的最大值。

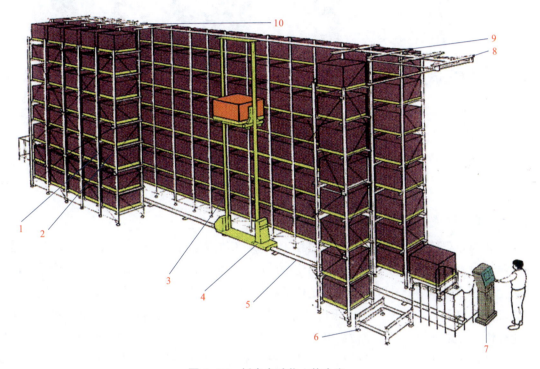

图 4-16 托盘自动化立体仓库

1— 货架 2— 货物 3— 有轨堆垛机 4— 控制柜 5— 地轨
6— 出入库站台 7— 监控柜 8— 悬伸部分 9— 天轨 10— 天轨支撑

典型的托盘自动化立体仓库采用单深位存储,每个巷道配有一台堆垛机,一台堆垛机载货台最大承载单个托盘货物。

根据现场需求,货架货位深度、载货台承载货物托盘数量、巷道与堆垛机对应数量以及出入库站台配置都可以进行调整,如图 4-17 所示。在库内存储货物品项数量相对较少、存储货物数量较多而库内空间有限的情况下,可以采用双深位货架,即同一品项货物存储在同一货位通道内,而每一个货位通道可以存储两托货物,堆垛机货叉的伸缩距离也延长至双托盘的深度,也被称为双伸位堆垛机;当系统吞吐量要求较高时,堆垛机载货台可以沿巷道方向加长,最大承载两个整托盘的货物,也被称为双工位堆垛机;当系统吞吐量较小,不值得为每条巷道配备一台堆垛机时,多个巷道通道可以共用一台堆垛机,通过在巷道头端设计专门的转轨装置,可以实现同一台堆垛机在不同巷道内运行,该种设备被称为转轨堆垛机,如图 4-17 所示。

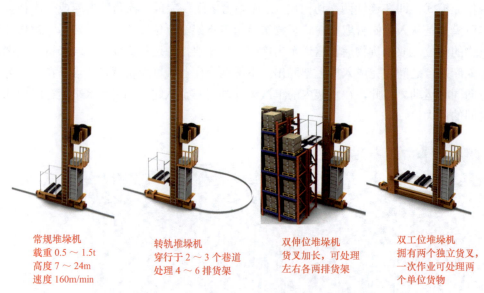

常规堆垛机
载重 0.5~1.5t
高度 7~24m
速度 160m/min

转轨堆垛机
穿行于 2~3 个巷道
处理 4~6 排货架

双伸位堆垛机
货叉加长，可处理
左右各两排货架

双工位堆垛机
拥有两个独立货叉，
一次作业可处理两
个单位货物

图 4-17 托盘自动化立体仓库堆垛机类型示意图

2. 有轨制导车辆

有轨制导车辆（Rail Guided Vehicle，RGV）（仿真运行环境—工具栏—平板车）是一类按照计划和指令进行物料输送的自动化搬运设备，主要用于连接自动化立体仓库系统出入库站台、各种缓冲站、升降机和线边工位等物流节点，如图 4-18 所示。RGV 按运动方式可分为环形往复和直线往复，相比于自动导引车（AGV），其导轨固定，加速度和移动速度都比较快，行走平稳，停车定位精度较高，适合运送重型工件，在一些物流方案中可以取代配置相对复杂而且机动性差的输送机系统。根据不同的物流规模和频度，同一轨道可以配置多台 RGV 同时工作以满足现场作业需求。

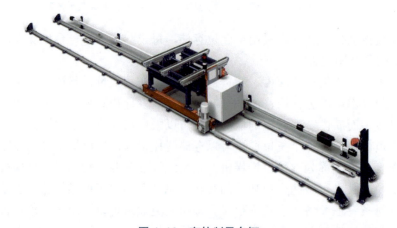

图 4-18 有轨制导车辆

3. 自动拆/叠盘机

自动拆/叠盘机（仿真运行环境—菜单栏—设备—摞放机）用于托盘输送系统中，回收输送线上的空托盘或向输送线分发空托盘。其中，拆盘机是将堆叠好的托盘垛按需求进行逐个分离后，通过输送线送至码垛装置或工位，由设备/人员在空托盘上码垛货物；叠盘机是将拣选货物产生的空托盘经输送机逐个送至叠盘机位，将托盘自动堆叠成一垛，通常每垛有6～10个托盘，堆积好的托盘垛入库保存或重新分发使用。自动拆盘机和叠盘机的外形结构相近，如图4-19所示。

4. 机器人自动码垛系统

码垛机器人（仿真运行环境—工具栏—机器人2）是一类安装专门的夹具工业标准机器人，抓取货物后按照预先设定好的码垛方式将其放置于指定托盘内。一套机器人自动码垛系统通常由箱式输送机、码垛机器人、托盘输送机等设备和多种电气元件、驱动元件及检测元件构成。箱式输送机将待码箱装货物送至待抓取工位，托盘输送机将空托盘送至码垛工位，由工业标准机器人通过专门的抓具将抓取工位的货物码放至码垛工位的空托盘内，如图4-20所示。

图4-19 自动拆/叠盘机

图4-20 机器人自动码垛系统

4.3.3 虚拟仿真场景设计

建立托盘自动化立体仓库场景模型如图4-21所示，模型包括收货月台、入库区、自动化立体仓库区、出库区、发货月台五部分。自动化立体仓库区设置两组自动化仓库1-1和1-2，每组自动化仓库包含两排托盘横梁式立体货架。每个货架巷道内都含一台托盘堆垛机，巷道一端设置入库站台与出库站台各一套（1-1-1、1-1-2/1-2-1、1-2-2）。在自动化仓库出/入库口一侧设置平板车系统11，平板车（即RGV）在轨道上往复输送货物。平板车系统设置六个出入站台，其中四个出/入站台11-1、11-2、11-3、11-4分别与自动化仓库的出/入站台1-1-1、1-1-2、1-2-2、1-2-1相连，另外两个出/入站台11-5、11-6分别与入库区和出库区内的直线输送机10-5、10-6相连。

扫码观看视频

1）入库：XML日程管理器2根据表4-15内容，管理部件生成器7按照入库数据表内容生成整箱货物，经直线输送机10-1送至装货平台8前，自动拆/叠盘机6-2从叠放的空托盘下方拆出一个空托盘经输送机10-4送至装货平台8上，码垛机械手9抓取整箱货物码垛至装货平台8内的托盘上。码垛完成的托盘货物达到直线输送机10-5触发XML作业管理器5-1根据托盘上货物信息在托盘信息内写入分类码及货位信息，之后进入RGV输入站台11-5，RGV11根据托盘上的分类码将该托盘货物送至对应的RGV输出站台11-2、11-3，进入与之相连的自动化仓库入库站台1-1-2、1-2-2，由堆垛机将托盘货物送至指定货位存放。

2）出库：初始库存设定管理器3根据表4-14内容，在自动化仓库上指定货位生成规定数量的载有货物的托盘。XML日程管理器2根据表4-16内容，对自动化仓库控制器4发出指令控制自动化仓库出库，控制堆垛机将指定货位的货物送至巷道前端出库站台。货物到达RGV输入站台11-1、11-4，经RGV11运输至输出站台11-6，到达直线输送机10-6触发XML作业管理器5-2指挥人员驾驶叉车5-2-1将托盘上的货物卸载至临时保存区13，卸载产生的空托盘投入直线输送机10-2，经自动叠盘机6-1完成空托盘叠放作业，供后续自动拆盘机6-2使用。

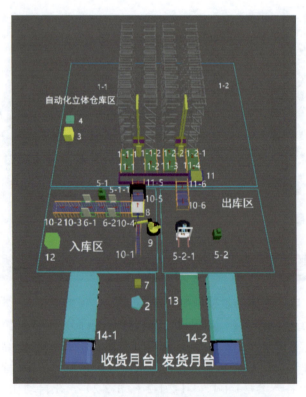

图4-21　托盘自动化立体仓库场景模型示意图

1. 设备模型

依据表4-12在仿真软件中配置模型设备属性参数。

表 4-12　托盘自动化立体仓库场景设备属性配置表

编　号	设　备	属　性	参　数　值
1-1、1-2	自动化仓库	尺寸—单元格的长度	1100mm
		尺寸—单元格的宽度	1100mm
		尺寸—单元格的高度	1100mm
		尺寸—货架的间隔	2300mm
		要素/控制—排数	2
		要素/控制—排开始数	1
		要素/控制—位数	10
		要素/控制—层数	5
		进出库逻辑—入库逻辑	bank、bay、level 的 0 指定部分是自动化入库逻辑，其他部分是指定位置
		要素/控制—作业区域	1-1：01 1-2：02
1-1-1、1-2-1	OutMode（自动化仓库子设备 I/O 部分）	（详见说明 1）	
1-1-2、1-2-2	InMode（自动化仓库子设备 I/O 部分）		
2	XML 日程管理器	概要—设备名	2
3	初始库存设置管理器	概要—设备名	3
4	自动化仓库控制器	概要—设备名	4
5-1	XML 作业管理器（读取 3D 文件的详细方法可参考装备篇实验 11）	作业人员生成・删除—工作人员尺寸属性—读取 3DS 文件	读入对应的 3DS 文件
		作业人员生成・删除—工作人员颜色形状属性—绘图 3D 文件	勾选
5-2	XML 作业管理器	默认参数	
5-1-1	作业人员（由 5-1 添加作业人员而来）	要素/控制—取得时间	0s
		要素/控制—放置时间	0s
5-2-1	作业人员（由 5-2 添加作业人员而来）	颜色/形状—形状	叉车
6-1	摞放机	要素/控制—模式	摞放
		要素/控制—装载数	16
		颜色/形状—形状 2	滚轴输送机
6-2	摞放机	要素/控制—模式	分开托盘 （详见说明 2）
		颜色/形状—形状 2	滚轴输送机
7	部件生成器	默认参数	
8	装载平台	要素/控制—满载的判定方式	判定装载数
		要素/控制—装货数	8
		要素/控制—批处理中最后的货物的处理	放置
9	机器人 2	颜色/形状—形状	FANUC R-2000iA

(续)

编　号	设　备	属　性	参　数　值
10-1	直线输送机	尺寸—长度	3000mm
		尺寸—宽度	400mm
		尺寸—高度	895mm
		颜色/形状—形状2	滚轴输送机
10-2～10-6	直线输送机	尺寸—长度	1200mm
		尺寸—宽度	1100mm
		尺寸—高度	895mm
		颜色/形状—形状2	滚轴输送机
11	平板车	尺寸—基盘的长度	8000mm
		尺寸—基盘的宽度	900mm
		要素/控制—用于选择下一个设备的变量	分类代码（详见说明3）
		要素/控制—发送逻辑	根据到达顺序强制发送
11-2、11-3、11-6	OutMode（平板车子设备 I/O 部分）	概要—设备名	11-2：IN1 11-3：IN2 11-6：SHIP
11-1、11-4、11-5	InMode（平板车子设备 I/O 部分）	默认参数	
12	托盘生成器	概要—设备名	12
		要素/控制—最大生成数	20
		要素/控制—生成间隔	5s
13	临时保管区	尺寸—长度	4000mm
		尺寸—宽度	1000mm
14-1、14-2	卡车	默认参数	

说明1 自动化仓库出入库站台生成。

右键单击自动化仓库，选择"I/O 部分的添加（InMode）"生成入库站台，选择"I/O 部分的添加（OutMode）"生成出库站台。

说明2 摞放机（自动拆/叠盘机）的设置及使用。

在摞放机的"属性—要素/控制—模式"栏中，设置作业模式："摞放"是指将多个空托盘垂直堆叠起来，工作模式为自动叠盘机；"分开托盘"是将堆叠在一起的空托盘由下到上逐个拆分开，工作模式为自动拆盘机。注意托盘的尺寸需小于或等于摞放机的尺寸，以保证摞放机正常作业。

说明3 平板车（有轨制导车辆）的设置及控制方式。

右键单击平板车，选择"I/O 部分的添加（InMode）"或"I/O 部分的添加（OutMode）"可在平板车轨道两侧添加输入/输出站台。当货物进入输入站台时，平板车根据货物携带的信息（目的地/条码/分类代码），送至设备名为信息内容的输出站台。货物信息类型在平板车"属性—要素/控制—用于选择下一个设备的变量"中选择。

2. 作业流程

参照图 4-22 建立设备间的连接，完成相关作业管理器的程序编写。

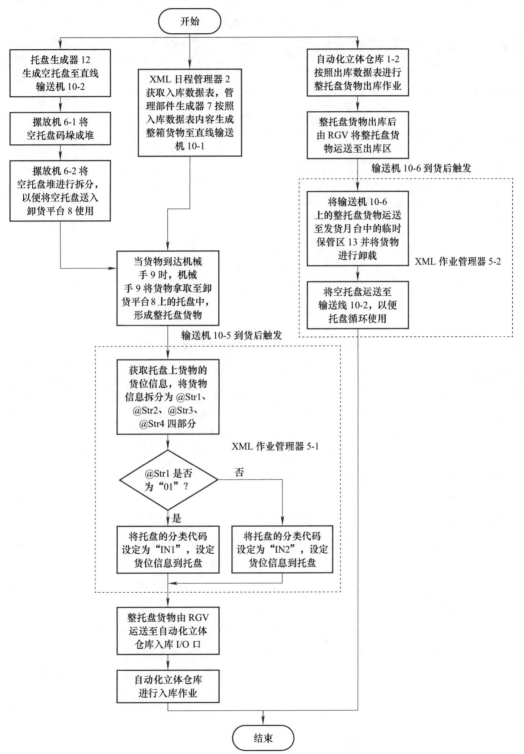

图 4-22　托盘自动化立体仓库场景作业流程图

3. 仿真数据

根据表 4-13～表 4-16 制作仿真数据文件,并导入仿真模型进行运行调试。

表 4-13 商品管理文件

name	style	count	length	width	height	red	green	blue
Product_001	Bara	1	0.01	0.01	0.01	1	0	0
Product_001	Inner	12	0.2	0.13	0.1	1	0	0
Product_001	Outer	120	0.6	0.4	0.3	1	0	0
Product_002	Bara	1	0.01	0.01	0.01	0	1	0
Product_002	Inner	12	0.2	0.13	0.1	0	1	0
Product_002	Outer	120	0.6	0.4	0.3	0	1	0
Product_003	Bara	1	0.01	0.01	0.01	0	0	1
Product_003	Inner	12	0.2	0.13	0.1	0	0	1
Product_003	Outer	120	0.6	0.4	0.3	0	0	1
Product_004	Bara	1	0.01	0.01	0.01	1	1	0
Product_004	Inner	12	0.2	0.13	0.1	1	1	0
Product_004	Outer	120	0.6	0.4	0.3	1	1	0

表 4-14 自动仓库初始库存数据表

OrderListID	ProductID	Quantity	Location	BarCode	ReferenceDevice	Style
ID001	Product_001	1200	01-01-01-01	::SELF_LOCATION	12	Outer
ID002	Product_002	1200	01-02-01-01	::SELF_LOCATION	12	Outer
ID003	Product_003	1200	02-01-01-01	::SELF_LOCATION	12	Outer
ID004	Product_004	1200	02-02-01-01	::SELF_LOCATION	12	Outer
ID005	Product_001	1200	01-01-03-01	::SELF_LOCATION	12	Outer
ID006	Product_002	1200	01-02-03-01	::SELF_LOCATION	12	Outer
ID007	Product_003	1200	02-01-03-01	::SELF_LOCATION	12	Outer
ID008	Product_004	1200	02-02-03-01	::SELF_LOCATION	12	Outer
ID009	Product_001	1200	01-01-05-01	::SELF_LOCATION	12	Outer
ID010	Product_002	1200	01-02-05-01	::SELF_LOCATION	12	Outer

注:在商品条码信息"BarCode"列填入"::SELF_LOCATION",表示以所在库位编码作为托盘条码信息。新加"ReferenceDevice"列和"Style"列,实现在初始化时货架上生成带托箱包货物。其中,"ReferenceDevice"列中数字"12"对应托盘生成器 12 的名称,实现参考托盘生成器 12 的属性设置初始化生成托盘的功能;"Style"列中"Outer"表示初始化生成托盘上货物的包装形式为箱包。

说明 4 初始库存生成散件托盘。

由于不同货物需使用不同的码垛方式,可通过货架(自动仓库)初始库存数据表设置货架（自动仓库）上托盘以及货物的初始化形状，具体操作步骤如下：

① 该功能需使用 XML 转换工具 4.5.3 版本，该版本的转换工具可在乐龙软件安装包内寻找，其默认文件名为"XMLConvertTool.xls"。

② 在货架初始库存数据表中添加"ReferenceDevice"列，"ReferenceDevice"列中指定参考的托盘生成器名称，在模型中需要添加对应名称的托盘生成器。具体功能为所有货位上自动生成的托盘参考被指定的托盘生成器的属性设置。

③ 在货架初始库存数据表中添加"Style"列，"Style"列中填写表示货物包装形式的字段，如"Outer"表示货物的包装形式为箱包，"Inner"表示货物的包装形式为中包，"Bara"表示货物的包装形式为单品。

表 4-15　入库数据表

OrderListID	ProductID	Quantity	Style	Location2
ID001	Product_001	960	Outer	01-01-01-03
ID001	Product_001	240	Outer	01-01-02-03
ID002	Product_002	960	Outer	02-02-05-02
ID002	Product_002	240	Outer	02-02-06-02
ID003	Product_003	960	Outer	01-02-01-02
ID003	Product_003	240	Outer	01-02-02-02
ID004	Product_004	960	Outer	02-01-03-03
ID004	Product_004	240	Outer	02-01-04-03
ID005	Product_001	960	Outer	01-01-03-03
ID005	Product_001	240	Outer	01-01-04-03
ID006	Product_002	960	Outer	02-02-07-02
ID006	Product_002	240	Outer	02-02-08-02
ID007	Product_003	960	Outer	01-02-03-02
ID007	Product_003	240	Outer	01-02-04-02
ID008	Product_004	960	Outer	02-01-05-03
ID008	Product_004	240	Outer	02-01-06-03

表 4-16　自动仓库出库数据表

OrderListID	ProductID	ShippingBarCode	AssortCode
ID001	Product_001	01-01-01-01	SHIP
ID002	Product_002	01-02-01-01	SHIP
ID003	Product_003	02-01-03-01	SHIP
ID004	Product_004	02-02-03-01	SHIP

注："AssortCode"列用来给出库货物打上分类码"SHIP"，"SHIP"为平板车 11 子设备输出站台 11-6 的设备名。

4.3.4 虚拟仿真场景实现

1. 设备连接

表 4-17 列出了托盘自动化立体仓库虚拟仿真场景中模型设备之间的参考连接方式。

表 4-17 托盘自动化立体仓库场景设备连接信息表

起始连接设备		终端连接设备		连接方式
类 型	编 号	编 号	类 型	
OutMode（自动化仓库子设备 I/O 部分）	1-1-1	11-1	InMode（平板车子设备 I/O 部分）	连接下一个设备
	1-2-1	11-4	InMode（平板车子设备 I/O 部分）	连接下一个设备
XML 日程管理器	2	4	自动化仓库控制器	连接到日程表对象设备（详见说明 5）
		7	部件生成器	连接到日程表对象设备
初始库存设定管理器	3	1-1	自动化仓库	连接到仓库
		1-2	自动化仓库	连接到仓库
自动化仓库控制器	4	1-1	自动化仓库	连接自动化仓库（详见说明 5）
		1-2	自动化仓库	连接自动化仓库
XML 作业管理器	5-2	10-6	直线输送机	连接到目标设备 1
		13	临时保管区	连接到目标设备 2
		10-2	直线输送机	连接到目标设备 3
摞放机	6-2	10-4	直线输送机	连接下一个设备
部件生成器	7	10-1	直线输送机	连接下一个设备
装载平台	8	10-5	直线输送机	连接下一个设备
机器人 2	9	8	装载平台（连接装载平台上的箭头（即装货位置）而非装载平台）	连接下一个设备
直线输送机	10-1	9	机器人 2	连接下一个设备
	10-2	10-3	直线输送机	连接下一个设备
	10-3	6-1	摞放机	连接下一个设备
	10-4	8	装载平台（连接装载平台本体）	连接下一个设备
	10-5	5-1	XML 作业管理器	连接作业管理器（货物到达时）
		11-5	InMode（平板车子设备 I/O 部分）	连接下一个设备
	10-6	5-2	XML 作业管理器	连接作业管理器（货物到达时）
OutMode（平板车子设备 I/O 部分）	11-2	1-1-2	InMode（自动化仓库子设备 I/O 部分）	连接下一个设备
	11-3	1-2-2	InMode（自动化仓库子设备 I/O 部分）	连接下一个设备
	11-6	10-6	直线输送机	连接下一个设备
托盘生成器	12	10-3	直线输送机	连接下一个设备

说明 5 自动化仓库控制器应用方法。

XML 日程管理器 2 控制自动化仓库控制器 4 指挥自动化仓库 1-1 和自动化仓库 1-2 内堆垛机按表 4-16 任务出库。

2. 程序指令

扫描前言中的二维码下载托盘自动化立体仓库虚拟仿真场景参考程序。

重点理解指令 SHIP_REQUEST 使用方法：

◇ SHIP_REQUEST：向自动化仓库控制器发送对指定货位 / 条码货物的出库指令。

3. 仿真数据文件制作及运行设置

在用 XML 变换工具进行转换时，在入库 XML 文件设定窗口中，将参数"OrderMasterDevice"设为"2"（对应 XML 日程管理器 2），"OrderSubDevice"设为"7"（对应部件生成器 7），在出库 XML 文件设定窗口中，将参数"OrderMasterDevice"设为"2"（对应 XML 日程管理器 2），"OrderSubDevice"设为"4"（对应自动化仓库控制器 4）。XML 变换工具窗口（图 1-11）中"StockInitializeData.csv"对应的"备注①"处填写"3"（对应初始库存设定管理器 3）。

4.3.5 思考讨论

习题 1 自动化仓库的出库控制方法。

方法一：使用"CraneShipmentData.csv"模板由自动化仓库控制器按照任务表中顺序自动出库。

方法二：由 XML 作业管理器通过专用指令 SHIP_REQUEST，按照出库数据对自动仓库控制器发出出库指示。

方法三：通过自动化仓库控制器读取 DAT 文件的方式控制自动化仓库出库，操作方法如下：

扫码观看视频

1）选择自动化仓库控制器的"属性—要素 / 控制"，在弹出窗口中勾选"出库信息文件"，单击"Format"按钮，勾选"排、位、层"与"出库口"。

2）新建一个 txt 格式文件，根据出库信息表 4-18 写入出库信息，如图 4-23 所示，保存后更改文件名为"shipment.dat"。

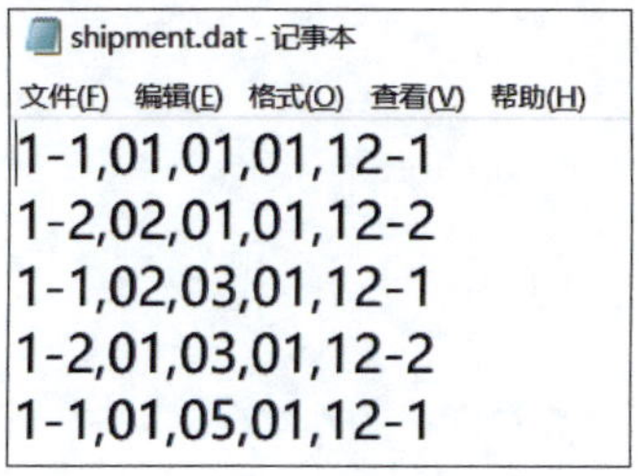

图 4-23 订单信息

表 4-18 出库信息表

出库订单序号	自动化仓库设备名	货物所在排	货物所在位	货物所在层	出库口名称
①	1-1	01	01	01	12-1
②	1-2	02	01	01	12-2
③	1-1	02	03	01	12-1
④	1-2	01	03	01	12-2
⑤	1-1	01	05	01	12-1

3）选择自动化仓库控制器"属性—要素/控制"，在弹出窗口中勾选"出库信息文件"，单击"Ref"按钮，选择"shipment.dat"文件，单击"打开"按钮，最后单击"确定"按钮退出。

请采用方法二和方法三，实现本实验要求的出库任务。

习题 2 设计托盘自动化立体仓库货到人整箱拣选系统。

如图 4-24 所示，在托盘自动化仓库出入库口上方新建高 4m 的二层平台，用于货到人整箱拣选作业。参照表 4-19 在二层平台上配置设备模型，参照表 4-20 进行设备连接。表 4-21 为出库任务，在原有整托盘出库任务的基础上，添加了整箱拣选任务。自动化立体仓库 1-1、1-2 内托盘货物从出库站台 1-3-1、1-4-1 出库后，经输送线送至直线输送机 10-7、10-8，由工作人员 5-3-1、5-4-1 将整箱货物放置到笼车 15-1、15-2 内。拣选完成后，剩余托盘货物经过入库站台 1-3-2、1-4-2 重新进入自动化立体仓库 1-1、1-2 存储。

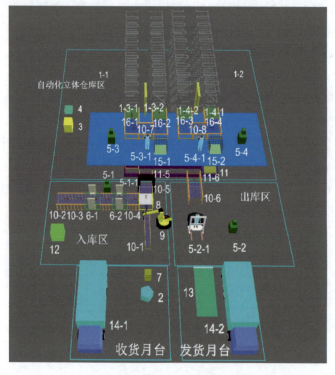

图 4-24 托盘自动化立体仓库二层整箱拣选场景模型

表 4-19 托盘自动化立体仓库场景设备属性配置表（续表 4-12）

编　　号	设　　备	属　　性	参　数　值
1-3-1、1-4-1	OutMode（自动化仓库子设备 I/O 部分）	默认参数	
1-3-2、1-4-2	InMode（自动化仓库子设备 I/O 部分）		
5-3、5-4	XML 作业管理器	默认参数	
5-3-1、5-4-1	作业人员（由 5-3、5-4 添加作业人员而来）	颜色/形状—形状	作业人员（男性）
10-7、10-8	直线输送机	尺寸—长度	1200mm
		尺寸—宽度	1200mm
		尺寸—高度	700mm
		颜色/形状—形状 2	滚轴输送机
15-1、15-2	笼车	尺寸—高度	1000mm
16-1	左折输送机	尺寸—第一部分的长度	1000mm
		尺寸—第二部分的长度	500mm
		尺寸—宽度	1200mm
		尺寸—高度	700mm
		颜色/形状—形状 2	滚轴输送机
16-2	左折输送机	尺寸—第一部分的长度	500mm
		尺寸—第二部分的长度	1000mm
		尺寸—宽度	1200mm
		尺寸—高度	700mm
		颜色/形状—形状 2	滚轴输送机
16-3	右折输送机	尺寸—第一部分的长度	500mm
		尺寸—第二部分的长度	1000mm
		尺寸—宽度	1200mm
		尺寸—高度	700mm
		颜色/形状—形状 2	滚轴输送机
16-4	右折输送机	尺寸—第一部分的长度	1000mm
		尺寸—第二部分的长度	500mm
		尺寸—宽度	1200mm
		尺寸—高度	700mm
		颜色/形状—形状 2	滚轴输送机

表 4-20　托盘自动化立体仓库场景设备连接信息表（续表 4-17）

起始连接设备		终端连接设备		连接方式
类　　型	编　号	编　号	类　　型	
OutMode（自动化仓库子设备 I/O 部分）	1-3-1	16-1	左折输送机	连接下一个设备
	1-4-1	16-4	右折输送机	连接下一个设备
左折输送机	16-2	1-3-2	OutMode（自动化仓库子设备 I/O 部分）	连接下一个设备
右折输送机	16-3	1-4-2		
左折输送机	16-1	10-7	直线输送机	连接下一个设备
直线输送机	10-7	16-2	左折输送机	连接下一个设备
右折输送机	16-4	10-8	直线输送机	连接下一个设备
直线输送机	10-8	16-3	右折输送机	连接下一个设备

表 4-21　自动仓库出库数据表

OrderListID	ProductID	ShippingBarCode	BarCode	AssortCode	Quantity	Output	Priority
ID001	Product_001	01-01-01-01	ID001	SHIP		1-1-1	1
ID002	Product_002	01-02-01-01	ID002	SHIP		1-1-1	1
ID003	Product_003	02-01-03-01	ID003	SHIP		1-2-1	1
ID004	Product_004	02-02-03-01	ID004	SHIP		1-2-1	1
ID005	Product_002	01-02-03-01	ID005		240	1-3-1	0
ID006	Product_004	02-02-01-01	ID006		240	1-4-1	0

注："BarCode"列对应托盘的条码信息，货物出库后，自动化仓库将托盘条码修改为表格内 BarCode 的设定值；"Quantity"列对应托盘属性/作业通用信息/卸货参数/卸货数，用来指定出库整箱货物的数量；"Output"用于指定托盘出库口；"Priority"指定出库优先级，"0"优先级高于"1"。

4.4　立体货到人拣选系统

4.4.1　学习目标

1. 理论知识

1）仓库装备：了解箱式自动化立体仓库（miniload）、多层穿梭车立体仓库、拣选工作站的工作原理、基本性能和选型原则。

2）组织调度：理解人到货拣选和货到人拣选模式中拣选任务排序策略。

3）工艺流程：掌握近站台货到人拆零拣选作业流程。

2. 仿真技术

掌握箱式自动化立体仓库、多层穿梭车立体仓库、拣选工作站、积放输送机建模方法及参数配置；掌握多元吊车设备双深位和双货叉的设置方式；掌握双深位货架多元吊车货位编码规则和调库方法；掌握箱式自动化立体仓库、多层穿梭车立体仓库出入库控制；掌握拣选工作站内输送机逻辑控制；掌握托盘生成器组生成模式触发方式。

4.4.2 理论知识

1. 立体货到人拣选系统

立体货到人拣选系统将装载货物的料箱或周转箱通过自动化存取设备从料箱立体货架内拣选出来并送至拣选工作站，站内拣货员根据电子标签或灯光提示完成拣选任务，剩余货物料箱通过自动化存取设备送回货架内存储。

根据拣选工作站与整箱自动化存取设备连接方式不同，可将货到人拆零拣选技术分为两类：近站台货到人拣选技术和远站台货到人拣选技术。

在近站台货到人拣选技术中，拣选工作站位于一组或几组货架的巷道端头，自动化存取设备将载货料箱直接运至拣选工作站处拣选，拣选完成后，剩余的货物再送回至货架货位上。因此，拣选工作站与一组或几组货架构成了一套独立的拣选系统。如果现场中包含多组货架和多个拣选工作站，每个拣选工作站固定对应一组或几组货架上的货物，就可能存在同一张订单中货物通过不同拣选工作站拣选的情况，此时需要增加后续合并订单作业环节，如图 4-25 所示。

在远站台货到人拣选技术中，多组拣选工作站与多组存储货架之间设置排队循环缓冲区，自动化存取设备从货架内取出的载货料箱先送至缓冲区，在区域内由搬运设备按照提前设计的线路将料箱带至指定的拣选工作站，拣选完成后的料箱返回缓冲区，通过搬运设备送回至货架，如图 4-26 所示。由于每个拣选工作站拣选品项不再受品项在各组货架分布情况的约束，因而每个拣选工作站能独立完成一张完整客户订单的拣选。

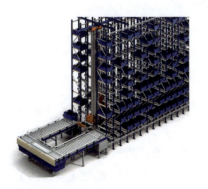
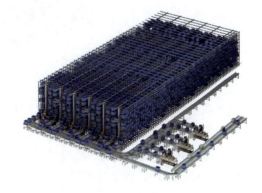

图 4-25　箱式自动化立体仓库近站台货到人拣选系统　图 4-26　箱式自动化立体仓库远站台货到人拣选系统

货到人拣选技术相比于人到货拣选技术的主要优势在于消除了拣货员的行走时间。在人员工资水平高的现场中，节省劳动力是投资选用货到人拣选技术的主要原因。拣货员固定在拣选工作站内作业，管理人员可以方便监督管理所有操作人员的作业进度，更加精准地完成人员的绩效考核。

货到人拣选技术如果设计不合理，订单拣货员会在两个订单拣选间隙出现空闲等待，在这种情况下，实际拣货效率反而低于人到货拣选系统。此外，为了便于设备搬运和人员拣选作业，货到人技术需要提前将货物开箱存储在料箱或货架单元格中，因此相比人到货拣选货物纸箱直接放置于货架的方式，增加了货物换包装的作业时间。

在货到人拣选技术中，采用的整箱自动化存取设备包括箱式自动化立体仓库、多层穿梭车立体仓库。

（1）箱式自动化立体仓库　箱式自动化立体仓库是一种以料箱为存取对象的单元负载自动化仓库，一次取货作业过程包含巷道内堆垛机将单个料箱货物从货架上取出，送至出入口位置；一次存货作业过程包含巷道内堆垛机将出入口处单个料箱货物输送至相应的货架位置。巷道内的料箱堆垛机可以同时实现水平方向和垂直方向的移动，实现货架上的料箱与巷道前端的订单拣选台之间的往返转移。货叉和载货台形式多达数十种。货叉常见的有伸缩插板式货叉、伸缩夹包式货叉等类型。载货台有单工位，也有多工位（最大6工位）。系统最大出入库能力为250次/h。

近站台货到人拣选模式如图4-27所示，一个拣选工作站通常有两个拣选位，当拣货员从一个拣选位上的料箱取货时，堆垛机将另外一个拣选位上刚拣选结束的料箱送回货架，取下一个拣选料箱返回。

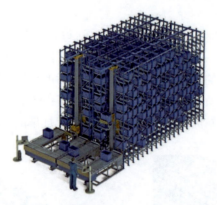

图 4-27　箱式自动化立体仓库拣选系统

（2）多层穿梭车立体仓库　箱式自动化立体仓库货到人设备在一个立体货架巷道内只允许设置一台料箱堆垛机，出入库效率受到限制。如图4-28所示，多层穿梭车立体仓库由穿梭车、提升机和料箱货架组成。料箱货架每层都设置轨道，用于该层穿梭车叉取巷道内指定货位上的料箱货物，然后送至巷道前端出库提升机，由提升机将货物送至拣选工作站输送入口，拣选完成后，若该料箱还有剩余货物，则通过回库提升机送至指定层，由该层穿梭车负责将其送至指定货位存储。相比于传统箱式自动化立体仓库，多层穿梭车仓库的作业能力大幅度提高，同时具备系统构建灵活、设备作业柔性强的优点，如图4-29、图4-30所示。

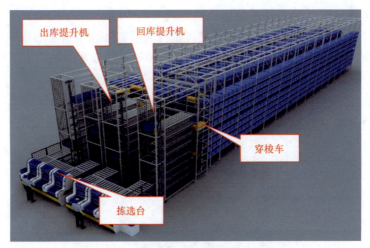

图 4-28 多层穿梭车立体仓库货到人系统

近几年,穿梭车的技术迭代更新速度非常快,创新点主要集中在供电方式、处理箱型尺寸、行驶方向以及智能化四个方面:

1) 供电方式:第一代穿梭车采用锂电池供电,工作一段时间需要定期充电。第二代穿梭车采用轨道内的滑触线供电,虽然解决了充电问题,但是小车换层时有很多的不便。第三代采用超级电容供电,利用在巷道前端或换层提升作业等待的间隙实现快速充电,满足小车在巷道内一次最远距离的往返作业电量需求。

2) 处理箱型尺寸:早期的穿梭车货叉间距固定,因此处理箱型尺寸变化范围有限。为了应对不同箱型货箱的存取要求,货叉间距可变尺寸的穿梭车被研发出来并得到应用。

3) 行驶方向:传统穿梭车只能在两列货架之间的巷道内双向作业,可以借助换层提升机实现换层,但是无法实现更换货架列。当前很多厂家推出四向穿梭车,该车一般具有两套轮系,一套负责 X 方向行走,另一套负责 Y 方向行走。小车在轨道上运行,需要变换方向时,通过更换轮系来实现。

4) 智能化:轨道固定在货架上,因此行走的车辆会导致货架轻微振动,货位上的轻抛货物可能产生位移,最终造成穿梭车无法取货,系统故障报警。这就要求设计多层穿梭式货架时考虑货架整体的安全性、静态稳定性,同时考虑多层穿梭式货架的偏差精度及穿梭小车运行中的动态稳定性等。除了在货架稳定性上下功夫外,还可以通过在小车上加装传感器、增添货叉矫正货箱姿态的程序等,实现料箱位移的自动识别和自动纠偏。

图 4-29 单伸穿梭车

图 4-30 双伸穿梭车

（3）拣选工作站　拣选工作站是整个货到人系统中唯一的人工操作区域，是人与仓库技术之间的接口。工作站内人的主要任务是将站内的货物拣选至指定的订单货格/容器中，拣货行走距离被大幅压缩，但人员寻找货位的思考频次、取放货的动作密度却大幅增加。因此，这就需要从拣选工作站设计入手，通过人机工程学优化，减少抬举、弯腰等人体物理压力，利用智能通信技术提供直观易懂的作业指示，从而保证作业人员能更轻松地专注于手头的任务，降低作业强度和差错率，如图4-31所示。

图4-31　货到人拆零系统拣选工作站

随着机器视觉和机器人抓取技术的进步，市场上出现了在拣选工作站用机器人来代替人工拣选的货到人拆零解决方案。拆零拣选机器人由关节型机器人、灵活可换的夹爪以及大量保护装置构成。设备通过图像识别和图像处理软件识别商品并且计算理想的货物抓取点。拆零拣选机器人利用其夹爪从货物箱中取出准确数量的物品，并放置在对应的订单箱内。

2. 拣选任务排序策略

拣选任务排序的目的是通过对拣货员/设备执行任务的排序进行优化，实现作业效率的提升。在人到货拣选、货到人拣选两类模式中拣选任务排序问题的特点各不相同。

（1）人到货拣选模式中拣选任务排序问题　在单物流单元拣选系统中（例如托盘叉车和单载具堆垛机一次拣货作业只能处理一个托盘，单载具料箱式堆垛机一次拣货作业只能处理一箱货物），拣选单元位置已知，因此拣选路径是确定的。只有一次拣货行程拣选多种货物，访问多个货位，此时拣选任务排序才会对系统效率产生影响。

在人到货拣选模式中，拣货员在派单工作站领取拣货任务单，然后推着拣选叉车或拣货车沿货架巷道进行作业，当完成所有的拣货任务后返回派单工作站附近卸货清空，并领取下一个拣货任务单。由于该系统投资少、可根据拣选量灵活增加或减少拣货员数量，因此至今应用非常广泛。除了采用拣选策略和储位分配策略来减少行走时间之外，还可以通过拣货任务单订单行的排序以及访问货位之间路径的选择，缩短单次拣货行程。人到货拣选模式的拣选任务排序问题是在仓库的形状和布局、订单批量、货物位置、取放货时间、拣货员行走速度确定的前提下的拣选路径优化问题，该问题属于一类特殊的旅行商问题（Travelling Salesman Problem，TSP）。

多平行巷道布局是最简单的一类货架布局方式，所有的货架巷道等长，各排货架之间穿越通道位于货架列的前后两端，如图 4-32 所示。在假设通道宽度对拣货员在通道作业时间没有影响的情况下，Ratliff 和 Roseenthal 提出一种有效的算法求解最优拣货路径。该算法运行快速，但是计算得到的路径却很复杂，增加了拣货员辨识路径的思考时间。在实践中一些简单的启发式算法得到广泛应用。例如贯穿式路径方法，拣货员进入包含一个或多个货位点的拣货巷道，完成作业后走完该巷道，从巷道的另一端退出，值得注意的是，对于最优拣货路径，在某些状况下拣货员进入巷道，完成该巷道全部任务后转身退出的做法更为合理。

另外一种常见的货架布局结构是鱼骨式，如图 4-33 所示，所有货架在中央主干巷道两侧平行排列，派单站在主干巷道的一端。针对该仓库货架布局，通常采用干支拣选路径，拣选的主路线是延干线巷道往返一圈，仅进入有拣货任务的支线巷道，完成后转身返回干线巷道。

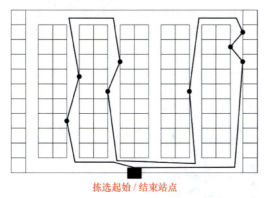

图 4-32 采用贯穿式策略的拣选行走路径

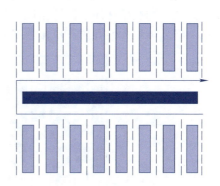

图 4-33 鱼骨式货架布局

在实际中，优化后的最短拣选路径并没有得到广泛应用，原因包括：

1）拣选路径优化的应用范围有限。如果订单包含商品数量少，拣货员凭经验就可能找到捷径。如果订单包含货品数量多，访问货位在仓库内分布广，即使是最优拣选路径也必须穿越大部分的仓库，此时路径优化带来的节省变得很小。通常在存储大量滞销品且订单包含货品数量中等的仓库内，路径优化才有可能有应用的价值，例如向经销商配送硬件、建筑用品或售后汽车零部件的仓库。

2）仅告知拣选员货位顺序而不告知位置之间的路线，拣货员很难掌握如何才能走最短路径，并且路径越复杂，需要向拣货员传递的信息就越多。有一些简单的方法可以帮助拣货员应用最优路径，例如，仓库管理系统可以在任务清单中给出方向指示信息，指导拣货员完成每次拣选任务后行走的方向。

3）系统计算最优拣选路径的前提是建立精准的仓库数字地图。

随着物联网技术的发展，利用物理模型、传感器、运行历史等数据，集成多科学、多物理量、多尺度的仿真技术，建立智慧化物流中心的"数字孪生"模型，仓库管理系统利用该模型提供的高精度室内定位和地图服务，借助 AR 技术、手持智能化人机交互终端可以为拣选员提供准确的行程指导。

（2）货到人拣选模式中拣选任务排序问题　在货到人拣选模式中，各类自动化搬运装备（AGV、堆垛机、多层穿梭车）将存储区中存储的整托盘货物或整箱货物取出送至拣选工作站，拣选工作站上的拣货员根据电子标签提示将货物取出并放置在指定的订单箱，拣选完成的货物再借助自动化搬运装备返回存储区存放。

在该模式中，托盘/周转箱出入存储区的频率是影响拣选效率的关键因素。当出入存储区较频繁时，对存取设备的性能要求较高，设备难以满足要求或成本较高。因此，降低货物的出入库频率成为提高系统运行效率及降低设备投入成本的必要途径。由于托盘/周转箱上的货物数量较多，可以满足多个订单的需求，因此可以通过订单排序优化，让包含相同货物的订单尽可能相近下发，使货物一次出入存储区满足较多订单需求，从而减少货物出入存储区频率。

以基于多层穿梭车系统的货到人拣选系统为例，系统布局如图4-34所示，波次订单下发至存储区，存储区货架内的水平穿梭车和前端垂直提升机配合完成货物周转箱的出库作业；所有出库货物周转箱都先进入循环输送线循环，系统一旦查询到某个下发订单的货物已全部在输送线上，就将该订单派发给某个拣选工作站。循环线上的货物进入该拣选工作站拣选，拣选结束的货物回到循环线，如果查询到在接续订单中也包含货物，且箱内剩余数量满足需求，则货物在循环线上保持循环；如果查询不到，货物周转箱返回存储区。通过订单排序优化，将品项相关性强的订单接续下发，会减少货物出入库次数。

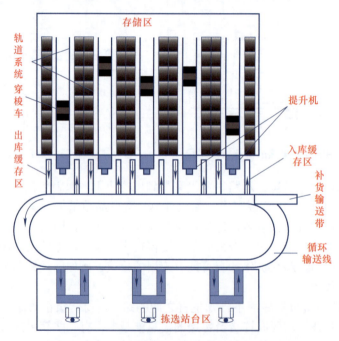

图4-34 基于多层穿梭车系统的货到人拣选系统布局

此外还有一类传统的货到人拣选系统，即旋转货架货到人拣选系统。该系统组成和工作原理在4.5.2节中详细介绍。在旋转货架拣选系统中，旋转货架内部货位可以沿顺时针和逆时针两个方向闭环旋转，拣选工作站设置于旋转货架的一端，货位沿任意方向旋转都可以到达拣选工作站，由专门的人员进行订单拣选。旋转货架通常由多层料箱货格组成，既可以多层共用一台旋转动力设备，也可以每层都安装独立的旋转动力设备。如果货架层数过多，超过人员有效拣货高度，还需要配备垂直提升机协助人员拣货。旋转货架系统订单处理总时间可以表示为货架系统旋转时间与系统静止等待拣选时间之和。系统静止等待拣选时间不受品项访问顺序的影响，但是系统旋转时间取决于品项访问顺序。通过旋转货架拣选系统的订单排序优化可以有效降低系统订单处理时间。

4.4.3 虚拟仿真场景设计

建立立体货到人拆零拣选系统场景模型如图4-35所示，模型包括仓库控制区、立体仓库区和拣选区三部分。在立体仓库区设置一组箱式自动化立体仓库1，仓库巷道内含双工位箱式堆垛机一台，货架采用双深位料箱货架，巷道一端设置出库站台1-1与入库站台1-2。在拣货区设置马蹄形货到人拣选台8、9，拣选台上层马蹄形输送线与箱式自动化立体仓库出入库站台相连，用来将库内待拣货物周转箱送至作业人员面前，作业人员4-2-1将拣选台8上层输送段9-3上料箱内的货物拣选至拣选台暂存区8-2、8-4、8-6内的订单箱，当订单箱拣选完成后将其放至拣选台下层输送线9-6上。

扫码观看视频

马蹄形货到人拣选台由输送线9和拣选台8组成。如图4-36所示，输送机9包括上下两层：上层由辊筒输送机9-1～9-5组合而成，用于将箱式自动化立体仓库出库的盛有待拣货物的周转箱送至拣选台，拣选完成后将该周转箱重新入库；下层为带式输送机9-6，用于将拣选完成的订单箱送至暂存区。作业人员4-2-1面前的拣选台8由立方体8-1、8-3、8-5、8-7和临时保管区8-2、8-4、8-6组合而成。

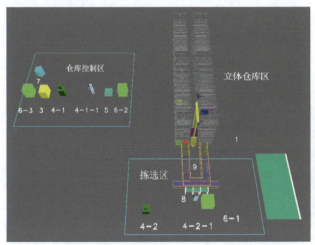

图4-35 立体货到人拆零拣选系统场景模型示意图

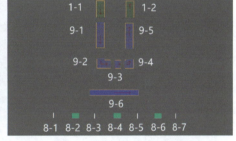

图4-36 马蹄形货到人拣选台拆解图

初始库存设定管理器3根据表4-24内容，在自动化仓库指定货位生成箱装货物。托盘生成器6-3触发XML作业管理器4-1，作业人员4-1-1通过XML日程管理器7获取表4-25中所有订单的订单号，然后提取一组批次订单进行品项合并处理，同时指挥作业人员4-2-1从托盘生成器6-1拿取空周转箱，将包含订单号和拣选数量的订单信息绑定到周转箱上（应用联想记忆指令），并将周转箱放到拣选台上的临时保管区8-2、8-4和8-6，最后对箱式自动化立体仓库1发出出库指令，控制堆垛机将盛有待拣货物的周转箱送至出库站台1-1。货物出库后经输送机9-1、9-2到达输送机9-3，触发XML作业管理器4-2停止输送线9-3运行，作业人员4-2-1从输送机9-3上周转箱内拣选货物放到8-2、8-4、8-6内对应订单箱中。拣选完毕后，货物经输送机9-4、9-5进入入库站台1-2。当拣选台上三个订单全部拣选完成后，作业人员4-2-1将订单箱放到下层输送机9-6上，并触发作业管理器4-1，请求下一次的出库任务。

1. 设备模型

依据表 4-22 在仿真软件中配置模型设备属性参数。

表 4-22 立体货到人拣选系统场景设备属性配置表

编号	设备	属性	参数值
1	多元吊车	尺寸—单元格的长度	450mm
		尺寸—单元格的宽度	650mm
		尺寸—单元格的高度	350mm
		尺寸—货架的间隔	1500mm
		尺寸—支柱的粗细 横向	20mm
		尺寸—支柱的粗细 纵向	20mm
		尺寸—基盘的长度	1500mm
		尺寸—基盘的宽度	200mm
		尺寸—基盘的高度	130mm
		尺寸—装货台的长度	450mm
		尺寸—装货台的宽度	650mm
		尺寸—装货台的高度	50mm
		要素/控制—作业区域（在货架区设置）	01
		要素/控制—位数	30
		要素/控制—层数	12
		要素/控制—使用双叉	勾选（详见说明 1）
		要素/控制—使用双口货架	勾选（详见说明 1）
		要素/控制—从替换货架返回	勾选（详见说明 2）
		存取机模式	单臂
		颜色/形状—形状	简约式
1-1、1-2	I/O 部分（在多元吊车上单击右键，选择"I/O 部分的添加"）	尺寸—长度	1300 mm
		尺寸—宽度	650 mm
		尺寸—高度	1200mm
		要素/控制—搭载个数（仅 1-1 设置即可）	2
		颜色/形状—形状 2	滚轴输送机
3	XML 初始库存管理器	尺寸—托盘的长度	600mm
		尺寸—托盘的宽度	400mm
		尺寸—托盘的高度	300mm
		概要—设备名	3

（续）

编　号	设　备	属　性	参　数　值
4-1、4-2	XML 作业管理器	概要—设备名	4-1：4-1 4-2：4-2
4-1-1、4-2-1	作业人员（由 4-1、4-2 添加作业人员而来）	颜色/形状—形状	作业人员（男性）
		概要—设备名	4-1-1：4-1-1 4-2-1：4-2-1
5	自动化仓库控制器	要素/控制—自动出库	取消勾选
		要素/控制—出库个数	2
6-1、6-2	托盘生成器	尺寸—托盘的长度	600mm
		尺寸—托盘的宽度	400mm
		尺寸—托盘的高度	300mm
		颜色/形状—形状	周转箱
6-3	托盘生成器（详见说明 3）	要素/控制—最大生成数	1
		要素/控制—组生成	勾选
7	XML 日程管理器	概要—设备名	7
8-1、8-3、8-5、8-7	立方体（拣选台）	尺寸—长度	50mm
		尺寸—宽度	400mm
		尺寸—高度	1000mm
8-2、8-4、8-6	临时保管区	尺寸—长度	400 mm
		尺寸—宽度	600 mm
		概要—Z 坐标	700mm
9-1	集放输送机（积放输送机）（详见说明 4）	概要—依次发出	勾选
		概要—输送机的速度	12m/min
		尺寸—长度	2000 mm
		尺寸—宽度	650 mm
		尺寸—高度	1200mm
		颜色/形状—形状 2	滚轴输送机
9-2	左折输送机	尺寸—第 1 部分的长度	400 mm
		尺寸—第 2 部分的长度	800 mm
		尺寸—宽度	650 mm
		尺寸—高度	1200mm
		要素/控制—在拐角处旋转	顺时针旋转 90°
		颜色/形状—形状 2	滚轴输送机
		颜色/形状—脚	取消勾选
		通过控制—控制有效	勾选（详见说明 5）

（续）

编号	设备	属性	参数值
9-3	直线输送机	尺寸—长度	500 mm
		尺寸—宽度	650 mm
		尺寸—高度	1200mm
		颜色/形状—形状2	滚轴输送机
		颜色/形状—脚	取消勾选
9-4	左折输送机	尺寸—第1部分的长度	400 mm
		尺寸—第2部分的长度	400 mm
		尺寸—宽度	650 mm
		尺寸—高度	1200mm
		要素/控制—在拐角处旋转	顺时针旋转90°
		颜色/形状—形状2	滚轴输送机
		颜色/形状—脚	取消勾选
		要素控制—段类型	勾选
		要素控制—段类型	1
9-5	直线输送机	尺寸—长度	2000 mm
		尺寸—宽度	650 mm
		尺寸—高度	1200mm
		颜色/形状—形状2	滚轴输送机
		要素控制—段类型	勾选
		要素控制—段类型	1
9-6	直线输送机	尺寸—长度	4000 mm
		尺寸—宽度	450 mm
		尺寸—高度	700mm
		颜色/形状—形状2	带

说明1 多元吊车设备双深位和双货叉的设置方式。

选择仿真运行环境菜单栏"设备—多元吊车",设备默认为货架单深位、堆垛机单工位配置,可通过如下步骤设置堆垛机双货叉、货架双货位:

1) 选择多元吊车"属性—要素/控制—双叉",勾选"使用双叉"。
2) 选择多元吊车"属性—要素/控制—双口货架",勾选"使用双口货架"。
3) 选择多元吊车"属性—要素/控制—存取机模式",选择"双臂"。

说明2 双深位多元吊车调库方法。

当由于第一排/第二排某货位上存在货物而阻挡堆垛机叉取第三排/第四排同位同层的货物时,需要将第一排/第二排货位上的货物暂时转移至临时空货位上,该作业过程称为"调库"。设置双深位多元吊车调库步骤为:

1) 右键单击"多元吊车",选择"位置编辑的有效化",如图4-37所示。

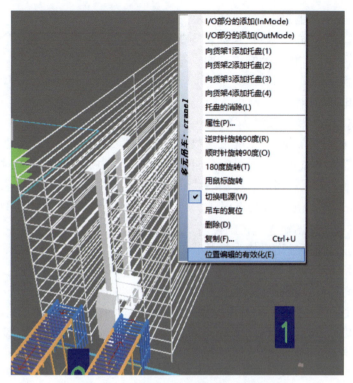

图 4-37 "位置编辑的有效化"设置按钮

2）如图 4-38 所示，此时可对任意一个货位或者一排货架设置"有效"、"无效化"或"替换货架"三类状态。其中，货位/货架设为"有效"状态时可正常放置货物；设为"无效化"状态时不可放置货物；设为"替换货架"状态时则可作为调库中转货位使用（建议将全部货位均设置为"替换货架"状态以便于就近调库）。

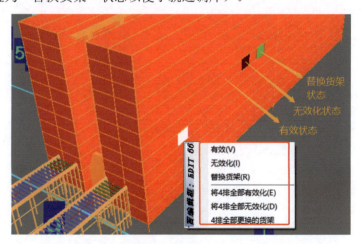

图 4-38 货位状态设置按钮及各状态的颜色表示

3）完成上述设置后，当需调库作业时，堆垛机会自行对妨碍第三排/第四排货物取出的货物进行临时转移。如果需要转移后的货物再回到原货位，需选择多元吊车"属性—要素/控制"，勾选"从替换货架返回"。

说明 3 托盘生成器组生成模式触发方式。

通过勾选托盘生成器"属性—要素/控制—组生成",实现每生成一个托盘就对连接作业管理器进行一次触发。在此基础上,通过勾选托盘生成器"属性—要素/控制—最大生成数",设定生成模式的触发总次数。本实验中,该功能用于初始触发 XML 作业管理器 4-1 进行批次订单内相同品项合并。

说明 4 集放输送机(积放输送机)。

集放输送机(积放输送机)上的货物数量不会超过设备"属性—段数"设定值,主要用于货物排队暂存等待单独处理的场景中。通过每段独立动力装置配合红外对射开关,保证在前段货物没有离开时阻止紧邻后续货物继续输送,起到调整货物间距或移动速率的作用。为了避免拣选工作站输入线出现货物堆积现象,实验中集放输送机 9-1 上的货物最多滞留 3 个。

说明 5 拣选工作站输送机控制说明。

在作业开始时,所有输送机均为打开状态。当第一个出库货物来到输送机 9-3 时,触发 XML 作业管理器 4-2 控制关闭输送机 9-3 的电源,使货物停留在输送机 9-3。通过左折输送机 9-1 的通过控制功能,使接下来的出库货物停留在集放输送机 9-1 上。如图 4-39 所示,左折输送机"属性—通过控制"勾选"控制有效",单击"新建组"按钮后再单击"新建规则"按钮,在"编辑规则—设备"栏的下拉菜单中选中输送机 9-3 的设备名,设定"条件"为电源打开,并勾选"不允许通过时,关闭电源",单击"确定"按钮,左折输送机通过控制便可以生效。

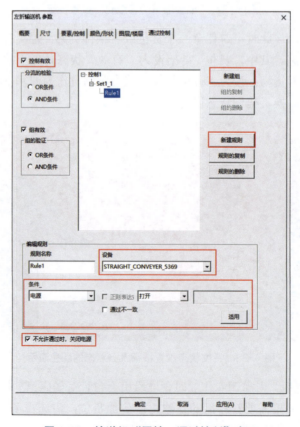

图 4-39 输送机"属性—通过控制"窗口

2. 作业流程

参照图 4-40 建立设备间的连接,完成相关作业管理器的程序编写。

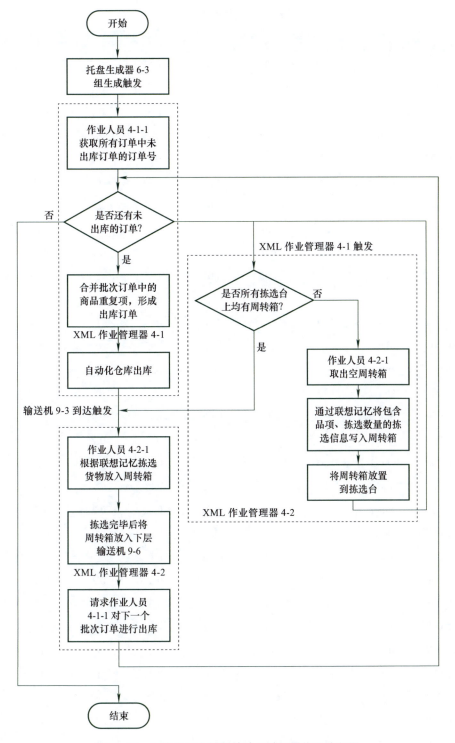

图 4-40　立体货到人拆零拣选系统场景作业流程图

3. 仿真数据

根据表 4-23～表 4-25 制作仿真数据文件,并导入仿真模型进行运行调试。

表 4-23　商品管理文件

name	style	count	length	width	height	red	green	blue
Product_001	Bara	1	0.05	0.05	0.05	0.7	0.2	0.2
Product_001	Inner	12	0.4	0.3	0.2	0.7	0.2	0.2
Product_001	Outer	120	0.6	0.4	0.3	0.7	0.2	0.2
Product_002	Bara	1	0.05	0.05	0.05	0.2	0.7	0.2
Product_002	Inner	12	0.4	0.3	0.2	0.2	0.7	0.2
Product_002	Outer	120	0.6	0.4	0.3	0.2	0.7	0.2
Product_003	Bara	1	0.05	0.05	0.05	0.2	0.2	0.7
Product_003	Inner	12	0.4	0.3	0.2	0.2	0.2	0.7
Product_003	Outer	120	0.6	0.4	0.3	0.2	0.2	0.7
Product_004	Bara	1	0.05	0.05	0.05	1	1	0
Product_004	Inner	12	0.4	0.3	0.2	1	1	0
Product_004	Outer	120	0.6	0.4	0.3	1	1	0
Product_005	Bara	1	0.05	0.05	0.05	0	1	1
Product_005	Inner	12	0.4	0.3	0.2	0	1	1
Product_005	Outer	120	0.6	0.4	0.3	0	1	1
Product_006	Bara	1	0.05	0.05	0.05	0.7	0.2	0.2
Product_006	Inner	12	0.4	0.3	0.2	0.7	0.2	0.2
Product_006	Outer	120	0.6	0.4	0.3	0.7	0.2	0.2
Product_007	Bara	1	0.05	0.05	0.05	0.2	0.7	0.2
Product_007	Inner	12	0.4	0.3	0.2	0.2	0.7	0.2
Product_007	Outer	120	0.6	0.4	0.3	0.2	0.7	0.2
Product_008	Bara	1	0.05	0.05	0.05	0.2	0.2	0.7
Product_008	Inner	12	0.4	0.3	0.2	0.2	0.2	0.7
Product_008	Outer	120	0.6	0.4	0.3	0.2	0.2	0.7
Product_009	Bara	1	0.05	0.05	0.05	1	1	0
Product_009	Inner	12	0.4	0.3	0.2	1	1	0
Product_009	Outer	120	0.6	0.4	0.3	1	1	0
Product_010	Bara	1	0.05	0.05	0.05	0	1	1
Product_010	Inner	12	0.4	0.3	0.2	0	1	1
Product_010	Outer	120	0.6	0.4	0.3	0	1	1

表 4-24 自动仓库初始库存数据

OrderListID	ProductID	Quantity	Location	BarCode	Reference Device	ColorR	ColorG	ColorB
ID001	Product_001	120	01-01-01-01	Product_001	6-2	1	0	0
ID002	Product_002	120	01-03-01-01	Product_002	6-2	0	1	0
ID003	Product_003	120	01-02-05-03	Product_003	6-2	0	0	1
ID004	Product_004	120	01-04-05-03	Product_004	6-2	0.7	0.2	0.2
ID005	Product_005	120	01-01-09-05	Product_005	6-2	0.2	0.7	0.2
ID006	Product_006	120	01-02-10-06	Product_006	6-2	0.2	0.2	0.7
ID007	Product_007	120	01-03-08-07	Product_007	6-2	1	1	0
ID008	Product_008	120	01-04-06-08	Product_008	6-2	1	0	1
ID009	Product_009	120	01-02-04-10	Product_009	6-2	0	1	1
ID010	Product_010	120	01-01-02-05	Product_010	6-2	0.5	0.5	0.5

说明 6 双深位货架货位编码规则。

双深位货架货位编码规则如图 4-41 所示，紧邻堆垛机巷道左侧货架为第一排，紧邻堆垛机巷道右侧货架为第二排，第一排左侧货架为第三排，第二排右侧货架为第四排，"区域 - 排 - 位 - 层"的货位编码分别为"**-01-**-**"、"**-02-**-**"、"**-03-**-**"和"**-04-**-**"。

图 4-41 多元吊车货架排序规则

表 4-25　货架出库数据表

OrderListID	ProductID	Quantity	Style	From	BarCode
ID001	Product_001	4	Bara	3	order001
ID001	Product_003	4	Bara	3	order001
ID001	Product_004	3	Bara	3	order001
ID001	Product_005	11	Bara	3	order004
ID001	Product_006	12	Bara	3	order004
ID001	Product_007	19	Bara	3	order004
ID001	Product_009	20	Bara	3	order009
ID001	Product_010	2	Bara	3	order009
ID002	Product_005	20	Bara	3	order005
ID002	Product_007	7	Bara	3	order005
ID002	Product_001	16	Bara	3	order002
ID002	Product_002	19	Bara	3	order002
ID002	Product_003	5	Bara	3	order002
ID002	Product_004	2	Bara	3	order002
ID002	Product_008	16	Bara	3	order008
ID002	Product_010	20	Bara	3	order008
ID003	Product_002	17	Bara	3	order003
ID003	Product_003	12	Bara	3	order003
ID003	Product_008	12	Bara	3	order007
ID003	Product_009	17	Bara	3	order007
ID003	Product_006	16	Bara	3	order006
ID003	Product_007	12	Bara	3	order006

注："BarCode"字段对应订单号，"OrderListID"字段对应批次订单号，每个批次订单包含三条订单，以批次订单 ID001 为例，该批次订单中包含 order001、order004 和 order009 三条订单。拣选台前的作业人员 4-2-1 每次完成一个批次订单内的三个订单。

4.4.4　虚拟仿真场景实现

1. 设备连接

表 4-26 列出了立体货到人拆零拣选系统虚拟仿真场景中模型设备之间的参考连接方式。

表 4-26 立体货到人拆零拣选系统场景设备连接信息表

起始连接设备		终端连接设备		连 接 方 式
类　　型	编　号	编　号	类　　型	
托盘生成器	6-3	4-1	XML 作业管理器	连接作业管理器（组生成时）
初始库存设定管理器	3	1	多元吊车	连接到仓库
XML 作业管理器	4-1	5	自动化仓库控制器	连接到目标设备 1
	4-2	8-2	临时保管区	连接到目标设备 1
		8-4	临时保管区	连接到目标设备 2
		8-6	临时保管区	连接到目标设备 3
		6-1	托盘生成器	连接到目标设备 4
		9-2	左折输送机	连接到目标设备 5
		9-6	直线输送机	连接到目标设备 6
自动化仓库控制器	5	1	多元吊车	连接自动化仓库
直线输送机	9-3	4-2	XML 作业管理器	连接作业管理器（货物到达时）
直线输送机	9-6	2	临时保管区	连接下一个设备

2. 程序指令

扫描前言中的二维码下载立体货到人拆零拣选系统虚拟仿真场景参考程序。

3. 仿真数据文件制作及运行设置

在用 XML 变换工具进行转换时，XML 变换工具窗口（图 1-11）中"CraneInitialize Data.csv"对应的"备注①"处填写"3"（对应初始库存设定管理器 3）。

4.4.5 思考讨论

习题 1　将本实验中的箱式自动化立体仓库替换为多层穿梭车仓库，构建基于多层穿梭车仓库的货到人拣选系统模型，如图 4-42 所示。

提示　多层穿梭车立体仓库生成，选择菜单栏"设备—SAS（本体）（N）"导入基本立体货架模型，然后右键单击模型，选择"流线型卡车添加（A）"，货架每层端部自动生成穿梭车；选择"RESERVER 的放置"，货架端部自动生成入口提升机和出口提升机，每台提升机都设置层站台用于与提升机载货台进行货物输送对接。该设备的出库指令与箱式自动化立体仓库相同。

扫码观看视频

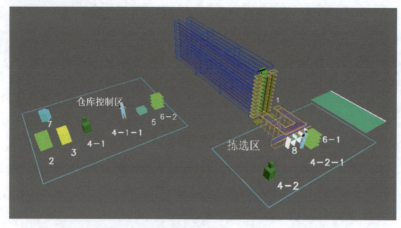

图 4-42　基于多层穿梭车仓库的拣选系统场景模型示意图

习题 2 本实验将三条订单作为一个批次订单进行出库，批次订单中货物品项数量影响着自动化仓库的出库频次。请对表 4-25 中的订单重新划分批次，减少自动化仓库的出库频次。在此基础上，对比前后拣货员作业效率，分析效率变化的原因。

4.5　平面货到人拣选系统

4.5.1　学习目标

1. 理论知识

1) 仓库装备：掌握类 Kiva 机器人、旋转货架、自动化拆零拣选设备的工作原理、基本性能和选型原则。

2) 工艺流程：理解远站台货到人拆零拣选作业流程。

2. 仿真技术

1) 设备模型：掌握类 Kiva 机器人、固定点作业线路、存储料架、旋转货架建模方法及参数配置，商品管理文件中定义货物形状方法，货架初始库存表中托盘类型和外形尺寸设置方法，3D 字符设备实时显示进度方法；熟悉类 Kiva 搬运机器人运行控制方法及固定点设备连接方式。

2) 程序指令：理解以下程序指令的应用方法。

① FOLLOW_ME；
② CANCEL_FOLLOW_ME；
③ SET_3D_TEXT；
④ GET_3D_TEXT。

4.5.2　理论知识

1. 平面货到人拣选系统

装载货物容器通过自动化存取设备从平面货架存储区内被拣选出来并送至拣选工作站，

站内拣货员根据电子标签或灯光提示完成拣选任务，剩余货物通过自动化存取设备送回平面货架存储区存储。

（1）类Kiva机器人　亚马逊公司配送中心的Kiva机器人在国内外仓储物流领域得到广泛关注。国内公司研发出类似原理的仓储搬运机器人并在市场上得到广泛应用。如图4-43所示，在部署类Kiva机器人的地面上，每隔大约1m贴有一个二维码定位标识，在机器人作业区内构成一个标签矩阵网。类Kiva机器人车身安装两个二维码识别装备。朝向地面的识别装备读取地面二维码定位信息，在获取当前机器人所在位置的同时调整行驶角度。在两个地面标签之间机器人依靠惯性导航规划路径，在行驶过程中惯性导航产生的累计误差通过二维码标签进行校准。类Kiva机器人车身顶部有一个升降圆盘，圆盘中间安装二维码识别装备，机器人行驶到目标存储料架正下方读取货架底面二维码，确认任务无误后，机器人原地旋转，通过一个精巧的滚珠丝杠升降梯结构升高圆盘，将货架顶起约10cm，然后将其从存储区搬运至拣选工作站，由拣货员进行处理。拣货员处理完成后，类Kiva机器人再将其搬运至仓储区存放。

图4-43　类Kiva机器人货到人拣选系统

类Kiva机器人货到人拆零拣选系统中存储料架既是货物存储设备，也作为承载货物的容器被类Kiva机器人搬运至拣选工作站供作业人员拣选，因此该技术无须单独布置货架，属于一种存拣一体模式。存储料架是为便于类Kiva机器人搬运和人工取货需要而特殊定制，由立柱片与隔板构成。货架每层空间都被纸箱或周转筐划分为多个货格，作为库存管理中的仓位。

存储料架高度在2m左右，且整体的存储布局为单层结构，标准仓库的净高基本在8m，因此该系统的建筑空间利用率较低。尤其在库房租金高、业务规模大的场景中，类Kiva机器人货到人模式的应用受到诸多限制。

针对以上问题，一种解决方案是在仓库内设计多层钢平台，在每层平台上应用类Kiva机器人货到人拣选技术，通过自动化垂直提升设备实现多层作业之间作业连接；另外一种解决方案是将类Kiva机器人与料箱存取设备、小型货架三者有机组合，每台料箱拣选机器人一次行程可同时存取搬运8个货箱，并可对高度5m货架内的料箱进行智能搬运、拣选、分拣，如图4-44所示。

图 4-44　料箱拣选机器人

（2）旋转货架　旋转货架是一类存储和旋转货物以便于订单拣选的机械设备。常用的旋转货架分为水平和垂直两类。

1）水平旋转货架如图 4-45 所示，是一串相连的旋转箱，通过货架上的动力单元实现水平旋转。

图 4-45　水平旋转货架

水平旋转货架由多层料箱货格组成，既可以多层共用一台旋转动力设备，也可以每层都安装独立的旋转动力设备。旋转货架内部货位可以沿顺时针和逆时针两个方向闭环旋转，拣选工作站设置于旋转货架的一端。旋转货架由计算机控制，货架到达拣选工作站后，由专门的人员进行订单拣选，如图 4-46 所示。

拣货员与货架之间的分配是灵活的。如果一个拣货员仅分配一组货架，他必须在两次拣选任务之间等待货架旋转；如果一个拣货员分配两组或更多的货架，他在从一组旋转货架上进行拣选的同时，其他货架将下一个待拣货格旋转至前端。通常一个拣货员可以同时面对 2～4 组旋转货架，从而减少货架旋转导致的人员等待时间。

为了解决旋转货架取货高度的限制，在旋转货架的前端设置出入库提升机，通过提升机将旋转货架的货物料箱送至输送线，输送线与货到人拣选台相连。

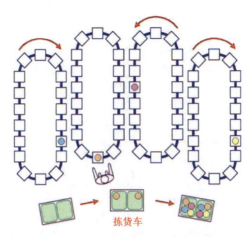

图 4-46 水平旋转货架货到人拣选系统布局图

水平旋转货架的一个缺点是它的作业能力受到驱动电动机旋转速度的限制。此外，高成本也是该系统的一个缺点。畅销品不适合采用旋转货架拣选，因为旋转货架的旋转速度不能满足拣选效率，同时这些品项需要占据大量的货架存储空间，成本高昂。

2）垂直旋转货架如图 4-47 所示，是一组固定连接到链条的载物架，链条在电动机驱动下可以双向垂直循环运动。货架全部封闭在一个柜体当中，柜体在拣选者的腰部高度设置拣选工作站。计算机控制承载待拣货物的载物架旋转至拣选工作站，由拣货员完成拣选作业。与水平货架相似，一个拣货员操作一个或多个旋转货架。在垂直选装货架内，每次取货仅露出一组货架供拣选，货架其他部分都处于封闭柜内，这样可以保证旋转货架内的货物安全。

货架的成本随货架层数、载重能力的增加而增加，垂直旋转货架的价格要远高于水平旋转货架。垂直旋转货架常用于在高密度仓储环境中管理体积较小的货物。

图 4-47 垂直旋转货架货到人拣选系统

2. 自动化拆零拣选设备

自动化拆零拣选设备的作业原理与小商品售卖机相似，每种货物被分配在一个或多个弹射通道内，通道呈倾斜或垂直角度摆放，当通道下端的货物被机构弹射出去后，后面的货物通过自身重力自动补充。通道的宽度可以根据货物的尺寸进行调节，如图 4-48 所示。

传统的自动化拣选设备由两列通道构成 A 形，输送线处于 A 字架的下端，通道底部的弹射机构可以弹射货物单元至输送线上。输送线被划分为多个虚拟订单窗，每个虚拟订单窗相当于单个独立订单容器。虚拟订单窗从一组 A 字架设备的一端开始，随着输送线的运行经过设备的每一个弹射通道。如果订单窗包含经过通道内的货物，则该货物将被弹射至虚拟订单窗内，一个弹射通道每秒钟可以弹射 6 个以上的货物。在输送线的末端设置纸箱或周转箱，用于将每个虚拟订单窗货物收集起来。

图 4-48　A 字架设备结构示意图

传统的自动化拣选设备是以 A 字架为代表的通道式拣选机，同一品项货物被整齐叠放在立式通道内，借助通道底部的弹射机构将货物拣选至带式输送线上。由于拣选通道沿输送带平行排列，单一货物品项分拣占地面积大，且设备成本较高，传统的自动化拣选设备主要适用于拣选量大且集中于有限品项的配送中心，当面对拣选量大且涉及品项多的订单处理任务时，常因空间布局和设备成本限制而无法使用，为此阵列式自动拣选机得到成功应用。图 4-49 所示阵列式自动拣选系统是一类由大量水平倾斜式拣货通道在空间中排列组合而成的新型自动化拆零拣选系统。所有拣货通道以一定倾角在设备上安装，通道底部装有流利条，货物放置在流利条上，在重力作用下滑向通道前端。在每个拣货通道的前端装有一个弹出机构，弹出机构每动作一次，都会将通道最前端的单件货物拣出，拣出货物沿挡板下滑至输送带上，通道内剩余货物在重力作用下不断补充到弹出机构上，保证货物拣选连续性。通道宽度可在一定范围内调整，以适应不同的货物尺寸，但每个通道内仅放相同品项的货物，拣选量大的货物可同时储存在多个拣货通道内。相同长度输送带对应的通道数量约为 A 字架的 5~7 倍，而设备成本仅为 A 字架的 1/10~1/5。

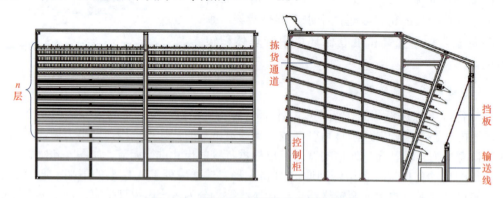

图 4-49　阵列式自动拣选机结构示意图

自动化拣选系统在化妆品、医药批发、音响唱片、出版等行业得到应用，主要用于货物尺寸小且外形标准的畅销品的拣选。该系统需要从后端进行人工补货，人工补货作业增加部分人工作业成本。系统的拣选效率在 1500~2000 盒/（人·h）之间，拣选准确率为 99.97%。

4.5.3 虚拟仿真场景设计

扫码观看视频

类 Kiva 机器人货到人拣选系统场景模型如图 4-50 所示，包括存储区和拣选区两部分。存储区红色方框标识代表货架位置，总共设置 4 组 2×3 的存储料架组合单元，每一个存储料架对应一个货架区模型，货架区内设置单排单列三层货架。如图 4-51 所示，存储区地面设置 7×11 个固定点构成标签矩阵网，固定点间距为 1.2m，在拣选区内固定点 1、2 为机器人作业位置标签。固定点连线标识代表机器人搬运通道，箭头表示行驶方向，所有机器人通道设置为单车单向通道。为避免机器人在货架下方行驶时无线通信衰减，规定机器人仅能行驶至紧邻指定货位的通道处驶入货架下方取放货。

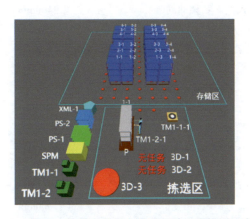
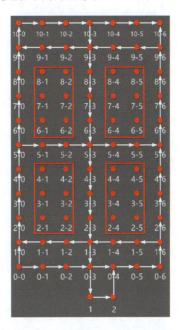

图 4-50　类 Kiva 机器人货到人拣选系统场景模型示意图　　图 4-51　存储区标签矩阵网示意图

初始库存设定管理器 SPM 根据表 4-29 内容，在存储区内货架上指定货位生成规定数量的载有货物的托盘，货架上托盘外形尺寸参照托盘生成器 PS-1。拣选区的货架 P 为拣选工作站内的订单播种墙，播种墙内盛放 8 个订单箱，订单箱外形尺寸参照托盘生成器 PS-2。

表 4-30 包含 8 个订单拣选任务，XML 日程管理器 XML-1 管理 XML 作业管理器 TM1-1，指挥类 Kiva 机器人 TM1-1-1 沿通道线路行驶至指定存储料架下方的固定点，将该料架搬运至拣选区固定点 1。作业人员 TM1-2-1 从存储料架上拣选货物，将其放置在拣选区货架 P 内对应订单箱内，存储料架内货物拣选完成后，类 Kiva 机器人 TM1-1-1 沿通道线路将存储料架送回存储区原货位存放。

1. 设备模块

依据表 4-27 在仿真软件中配置模型设备属性参数。

表 4-27　类 Kiva 机器人货到人拣选系统场景设备属性配置表

编　号	设　　备	属　　性	参　数　值
0-0～10-6、1、2	固定点	尺寸—尺寸比例 X	0.5
		尺寸—尺寸比例 Y	0.5
		尺寸—尺寸比例 Z	0.5
		概要—设备名	参照图 4-51
		概要—设备坐标—X 坐标	固定点间距 1200mm
		概要—设备坐标—Y 坐标	固定点间距 1200mm
		目的地表格	详见说明 5
S-1-1～S-6-1、S-1-2～S-6-2、S-1-3～S-6-3、S-1-4～S-6-4	货架区	概要—设备名	参照图 4-52
		概要—设备坐标—X 坐标	对应固定点坐标
		概要—设备坐标—Y 坐标	对应固定点坐标
		尺寸—长度	1100mm
		尺寸—宽度	1100mm
		尺寸—单元格的长度	1100mm
		尺寸—单元格的宽度	1100mm
		尺寸—单元格的高度	600mm
		尺寸—货架的间隔	2400mm
		尺寸—货架第 1 层的高度	450mm
		要素/控制—作业区域	S
		要素/控制—排 ID	详见表注
		要素/控制—挡数	1
		要素/控制—挡内的单元格数	1
		要素/控制—位数	1
		要素/控制—位的开始数	详见表注
		要素/控制—层数	4
		要素/控制—忽略最上层货架	勾选
P	货架区	尺寸—长度	1000mm
		尺寸—宽度	3000mm
		尺寸—单元格的长度	550mm
		尺寸—单元格的宽度	750mm
		尺寸—单元格的高度	500mm
		尺寸—货架第 1 层的高度	700mm
		要素/控制—作业区域	P
		要素/控制—排 ID	1
		要素/控制—挡数	2
		要素/控制—挡内的单元格数	2
		要素/控制—位数	4
		要素/控制—位的开始数	1
		要素/控制—层数	3
		要素/控制—忽略最上层货架	勾选

(续)

编　号	设　备	属　性	参　数　值
XML-1	XML 日程管理器	概要—设备名	XML-1
SPM	初始库存设置管理器	概要—设备名	SPM
PS-1	托盘生成器	尺寸—托盘的长度	1000mm
		尺寸—托盘的宽度	1000mm
		尺寸—托盘的高度	450mm
		颜色/形状—形状	手推车类型
PS-2	托盘生成器	尺寸—托盘的长度	600mm
		尺寸—托盘的宽度	400mm
		尺寸—托盘的高度	300mm
		颜色/形状—形状	周转箱
TM1-1	XML 作业管理器	概要—直接模式	
		概要—设备名	TM1-1
TM1-1-1	作业人员（TM1-1 添加作业人员）	作业人员生成·删除	选择"绘图 3D 文件"（详见说明 1）
TM1-2	XML 作业管理器	默认参数	
TM1-2-1	作业人员（TM1-2 添加作业人员）	颜色/形状—形状	工作人员（男性）
3D-1	3D 字符设备（详见说明 2）	要素/控制—还原到复位时	勾选（内容为"*个订单待拣"）
		颜色/形状—形状 2	宋体
3D-2	3D 字符设备	要素/控制—还原到复位时	勾选（内容为"订单完成进度百分比"）
		颜色/形状—形状 2	宋体
3D-3	圆柱体	尺寸—高度	20mm
		尺寸—半径	800mm
		尺寸—内径	0mm
		要素/控制—分割数	100
		要素/控制—切断数	0
		颜色/形状—形状	圆柱体

注：货架"属性—要素/控制—排 ID"对应图 4-52 中货架编号第二位，"属性—要素/控制—位的开始数"对应图 4-52 中货架编号第三位。以图 4-52 中编号"S-1-1"货架为例，其货架"属性—要素/控制—排 ID"和"属性—要素/控制—位的开始数"设定参数如图 4-53 所示。

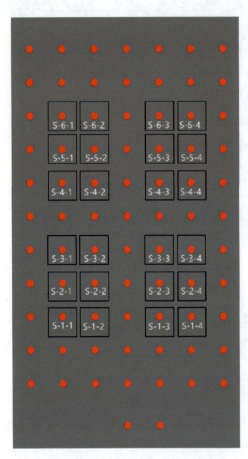
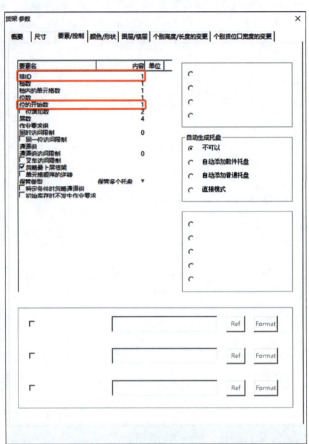

图 4-52 "排 ID"和"位的开始数"设置规则　　图 4-53 货架区（S-1-1）"属性—要素/控制"窗口

说明 1 作业人员的形状设定为外部 3D 模型。

将 XML 作业管理器生成的作业人员作为类 Kiva 机器人模型，通过导入类 Kiva 机器人的 3D 模型来改变作业人员的形状，具体步骤如下：

1）选择 XML 作业管理器"属性—作业人员生成·删除—读取 3DS 文件"，弹出窗口如图 4-54 所示，读入类 Kiva 机器人的 3D 模型文件（扫描前言中的二维码下载模型文件）。

2）模型文件读入完成后，勾选"绘图 3D 文件"选项，如图 4-55 所示。

3）添加 XML 作业管理器的作业人员，选择作业人员"属性—概要—颜色/形状"，弹出窗口如图 4-56 所示，勾选"绘图 3D 文件"选项；选择作业人员"属性—尺寸"，弹出窗口如图 4-57 所示，修改模型 3D 尺寸和旋转角度。

第 4 章 仓库装备篇

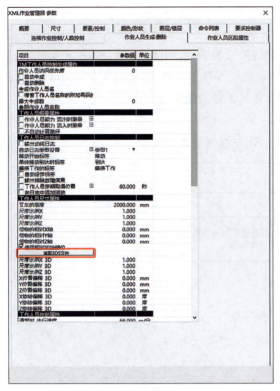

图 4-54 "读取 3DS 文件"选项

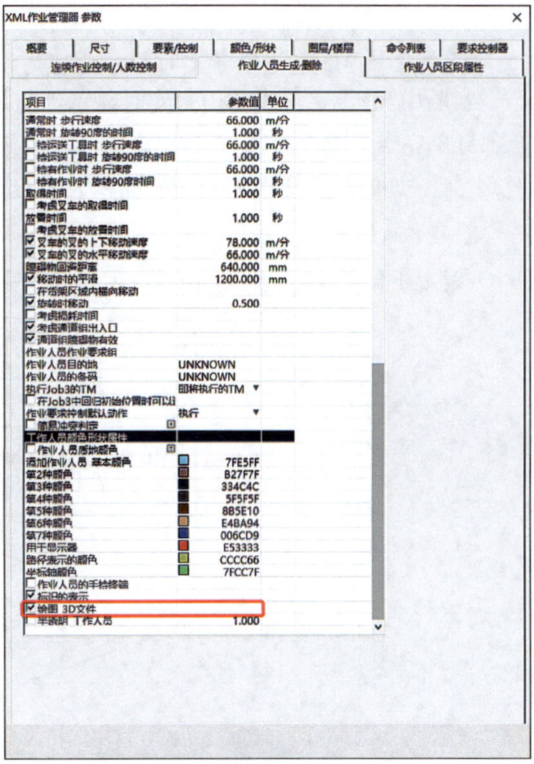

图 4-55 "绘图 3D 文件"选项

图 4-56 作业人员"属性—概要—颜色/形状"窗口

图 4-57 作业人员"属性—尺寸"窗口

说明2 3D字符设备实时显示进度方法。

实验中3D-1字符设备用来实时显示当前剩余待拣订单数量，3D-2字符设备用来实时显示全部订单完成进度百分比，圆柱体3D-3为扇形图，通过SET_PROPERTY指令设置圆柱体"要素/控制—切断数"更改扇形图的面积大小，图形化显示订单完成进度。

2. 作业流程

参照图4-58建立设备间的连接，完成相关作业管理器的程序编写。

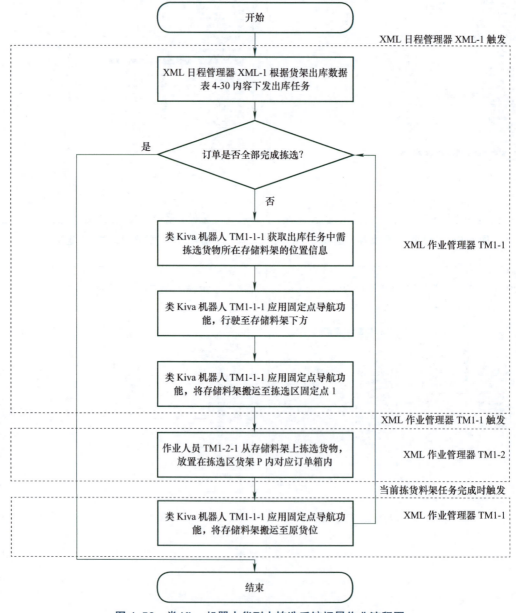

图4-58 类Kiva机器人货到人拣选系统场景作业流程图

3. 仿真数据

根据表 4-28 ～表 4-30 制作仿真数据文件，并导入仿真模型进行运行调试。

表 4-28 商品管理文件

name	style	count	length	width	height	red	green	blue	id（详见说明3）
Product_001	Bara	1	0.2	0.2	0.1	0.2	0.7	0.2	5
Product_002	Bara	1	0.2	0.2	0.1	1	0	0	5
Product_003	Bara	1	0.2	0.2	0.1	0	0	1	5
Product_004	Bara	1	0.2	0.2	0.1	1	0	0	5
Product_005	Bara	1	0.2	0.2	0.1	1	0	0	5
Product_006	Bara	1	0.2	0.2	0.1	0	0	1	5
Product_007	Bara	1	0.2	0.2	0.1	1	0	0	5
Product_008	Bara	1	0.2	0.2	0.1	1	0	0	5
Product_009	Bara	1	0.2	0.2	0.1	0	0	1	5
Product_010	Bara	1	0.2	0.2	0.1	1	0	0	5
Product_011	Bara	1	0.2	0.2	0.1	1	0	0	5
Product_012	Bara	1	0.2	0.2	0.1	0	0	1	5
Product_013	Bara	1	0.2	0.2	0.1	1	0	0	5
Product_014	Bara	1	0.2	0.2	0.1	1	0	0	5
Product_015	Bara	1	0.2	0.2	0.1	0	0	1	5
Product_016	Bara	1	0.2	0.2	0.1	1	0	0	5
Product_017	Bara	1	0.2	0.2	0.1	1	0	0	5
Product_018	Bara	1	0.2	0.2	0.1	0	0	1	5
Product_019	Bara	1	0.2	0.2	0.1	1	0	0	5
Product_020	Bara	1	0.2	0.2	0.1	1	0	0	5
Product_021	Bara	1	0.2	0.2	0.1	0	0	1	5
Product_022	Bara	1	0.2	0.2	0.1	1	0	0	5
Product_023	Bara	1	0.2	0.2	0.1	1	0	0	5
Product_024	Bara	1	0.2	0.2	0.1	0	0	1	5
Product_025	Bara	1	0.2	0.2	0.1	0.2	0.7	0.2	5
Product_026	Bara	1	0.2	0.2	0.1	1	0	0	5
Product_027	Bara	1	0.2	0.2	0.1	0	0	1	5
Product_028	Bara	1	0.2	0.2	0.1	1	0	0	5
Product_029	Bara	1	0.2	0.2	0.1	1	0	0	5
Product_030	Bara	1	0.2	0.2	0.1	0	0	1	5
Product_031	Bara	1	0.2	0.2	0.1	1	0	0	5
Product_032	Bara	1	0.2	0.2	0.1	1	0	0	5
Product_033	Bara	1	0.2	0.2	0.1	0	0	1	5
Product_034	Bara	1	0.2	0.2	0.1	1	0	0	5
Product_035	Bara	1	0.2	0.2	0.1	1	0	0	5
Product_036	Bara	1	0.2	0.2	0.1	0	0	1	5

（续）

name	style	count	length	width	height	red	green	blue	id（详见说明3）
Product_037	Bara	1	0.2	0.2	0.1	1	0	0	5
Product_038	Bara	1	0.2	0.2	0.1	1	0	0	5
Product_039	Bara	1	0.2	0.2	0.1	0	0	1	5
Product_040	Bara	1	0.2	0.2	0.1	1	0	0	5
Product_041	Bara	1	0.2	0.2	0.1	1	0	0	5
Product_042	Bara	1	0.2	0.2	0.1	0	0	1	5
Product_043	Bara	1	0.2	0.2	0.1	1	0	0	5
Product_044	Bara	1	0.2	0.2	0.1	1	0	0	5
Product_045	Bara	1	0.2	0.2	0.1	0	0	1	5
Product_046	Bara	1	0.2	0.2	0.1	1	0	0	5
Product_047	Bara	1	0.2	0.2	0.1	1	0	0	5
Product_048	Bara	1	0.2	0.2	0.1	0	0	1	5
Product_049	Bara	1	0.2	0.2	0.1	0.2	0.7	0.2	5
Product_050	Bara	1	0.2	0.2	0.1	1	0	0	5
Product_051	Bara	1	0.2	0.2	0.1	0	0	1	5
Product_052	Bara	1	0.2	0.2	0.1	1	0	0	5
Product_053	Bara	1	0.2	0.2	0.1	1	0	0	5
Product_054	Bara	1	0.2	0.2	0.1	0	0	1	5
Product_055	Bara	1	0.2	0.2	0.1	1	0	0	5
Product_056	Bara	1	0.2	0.2	0.1	1	0	0	5
Product_057	Bara	1	0.2	0.2	0.1	0	0	1	5
Product_058	Bara	1	0.2	0.2	0.1	1	0	0	5
Product_059	Bara	1	0.2	0.2	0.1	1	0	0	5
Product_060	Bara	1	0.2	0.2	0.1	0	0	1	5
Product_061	Bara	1	0.2	0.2	0.1	1	0	0	5
Product_062	Bara	1	0.2	0.2	0.1	1	0	0	5
Product_063	Bara	1	0.2	0.2	0.1	0	0	1	5
Product_064	Bara	1	0.2	0.2	0.1	1	0	0	5
Product_065	Bara	1	0.2	0.2	0.1	1	0	0	5
Product_066	Bara	1	0.2	0.2	0.1	0	0	1	5
Product_067	Bara	1	0.2	0.2	0.1	1	0	0	5
Product_068	Bara	1	0.2	0.2	0.1	1	0	0	5
Product_069	Bara	1	0.2	0.2	0.1	0	0	1	5
Product_070	Bara	1	0.2	0.2	0.1	1	0	0	5
Product_071	Bara	1	0.2	0.2	0.1	1	0	0	5
Product_072	Bara	1	0.2	0.2	0.1	0	0	1	5

说明3 商品管理文件中定义货物形状的方法。

商品管理文件中的"id"列表示货物形状，其中"0"表示立方体；"1"表示托盘；"2"表示圆柱体（垂直）；"3"表示圆柱体（水平）；"4"表示衣服；"5"表示袋（竖放）；"6"表示袋（横放）。

表 4-29 货架初始库存数据表

OrderListID	ProductID	Quantity	Location	ReferenceDevice（详见说明 4）
ID001	Product_001	40	S-1-1-1	PS-1
ID001	Product_002	40	S-1-1-2	PS-1
ID001	Product_003	40	S-1-1-3	PS-1
ID002	Product_004	40	S-1-2-1	PS-1
ID002	Product_005	40	S-1-2-2	PS-1
ID002	Product_006	40	S-1-2-3	PS-1
ID003	Product_007	40	S-1-3-1	PS-1
ID003	Product_008	40	S-1-3-2	PS-1
ID003	Product_009	40	S-1-3-3	PS-1
ID004	Product_010	40	S-1-4-1	PS-1
ID004	Product_011	40	S-1-4-2	PS-1
ID004	Product_012	40	S-1-4-3	PS-1
ID005	Product_013	40	S-2-1-1	PS-1
ID005	Product_014	40	S-2-1-2	PS-1
ID005	Product_015	40	S-2-1-3	PS-1
ID006	Product_016	40	S-2-2-1	PS-1
ID006	Product_017	40	S-2-2-2	PS-1
ID006	Product_018	40	S-2-2-3	PS-1
ID007	Product_019	40	S-2-3-1	PS-1
ID007	Product_020	40	S-2-3-2	PS-1
ID007	Product_021	40	S-2-3-3	PS-1
ID008	Product_022	40	S-2-4-1	PS-1
ID008	Product_023	40	S-2-4-2	PS-1
ID008	Product_024	40	S-2-4-3	PS-1
ID009	Product_025	40	S-3-1-1	PS-1
ID009	Product_026	40	S-3-1-2	PS-1
ID009	Product_027	40	S-3-1-3	PS-1
ID010	Product_028	40	S-3-2-1	PS-1
ID010	Product_029	40	S-3-2-2	PS-1
ID010	Product_030	40	S-3-2-3	PS-1
ID011	Product_031	40	S-3-3-1	PS-1
ID011	Product_032	40	S-3-3-2	PS-1
ID011	Product_033	40	S-3-3-3	PS-1
ID012	Product_034	40	S-3-4-1	PS-1
ID012	Product_035	40	S-3-4-2	PS-1
ID012	Product_036	40	S-3-4-3	PS-1
ID013	Product_037	40	S-4-1-1	PS-1
ID013	Product_038	40	S-4-1-2	PS-1
ID013	Product_039	40	S-4-1-3	PS-1
ID014	Product_040	40	S-4-2-1	PS-1
ID014	Product_041	40	S-4-2-2	PS-1

（续）

OrderListID	ProductID	Quantity	Location	ReferenceDevice（详见说明4）
ID014	Product_042	40	S-4-2-3	PS-1
ID015	Product_043	40	S-4-3-1	PS-1
ID015	Product_044	40	S-4-3-2	PS-1
ID015	Product_045	40	S-4-3-3	PS-1
ID016	Product_046	40	S-4-4-1	PS-1
ID016	Product_047	40	S-4-4-2	PS-1
ID016	Product_048	40	S-4-4-3	PS-1
ID017	Product_049	40	S-5-1-1	PS-1
ID017	Product_050	40	S-5-1-2	PS-1
ID017	Product_051	40	S-5-1-3	PS-1
ID018	Product_052	40	S-5-2-1	PS-1
ID018	Product_053	40	S-5-2-2	PS-1
ID018	Product_054	40	S-5-2-3	PS-1
ID019	Product_055	40	S-5-3-1	PS-1
ID019	Product_056	40	S-5-3-2	PS-1
ID019	Product_057	40	S-5-3-3	PS-1
ID020	Product_058	40	S-5-4-1	PS-1
ID020	Product_059	40	S-5-4-2	PS-1
ID020	Product_060	40	S-5-4-3	PS-1
ID021	Product_061	40	S-6-1-1	PS-1
ID021	Product_062	40	S-6-1-2	PS-1
ID021	Product_063	40	S-6-1-3	PS-1
ID022	Product_064	40	S-6-2-1	PS-1
ID022	Product_065	40	S-6-2-2	PS-1
ID022	Product_066	40	S-6-2-3	PS-1
ID023	Product_067	40	S-6-3-1	PS-1
ID023	Product_068	40	S-6-3-2	PS-1
ID023	Product_069	40	S-6-3-3	PS-1
ID024	Product_070	40	S-6-4-1	PS-1
ID024	Product_071	40	S-6-4-2	PS-1
ID024	Product_072	40	S-6-4-3	PS-1
ID025	Product_073	0	P-1-1-1	PS-2
ID026	Product_074	0	P-1-2-1	PS-2
ID027	Product_075	0	P-1-3-1	PS-2
ID028	Product_076	0	P-1-4-1	PS-2
ID029	Product_077	0	P-1-1-2	PS-2
ID030	Product_078	0	P-1-2-2	PS-2
ID031	Product_079	0	P-1-3-2	PS-2
ID032	Product_080	0	P-1-4-2	PS-2

注："Location"列为存储料架货位编号，第一位对应货架区代号，第二位对应货架区货架设备排ID值，第三位对应货架区货架设备位值，最后一位对应货架区货架层值。S开头的编码代表存储区内料架，P开头的编码代表拣选区内货架，货位编号前三位恰好与模型中编号一致。

> **说明 4** 货架初始库存表中设置托盘外形尺寸的方法。

货架初始库存数据表中的"ReferenceDevice"列为货架上生成托盘外形尺寸对照的参考托盘生成器名称。存储区的货架初始化托盘外形尺寸参照托盘生成器(PS-1),选择托盘生成器"属性—颜色/形状—形状",在弹出窗口中选择"手推车类型"。拣选区的货架初始化托盘外形尺寸参照托盘生成器(PS-2),选择托盘生成器"属性—颜色/形状—形状",在弹出窗口中选择"周转箱"。

表 4-30 货架出库数据表

OrderListID	ProductID	Quantity	Style	From	Location	To
order001	Product_001	4	Bara	TM1-1	S-1-1-1	P-1-1-1
order001	Product_012	4	Bara	TM1-1	S-1-4-3	P-1-1-1
order001	Product_072	4	Bara	TM1-1	S-6-4-3	P-1-1-1
order002	Product_057	3	Bara	TM1-1	S-5-3-3	P-1-2-1
order002	Product_055	3	Bara	TM1-1	S-5-3-1	P-1-2-1
order002	Product_060	2	Bara	TM1-1	S-5-4-3	P-1-2-1
order003	Product_062	4	Bara	TM1-1	S-6-1-2	P-1-3-1
order003	Product_037	4	Bara	TM1-1	S-4-1-1	P-1-3-1
order003	Product_029	4	Bara	TM1-1	S-3-2-2	P-1-3-1
order004	Product_066	3	Bara	TM1-1	S-6-2-3	P-1-4-1
order004	Product_058	3	Bara	TM1-1	S-5-4-1	P-1-4-1
order004	Product_070	2	Bara	TM1-1	S-6-4-1	P-1-4-1
order005	Product_044	4	Bara	TM1-1	S-4-3-2	P-1-1-2
order005	Product_003	4	Bara	TM1-1	S-1-1-3	P-1-1-2
order005	Product_011	4	Bara	TM1-1	S-1-4-2	P-1-1-2
order006	Product_071	3	Bara	TM1-1	S-6-4-2	P-1-2-2
order006	Product_057	3	Bara	TM1-1	S-5-3-3	P-1-2-2
order006	Product_063	2	Bara	TM1-1	S-6-1-3	P-1-2-2
order007	Product_039	4	Bara	TM1-1	S-4-1-3	P-1-3-2
order007	Product_028	4	Bara	TM1-1	S-3-2-1	P-1-3-2
order007	Product_065	4	Bara	TM1-1	S-6-2-2	P-1-3-2
order008	Product_060	3	Bara	TM1-1	S-5-4-3	P-1-4-2
order008	Product_008	3	Bara	TM1-1	S-1-3-2	P-1-4-2
order008	Product_008	2	Bara	TM1-1	S-1-3-2	P-1-4-2

4.5.4 虚拟仿真场景实现

1. 设备连接

表 4-31 列出了类 Kiva 机器人货到人拣选系统虚拟仿真场景中模型设备之间的参考连接方式。

表 4-31 类 Kiva 机器人货到人拣选系统场景实验设备连接信息表

起始连接设备		终端连接设备		连接方式
类 型	编 号	编 号	类 型	
初始库存设定管理器	SPM	S-1-1 ～ S-6-1 S-1-2 ～ S-6-2 S-1-3 ～ S-6-3 S-1-4 ～ S-6-4	货架区（连接货架区而非区域内货架）	连接到仓库
XML 日程管理器	XML-1	TM1-1	XML 作业管理器	连接到日程表对象设备
XML 作业管理器	TM1-1	TM1-2	XML 作业管理器	连接到目标设备 1
		3D-1	3D 字符设备	连接到目标设备 2
		3D-2	3D 字符设备	连接到目标设备 3
		3D-3	圆柱体	连接到目标设备 4
XML 作业管理器	TM1-2	SPM	初始库存设定管理器	连接到目标设备 1
固定点	详见说明 5	详见说明 5	固定点	详见说明 5

说明 5 固定点设备连接方式与属性配置。

固定点右键菜单中包含两种连接方式，分别为"连接到初始固定点"和"连接到固定点"。当下一个连接点唯一，即当前点为"直线经过点"时，采用"连接到初始固定点"；当下一个连接点不唯一，即当前点为"分叉点"时，采用"连接到固定点"。如图 4-59 所示，实线箭头表示对应"连接到初始固定点"，虚线箭头对应"连接到固定点"。

所有"分叉点"需要设置路径导航，步骤为选择固定点"属性—目的地表格"，在弹出的窗口中选中"KEY 的正则表达式有效"，参照表 4-32 添加钥匙、目的地和终端参数。以固定点 1-3"属性—目的地表格"窗口为例，参数设置结果如图 4-60 所示。

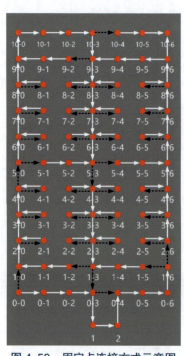

图 4-59 固定点连接方式示意图

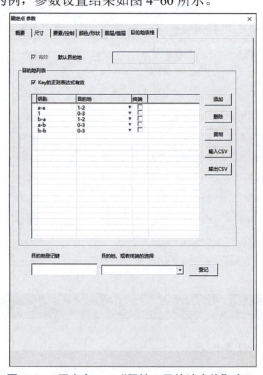

图 4-60 固定点 1-3"属性—目的地表格"窗口

表 4-32 "分支点"路径导航

固 定 点	钥 匙	目 的 地	终 端
0-3	a-b	0-4	
	b-b	0-4	
1	1	终端	勾选
1-3	a-a	1-2	
	b-a	1-2	
	a-b	0-3	
	b-b	0-3	
	1	0-3	
1-6	a-a	1-5	
	b-a	1-5	
	a-b	2-6	
	b-b	2-6	
2-0	2-1	2-1	
2-1	2-1	终端	勾选
3-0	3-1	3-1	
3-1	3-1	终端	勾选
4-0	4-1	4-1	
4-1	4-1	终端	勾选
5-0	a-a	5-1	
	a-b	5-1	
	b-a	6-0	
	b-b	6-0	
6-0	6-1	6-1	
6-1	6-1	终端	勾选
7-0	7-1	7-1	
7-1	7-1	终端	勾选
8-0	8-1	8-1	
8-1	8-1	终端	勾选
8-3	8-2	8-2	
	8-4	8-4	
8-2	8-2	终端	勾选
8-4	8-4	终端	勾选
7-3	7-2	7-2	
	7-4	7-4	
7-2	7-2	终端	勾选
7-4	7-4	终端	勾选
6-3	6-2	6-2	
	6-4	6-4	

（续）

固定点	钥匙	目的地	终端
6-2	6-2	终端	勾选
6-4	6-4	终端	勾选
5-3	a-a	4-3	
	a-b	4-3	
	b-a	4-3	
	b-b	5-4	
	1	4-3	
4-3	4-2	4-2	
	4-4	4-4	
4-2	4-2	终端	勾选
4-4	4-4	终端	勾选
3-3	3-2	3-2	
	3-4	3-4	
3-2	3-2	终端	勾选
3-4	3-4	终端	勾选
2-3	2-2	2-2	
	2-4	2-4	
2-2	2-2	终端	勾选
2-4	2-4	终端	勾选
2-6	2-5	2-5	
2-5	2-5	终端	勾选
3-6	3-5	3-5	
3-5	3-5	终端	勾选
4-6	4-5	4-5	
4-5	4-5	终端	勾选
6-6	6-5	6-5	
6-5	6-5	终端	勾选
7-6	7-5	7-5	
7-5	7-5	终端	勾选
8-6	8-5	8-5	
8-5	8-5	终端	勾选

2. 仿真进度状态表配置

（1）货位路径对照表　如图4-61所示，对存储区4组2×3的货架区组合定义组合代码：a-a、a-b、b-a和b-b，该组合代码与表4-32中固定点钥匙信息a-a、a-b、b-a和b-b对应。当类Kiva机器人获取要到达的货位信息时，首先通过查询货位路径对照表4-33，获得货位所在组合代码，以及进入该货位的存取起始通道点。类Kiva机器人根据组合代码经"分支点"路径导航至该货位的存取起始通道点，再根据该货位的存取起始通道点，经"分支点"路径导航至货位所在固定点。

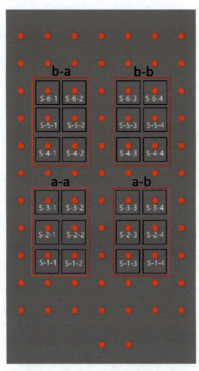

图 4-61　货架区组合代码示意图

表 4-33　货位路径对照表

编 号	货 位	货架区组合代码	存取起始通道点	货架区所在点
1	S-1-1	a-a	2-0	2-1
2	S-1-2	a-a	2-3	2-2
3	S-1-3	a-b	2-3	2-4
4	S-1-4	a-b	2-6	2-5
5	S-2-1	a-a	3-0	3-1
6	S-2-2	a-a	3-3	3-2
7	S-2-3	a-b	3-3	3-4
8	S-2-4	a-b	3-6	3-5
9	S-3-1	a-a	4-0	4-1
10	S-3-2	a-a	4-3	4-2
11	S-3-3	a-b	4-3	4-4
12	S-3-4	a-b	4-6	4-5
13	S-4-1	b-a	6-0	6-1
14	S-4-2	b-a	6-3	6-2
15	S-4-3	b-b	6-3	6-4

（续）

编 号	货 位	货架区组合代码	存取起始通道点	货架区所在点
16	S-4-4	b-b	6-6	6-5
17	S-5-1	b-a	7-0	7-1
18	S-5-2	b-a	7-3	7-2
19	S-5-3	b-b	7-3	7-4
20	S-5-4	b-b	7-6	7-5
21	S-6-1	b-a	8-0	8-1
22	S-6-2	b-a	8-3	8-2
23	S-6-3	b-b	8-3	8-4
24	S-6-4	b-b	8-6	8-5

（2）货位坐标表　为保证模型初始化时所有的存储料架恢复至初始位置，建立货位坐标表 4-34。每次初始化后仿真开始运行前，重置所有存储料架的货位坐标。

表 4-34　货位坐标表

货 架 区	X 坐标	Y 坐标
S-1-1	4.0	−2.8
S-1-2	4.0	−1.6
S-1-3	4.0	0.8
S-1-4	4.0	2.0
S-2-1	5.2	−2.8
S-2-2	5.2	−1.6
S-2-3	5.2	0.8
S-2-4	5.2	2.0
S-3-1	6.4	−2.8
S-3-2	6.4	−1.6
S-3-3	6.4	0.8
S-3-4	6.4	2.0
S-4-1	8.8	−2.8
S-4-2	8.8	−1.6
S-4-3	8.8	0.8
S-4-4	8.8	2.0
S-5-1	10.0	−2.8
S-5-2	10.0	−1.6

(续)

货 架 区	X坐标	Y坐标
S-5-3	10.0	0.8
S-5-4	10.0	2.0
S-6-1	11.2	−2.8
S-6-2	11.2	−1.6
S-6-3	11.2	0.8
S-6-4	11.2	2.0

3. 程序指令

扫描前言中的二维码下载平面货到人拆零拣选系统虚拟仿真场景参考程序。
通过程序调试重点理解以下指令使用方法：
- FOLLOW_ME：使设备随着工作人员移动。
- CANCEL_FOLLOW_ME：解除设备跟随工作人员移动。
- SET_3D_TEXT：将文字设定到3D字符设备上。
- GET_3D_TEXT：获取目标设备2的3D字符设备上的值，并赋值给变量。

4. 实验数据文件制作及运行设置

因货架初始库存数据表中加入"ReferenceDevice"列，需使用版本号为4.5.3的XML变换工具，该工具可以在乐龙物流仿真软件安装目录下工具文件夹找到。在用XML变换工具进行转换时，在出库XML文件设定窗口，将参数"OrderMasterDevice"设为"XML-1"（对应XML日程管理器XML-1），"OrderSubDevice"设为"TM1-1"（对应XML作业管理器TM1-1），XML变换工具窗口（图1-11）中"StockInitializeData.csv"对应的"备注①"处填写"SPM"（对应初始库存设定管理器SPM）。

4.5.5 思考讨论

习题1 批量拣选任务中，存在不同订单出库同一存储料架货物的情况，例如订单ID001和订单ID005中需要出库货架S-1-1内货物。为减少类Kiva机器人搬运存储料架的出库次数，将货物出库顺序按照"Location"列重新排序，类Kiva机器人搬运存储料架出库时，拣货员将此货架中待拣选的货物全部拣选至拣选区货架的周转箱中。同时增加一辆类Kiva机器人，即在存储区内有两辆类Kiva机器人共同工作，考虑类Kiva机器人的调度问题，避免发生死锁和碰撞。

提示 类Kiva机器人及其所属XML作业管理器可通过属性设置实现碰撞判断功能。选择类Kiva机器人及其所属XML作业管理器"属性—要素/控制"，在弹出的窗口中勾选"简易冲突判定"，碰撞判断形状有"圆"和"长方形"两种形状，在回避距离中设定碰撞判断形状大小。本实验类Kiva机器人尺寸为1200mm×1200mm，所以碰撞判断形状选择"长方形"，回避距离为600mm×600mm。碰撞判定状态选择个别判断模式，在此模式下，当两台类Kiva机器人同向行驶发生碰撞时，后方机器人会停止移动回避碰撞；当两台机器人相向行驶发生碰撞时，会出现死锁现象，即两台机器人全部停止。

习题2 设计旋转货架拆零拣选系统场景模型。

建立旋转货架拆零拣选系统模型如图4-62所示，模型包括拣选区、货架区两部分，设备属性配置参照表4-35。在货架区1添加两个旋转货架1-1和1-2。根据表4-36～表4-38制作仿真数据文件，并导入仿真模型进行调试。初始库存设定管理器3根据表4-37内容，在旋转货架上指定货位生成规定数量的载有货物的周转箱。XML日程管理器2根据表4-38内容，控制XML作业管理器4-1指挥作业人员4-1-1直接从旋转货架上拣选货物放至货架6上的订单箱内。

扫码观看视频

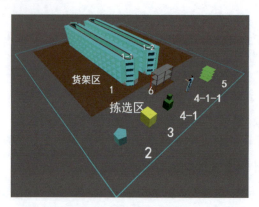

图4-62 旋转货架整箱仓库场景模型示意图

表4-35 旋转货架整箱仓库场景设备属性配置表

编号	设备	属性	参数值
1-1、1-2	旋转货架	尺寸—宽度	2000mm
		尺寸—单元格的长度	800mm
		尺寸—单元格的宽度	600mm
		尺寸—单元格的高度	600mm
		尺寸—货架的间隔	2200mm
		尺寸—隔板的厚度	20mm
		尺寸—挡的间隔	20mm
		尺寸—楼层间隔	100mm
		要素/控制—挡数	30
		要素/控制—挡内的单元格数	1
		要素/控制—楼层数	1
		要素/控制—楼层数单元格数	4
		要素/控制—自动生成托盘	直接模式
		要素/控制—旋转方向	最短方向
		颜色/形状—托盘表示模式	表示
		要素/控制—作业区域（在货架区设置）	01

（续）

编号	设备	属性	参数值
6	货架区	尺寸—单元格的长度	550mm
		尺寸—单元格的宽度	750mm
		尺寸—单元格的高度	500mm
		尺寸—货架第1层的高度	700mm
		要素/控制—挡数	2
		要素/控制—挡内的单元格数	2
		要素/控制—位数	4
		要素/控制—位的开始数	1
		要素/控制—忽略最上层货架	勾选
		要素/控制—作业区域（在货架区设置）	02
2	XML日程管理器	属性—设备名	2
3	XML初始库存管理器	属性—设备名	3
4-1	XML作业管理器	概要—直接模式	
		属性—设备名	4-1
4-1-1	作业人员（由4-1添加作业人员）	颜色/形状—形状	工作人员（男性）
5	托盘生成器	颜色/形状—形状	周转箱
		尺寸—托盘的长度	600mm
		尺寸—托盘的宽度	400mm
		尺寸—托盘的高度	300mm

表4-36 商品管理文件

name	style	count	length	width	height	red	green	blue
Product_001	Bara	1	0.1	0.1	0.1	1	0	0
Product_001	Inner	12	0.2	0.15	0.1	1	0	0
Product_001	Outer	120	0.4	0.6	0.3	1	0	0
Product_002	Bara	1	0.1	0.1	0.1	0	1	0
Product_002	Inner	12	0.2	0.15	0.1	0	1	0
Product_002	Outer	120	0.4	0.6	0.3	0	1	0
Product_003	Bara	1	0.1	0.1	0.1	0	0	1
Product_003	Inner	12	0.2	0.15	0.1	0	0	1
Product_003	Outer	120	0.4	0.6	0.3	0	0	1
Product_004	Bara	1	0.1	0.1	0.1	1	1	0
Product_004	Inner	12	0.2	0.15	0.1	1	1	0
Product_004	Outer	120	0.4	0.6	0.3	1	1	0

表 4-37 货架初始库存数据表

OrderListID	ProductID	Quantity	Location	ColorR	ColorG	ColorB	Style	Option	ReferenceDevice
ID001	Product_001	720	01-01-01-01	0.2	0.7	0.2	Outer	direct	
ID002	Product_002	720	01-01-02-02	0.2	0.7	0.2	Outer	direct	
ID003	Product_003	720	01-01-03-03	1	0	0	Outer	direct	
ID004	Product_004	720	01-01-04-04	1	0	0	Outer	direct	
ID005	Product_001	720	01-02-05-04	0	1	0	Outer	direct	
ID006	Product_002	720	01-02-06-01	0	1	0	Outer	direct	
ID007	Product_003	720	01-02-07-01	0	0	1	Outer	direct	
ID008	Product_004	720	01-02-08-03	0	0	1	Outer	direct	
ID009	Product_001	720	01-01-10-01	0	1	0	Outer	direct	
ID010	Product_002	720	01-01-10-02	0	1	0	Outer	direct	
ID011	Product_003	720	01-02-09-01	0	0	1	Outer	direct	
ID012	Product_004	720	01-02-09-02	0	0	1	Outer	direct	
ID013	Product_001	0	02-01-01-01						5
ID014	Product_002	0	02-01-02-01						5
ID015	Product_003	0	02-01-03-01						5
ID016	Product_004	0	02-01-04-01						5
ID017	Product_001	0	02-01-01-02						5
ID018	Product_002	0	02-01-02-02						5
ID019	Product_003	0	02-01-03-02						5
ID020	Product_004	0	02-01-04-02						5

说明6 货架初始库存数据表设置托盘类型方法。

货架初始库存数据表中"Option"列表示设置货架上生成托盘的种类，包括"散件托盘"、"普通托盘"和"不生成托盘"三种类型。如果未设置"Option"和"ReferenceDevice"，默认生成散件托盘；在"Option"列设置"normal"，生成普通托盘；在"Option"列设置"direct"，直接在货架上生成货物，不生成托盘。在设置"ReferenceDevice"后，生成托盘时参照托盘生成器属性。

表 4-38 货架出库数据表

OrderListID	ProductID	Quantity	Style	From	Location	To
ID001	Product_001	1	Bara	3	01-02-05-04	02-01-01-01
ID001	Product_002	3	Bara	3	01-01-02-02	02-01-01-01
ID001	Product_003	5	Bara	3	01-01-03-03	02-01-01-01
ID002	Product_002	1	Bara	3	01-01-02-02	02-01-01-02
ID002	Product_003	3	Bara	3	01-01-03-03	02-01-01-02
ID002	Product_004	5	Bara	3	01-02-08-03	02-01-01-02
ID003	Product_003	1	Bara	3	01-01-03-03	02-01-02-01
ID003	Product_004	3	Bara	3	01-02-08-03	02-01-02-01
ID003	Product_001	5	Bara	3	01-01-01-01	02-01-03-01

(续)

OrderListID	ProductID	Quantity	Style	From	Location	To
ID004	Product_004	1	Bara	3	01-02-08-03	02-01-04-01
ID004	Product_001	3	Bara	3	01-02-05-04	02-01-04-01
ID004	Product_002	5	Bara	3	01-01-02-02	02-01-04-01
ID005	Product_001	1	Bara	3	01-02-05-04	02-01-02-02
ID005	Product_002	3	Bara	3	01-01-02-02	02-01-02-02
ID005	Product_003	5	Bara	3	01-01-03-03	02-01-02-02
ID006	Product_002	1	Bara	3	01-01-02-02	02-01-04-02
ID006	Product_003	3	Bara	3	01-01-03-03	02-01-04-02
ID006	Product_004	5	Bara	3	01-02-08-03	02-01-04-02
ID007	Product_003	1	Bara	3	01-01-03-03	02-01-03-02
ID007	Product_004	3	Bara	3	01-02-08-03	02-01-03-02
ID008	Product_001	5	Bara	3	01-01-01-01	02-01-03-01
ID008	Product_004	1	Bara	3	01-02-08-03	02-01-03-01

注："OrderListID"列为订单号，"Location"列为货物在旋转货架内的货位号，"To"列为拣选区内订单放置的货架货位号。

4.6 自动化分拣线

4.6.1 学习目标

1. 理论知识

1）仓库装备：了解自动化分拣线构成，以及推挡式（摆臂式）分拣机、引导式分拣机、交叉带式分拣线、滑块式分拣线、斜盘式分拣线、分离盘式分拣线、滚珠模组带分拣机、网格分拣机的工作原理、基本性能和选型原则。

2）组织调度：理解分拣道口分配策略。

2. 仿真技术

1）设备模型：掌握交叉带式分拣机、组合式分拣输送线的建模方法及参数配置；掌握交叉带小车模拟与控制；掌握部件生成器目的地生成模式设置方法。

2）程序指令：理解以下程序指令的应用方法。

① SET_KEEP_POSITION；

② SET_ANGLE；

③ SET_POSITION。

4.6.2 理论知识

分拣集货是指将拣选出的货物输送或搬运至发货站台附近区域，分拣至客户订单以及装车线路,并根据发货装车要求对货物进行复核、包装、排序,完成发货前的货物集结准备工作。

分拣作业要求与现场选用的订单拣选策略相关。当选用分区并行拣选策略时,订单被拆分至不同的分区并行拣选,因此需要通过分拣作业实现客户订单的合并;当选用先拣后播的批量拣选策略时,多个订单合并为一个批次订单一次拣选出来,因此需要通过分拣作业将批次订单拆分至单个客户订单;当选用波次拣选策略,将多个送货线路合并为一个波次下发拣选时,需要通过分拣作业实现同一个送货线路的货物集结。

1. 自动化分拣线构成

自动化分拣线是一类全自动的输送分拣装置,如图4-63所示。一套自动化分拣线通常由导入站、分拣主线和分拣道口组成,货物从单个或多个导入站进入分拣线,然后经由不同地址的分拣道口流出。

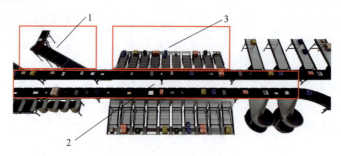

图 4-63 自动化分拣线构成图

1—导入站 2—分拣主线 3—分拣道口

(1)导入站 货物通过导入站进入分拣主线。典型的导入站包含输送带、识别(通过包裹上的条码或射频识别芯片来接收货物信息)称重装置和合流装置三部分。输送带上的货物通过识别装置,后者将包裹上的分拣信息获取至计算机,然后通过一套合流装置将货物导至分拣主线上,确保在分拣线上的货物彼此之间有适当的距离。此外,也可以通过人工的方式直接将货物放至分拣主线,然后再进行自动识别。

大型的智能化分拣输送系统通常包含多个导入站点。例如,邮政服务提供商DHL在莱比锡(德国)的中央航空枢纽有四个导入站。多个导入站增加了输入能力,避免了在货物加载端的效率瓶颈。只要分拣主线上的货物提前到达指定分拣道口,则空出的位置都可以在接下来的导入站导入新货物。因此,通过合理设置分拣道口间距和位置,可以实现分拣主线单循环周期内实现多次分拣任务。

(2)分拣主线 组合式分拣线会沿着输送线运送货物,通过各个分拣道口设置专门的分流装置,将货物运往目的地。一体式分拣线可采用不同的技术方案,例如翻板式分拣线由许多托板组成,每个托板可以装载一件货物。每个托板可以向一侧或两侧倾斜,以便货物滑进指定分拣道口。落袋式分拣机由许多开关式托板组成,每个托板处于关闭状态时装载一件货物。一旦到达指导分拣道口,托板被打开,货物落在集装带或容器内。交叉带分拣机由许多个小型输送带组成,其中每个输送带部分是一个小的输送机,能朝着主输送带的方向以直角运行。分拣主线可以是直线型,也可以是环线型,环线相比直线占地面积大,但是具备一定的缓存能力,当某个分拣道口满载或因故障无法分流时,货物可以在环线上暂存,不影响其他货物的分拣,而直线型就只能在分拣道口停机等待。

（3）分拣道口　分拣道口是从分拣线上接收并缓存分拣货物的设施。分拣货物脱离分拣主线进入由钢带、辊筒组成的滑道或直接落入集装袋或容器内，操作人员将货物搬入容器或车辆。当分拣道口满载时，系统会阻止分拣货物进入分拣道口。

分拣道口的外形主要取决于货物大小、重量和包装材质。例如小件且不易碎的货物可以直接落入集装袋或容器内，而对于整箱或易碎商品则通常需要借助专门的滑道来接收缓存货物。分拣道口可以直接与发运车辆相连，通过可伸缩式带式输送机将道口内的货物送入车厢内部，便于装车人员直接作业。

2. 组合式分拣机

分拣主线采用辊筒、皮带或链条等常规输送设备，在分拣道口导入端设置专门的分流装置的一类自动化分拣线，定义为组合式分拣线。受到输送设备传输效率和分拣装置自身能力的限制，组合式分拣线的效率通常在 1000～5000 件/h 之间。常见的分流装置包括：

（1）推挡式（摆臂式）分拣机　该类设备以转向机构从货物侧面推、挡的方式，迫使分拣主线上的货物进入分拣道口，如图 4-64 所示。由于转向机构与输送线结构无关，因此可独立安装在分拣主线的每一个分拣道口处。转向机构有气动、液压和电动三种形式。推挡式分流装置运行简单、维护简易、价格低，但该设备对货物侧面直接造成冲击，因此不适用于易碎的货物。此外，在分流过程中，货物会与输送机台面摩擦，因此易磨损或较笨重的货物也不宜使用。该类设备的最大分拣效率为 1000 件/h。

（2）引导式分拣机　该类设备以转向机构从货物底面摩擦引导的方式，迫使分拣主线上的货物进入分拣道口。转向机构分为转向式和顶升式两类。转向式分拣机构可以实现多角度货物流向控制，无分拣任务时驱动货物直行，有分拣任务时引导货物分离分拣主线，例如摆轮分拣机、麦克纳姆轮分拣机和滚珠模组带分拣机。顶升式转向机构则由一组动力滚轮或链条、皮带组成，在无分流任务时，该转向机构藏于输送线下方，只有待分拣货物到达时，机构从分拣主线下方升起，在将货物抬离分拣主线的同时快速转向，例如斜轮分拣机、顶升移载机都属于该类机构。引导式分流机构对货物冲击力小，可分拣易碎货物，效率在 1000～5000 件/h 之间。顶升式效率较低但价格相对便宜，而转向式效率较高但价格相对较高。引导式分流机构是靠货物底面摩擦引导转向，仅适用于硬纸箱、塑料箱等坚硬平底面的货物，并且一般不允许在纸箱表面上有捆扎带或包装带。

顶升移载机以辊筒输送机构作为主输送方向动力，在分流处设置顶升链条或皮带来改变货物的输送方向，如图 4-65 所示；或以窄带输送机构作为主输送方向动力，在分流处设置顶升辊筒来改变货物的输送方向，实现货物直角方向分流，如图 4-66 所示。经过移载机后，货物在输送线上的前进姿态会发生改变，移载之前的前进侧边将成为移载后的前进前沿。传统的移载机构由气动或电动机驱动链或皮带，分拣效率为 0～1200 件/h，但成本较低，因此主要应用在分拣点分散、数量多且对效率要求不高的场所。

斜轮分拣机在货物转向处的输送线下方安装两排歪斜的滚轮，无分拣任务时不转动，只有当货物到达转向点时，通过气动或电动装置让滚轮抬起并旋转，从而使货物脱离输送线进入分拣道口，如图 4-67 所示。该机构最大分拣效率为 3000 件/h。

图 4-64　推挡式分拣机　　　　图 4-65　顶升式转向机构

图 4-66　窄带式顶升移载机

图 4-67　斜轮分拣机

摆轮（万向轮）分拣机不同于斜轮分拣机，它是一套独立的分流机构，多组独立转动滚轮依次排列在每个分流器上，如图 4-68 所示。当分拣货物接近该机构时，转向控制器改变输送滚轮的运行方向，实现货物左、右两侧分拣；无分拣任务时，输送滚轮与主线方向相同，分拣效率可达 2400～5000 件 /h。该机构可以通过增、减摆轮组的数量，实现对不同长度货物的分拣。

图 4-68 摆轮（万向轮）分拣机

3. 一体式分拣机

分拣主线由分拣装置组合而成的一类自动化分拣线，定义为一体式分拣机。与组合式分拣机不同，一体式分拣机分拣装置兼具输送和分拣功能，分拣效率通常在 5000 件/h 以上。

（1）交叉带式分拣机　这是一类首尾相连接的若干交叉带小车沿闭环轨道运行，通过交叉带小车的胶带横向输送实现分拣的设备，如图 4-69 所示。因主驱动带式输送机与交叉带小车上的带式输送机呈交叉状，故称交叉带式分拣机。交叉带对货物的冲击力小，皮带宽度将根据最大产品尺寸而有所不同，通常在 50～80cm 之间，可以处理重量 50kg 以下各类包装货物，但不适用于货物重心较高、底面不平整的货物。由于单个模块的尺寸较小，相比于重力卸落货物可更快速、准确、可靠地将货物移出分拣主线，因此分拣道口之间的间距可以布置得比较密集，场地利用率很高。交叉带式分拣机具有噪声低、可分拣货物范围广、处理速度快、分拣道口多等特点，在快递企业的大型分拨转运中心的小型包裹分拣领域应用较广泛。该设备的分拣效率在 12000～15000 件/h 之间，在分拣主线速度和皮带宽度固定的情况下，最大分拣效率与交叉带带载利用率正相关，增加导入站的位置和数量可以提高设备的分拣效率。国内大型邮件处理中心目前普遍采用的双层交叉带分拣系统，上下两层交叉带式输送机共同作业，上下层相对的两个分拣道口通过螺旋滑道相连在一起，可实现 25000～30000 件/h 的分拣效率。

图 4-69 交叉带式分拣机

（2）滑块式分拣机　滑块式分拣机由一系列紧密连接的金属条板组成，每个条板宽7～10cm，紧密连接的条板之间几乎没有间隙，能输送不规则形状的货物，如图4-70所示。在每个条板上都套有一个滑块，滑块可延条板滑动且始终保持连接。当货物接近预定的分拣道口时，多个滑块以对角线移动的方式将货物轻轻推入分拣道口。该设备可进行单侧或双侧分拣，当采用双侧分拣时，需要根据分拣方向，在分拣机的前端设置一个滑块预分单元。该分拣线通常采用直线式布局，分拣效率可达6000件/h以上，维护成本较低，但是初始投资较高以及额外噪声等因素限制了该系统的推广使用。

图4-70　滑块式分拣机

（3）斜盘式分拣机　该分拣机由一系列用链条拖动沿轨道环行的托板构成。待分拣货物被放置在凹型或盒形的托板上沿轨道输送，当到达预定的分拣道口时，电动装置动作使水平凹型托板倾斜或使倾斜的盒形托板下侧边沿打开，货物靠重力分拣至指定目的地，如图4-71所示。托板宽度可根据最大产品尺寸而有所不同，对于长形货物也可以跨越两个托板放置，分拣时两个托板同时动作。该系统通常采用环线布局，托板间距很小并且可以实现左右两侧分拣，因此该设备可设置分拣道口数量多，布局紧凑。斜盘式分拣机可对任何外形的货物进行输送分拣作业，利用气动/电动的方式使托板倾斜或底板打开方式要比突然启动交叉皮带作用下将货物横向分拣更快捷、更容易、成本更低，因此该设备通常用于对体积较大或重量较重的货物进行分拣，在快递中大型包裹、大型零配件以及机场行李分拣等领域应用较广泛。缺点是采用重力下滑方式进行分拣，对货物冲击力大，不适用于易碎货物。最大分拣能力可以达到12000件/h。

图4-71　斜盘式分拣机

（4）分离盘式分拣机　分离盘式分拣机由一系列用链条拖动的隔断舱构成。待分拣的货物可通过输送设备自动导入或由操作员手动放入舱内，当舱位到达指定分拣道口时，底部舱板打开，使得货物自由落体或沿滑槽进入下方的容器，如图4-72所示。由于板体开口类似于飞机上的弹仓门打开，因此也被形象地称为弹仓式分拣机或落袋式分拣机。该分拣机可分拣任何外形的10kg以下的货物，即使是形状不固定/圆的/无包装/软产品/不可输送的货物都可放入舱内分拣。此外，因为舱内的两边翻板同时打开，货物可以自然平放到下方的纸箱或袋里，节省了人工装箱动作，特别适合扁平状货物（单件服装或信封状包裹）。单个隔断舱内可设置两组并排舱板，可以同时承载分拣两件不同的货物，分拣效率高达14400盘/h。分拣道口在线体下方，相比其他分拣线占地面积更紧凑，初期投资价格低于交叉带式分拣机。

图4-72　分离盘式分拣机

（5）滚珠模组带分拣机　滚珠模组带采用塑料材质，货物在直线输送时，由模组带进行直线输送，模组带上的滚珠不转动；在分拣时，通过模组带滚珠与下部的分拣机构接触产生转动，通过摩擦带动货物形成横向位移，实现货物左右分拣，如图4-73所示。该机构具备灵活多角度的转向输送功能，最大分拣效率为5000件/h。相比传统引导式分拣机，该设备滚珠截距小，输送模组带封闭，不卡货，对货物磨损少，因此不仅可以分拣硬纸箱、塑料箱等平底面的货物，还能对底部较为平整的软包和编织袋进行分拣，在快递物流业中得到成功的应用。缺点是噪声相对较大，达到75dB。

图4-73　滚珠模组带分拣机

（6）网格分拣机　网格分拣机将待分拣的货物放置在 AGV 中。AGV 经过条码扫描设备识别包裹目的地，调度控制系统为 AGV 规划路径。当货物到达目的分拣道口时，AGV 顶部的托板倾翻或皮带运转卸载货物，实现货物分拣，如图 4-74、图 4-75 所示。与其他类型一体式分拣线相比，虽然每个 AGV 单元都承担运输分拣作业，但是单元之间是独立并行作业，不受固定路径的限制，允许独立的机器人沿着最短的路径自由行进，分拣道口的设置位置更加灵活，因此能在较小的面积内实现多道口的分拣作业。AGV 上的分拣机构分为翻板式和交叉带式两类，翻板式多处理 5kg 以下的货物，交叉带式则用来处理重量在 55kg 以下的货物。

图 4-74　网格分拣机

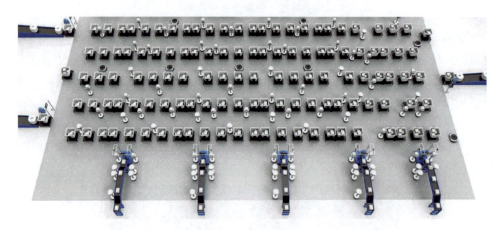

图 4-75　网格分拣机布局图

相比传统的自动化分拣方式，网格分拣机优势有以下三点：

1）路径网络大小和参与分拣的快递分拣机器人数量可根据待分拣包裹数量来调整，灵活应对业务量的变化。在业务高峰时期（例如电商的促销活动），可通过租赁 AGV 增加参与分拣的快递分拣机器人数量，扩大路径网络，不会造成任何中断或停机；而在业务量稳定时期，多余的场地可以用于办公、仓储。

2）项目实施时间短，大约是传统设备的一半甚至更少，且如遇到场地搬迁或者布局调整时，可以快速实施，新增费用少。

3）在相同的分拣道口数量下，设备占地面积更小，设备投资是交叉带式分拣机的 40%～50%。

缺点在于：传统 AGV 高度低于分拣道口的高度，需要搭建钢制平台将 AGV 架高，增加了设备的投资和施工的难度。此外，AGV 充电会占用一部分作业时间（例如充电 5～10min，运行 3～4h），电池的更换也会增加后期的设备维护费用。

4. 分拣道口分配策略

自动化分拣线道口数量与缓存能力设计会对后续作业模式产生影响。如果道口缓存容量满足车辆装载量，则可以在车辆发运订单全部到达后，启动直接装车作业；很多情况下，道口缓存容量有限，需要人员实时将到达货物从分拣道口上释放，放至笼车或码放至托盘上，送到发货理货区等待货物到齐后装车。在道口数量足够多而波次内订单数量有限时，道口在某一时间段仅分配唯一订单；在道口数量有限而波次内订单数量大时，道口在某一时间段分配多个订单，每个道口放置与订单数量对应的托盘或笼车，一边从道口搬运货物一边实现订单分拣；当道口之间空间有限，同一个道口分配的订单数量大时，道口周边空间摆放不开相应数量的托盘或笼车，此时可以采用订单货物混放模式，在发货理货区内再通过人工分拣至指定托盘。

此外，自动化分拣线的效率不仅取决于分拣道口分拣能力、输送线的速度、道口的数量与道口缓存容量等设备性能，还会受到道口订单分配策略、线路分配策略等的影响。

受现场场地和投资大小的限制，道口的数量通常小于甚至远远小于波次内订单数量，为了避免分拣线堵塞的现象发生，自动化分拣系统的道口订单分配策略变得至关重要。道口订单分配首先要从波次订单划分时开始，在准备就绪等待拣选的订单池中选择一组订单作为一个波次，选择的原则是在满足发运周期的前提下尽可能保证各发运线路的订单任务均衡。控制系统通常在订单的第一个货物包裹导入至环线开始扫描条码的时刻，根据现有道口缓存大小和已分配任务量情况，分配该订单至适合的道口或在环线上循环等待。在分拣集货过程中，一个订单的所有货物会被分拣至同一个道口。每个道口同时处理订单数量上限受到道口周边托盘或笼车容纳数量和搬运人员作业能力的影响，当达到道口同时处理订单数上限时，只有等一个订单的所有货物全部分拣完成，才能在该道口分配一个新订单。

道口线路分配策略会受到送货线路内订单的影响。当同一线路仅包含单一客户或多个订单、货物整车发货无须分拣（例如快递分拨中心内订单）时，可根据送货线路数量和货量均匀分配。在道口与线路一一对应情况下，可将道口通道设计得较长，用于在线缓存，送货车辆到达后，通过伸缩式输送设备将滑道货物直接导入车厢内，实现直接装车。在一个道口分配多个线路情况下，可将道口通道延长，在道口通道两侧设计发货线路暂存区，安排人员根据货物发货标签标识进行分类。当同一线路包括多个客户订单分别送达时，则需要对线路内客户订单进行分类作业，参考道口订单分配策略。

需要注意的是，货物在环型分拣主线上循环的情况有以下两种：第一种情况，当分配分拣道口滑道内货物已满时，货物只能在环型分拣主线上循环，直至道口滑道有空出的空间时进入。第二种情况，当下一个波次任务的货物提前到达，且当前还未有释放出来的道口时，货物只能在环型分拣主线上循环。

4.6.3 虚拟仿真场景设计

建立交叉带式分拣机场景模型如图 4-76 所示，模型包括导入站、分拣主线、分拣道口、集包换包区四部分。由人工将货物放置于导入站，由导入站自动将货物导入相应的空闲交叉带小车。分拣主线上交叉带小车承载货物沿线体运动，并将其分拣至对应分拣道口。货物经分拣道口移动至对应的集装袋内，在集包换包区由作业人员搬运满包的货物并及时更换空集装袋。

扫码观看视频

如图 4-76 所示，部件生成器 2 每隔 2s 生成货物至直线输送机 3-15，触发作业管理器 7-4 指挥作业人员 7-4-1 将货物放置于导入站 3-14 上。货物在导入站上经扫描装置 9 完成扫描上传信息后到达输送机 3-13，触发 XML 作业管理器 7-1 指挥作业人员 7-1-1 检测主线输送机 3-9 上的交叉带小车是否为空，当交叉带小车为空时，输送机 3-13 上货物加速进入分拣主线上该空闲交叉带小车。货物进入后触发 XML 作业管理器 7-2 指挥作业人员 7-2-1 根据货物目的地信息将货物分拣至对应的分拣道口，货物下落到装载平台上的容器内。当容器集满后触发 XML 作业管理器 7-3 指挥作业人员 7-3-1 将满载的容器暂时放置在临近分拣道口的临时保管区上，作业人员 7-3-1 从托盘生成器 1-7 上拿取空容器放至分拣道口处，再将临时保管区集满容器放置到部件消除器 8 上。

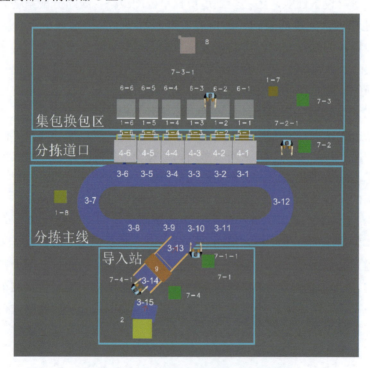

图 4-76 交叉带式分拣机场景模型示意图

1. 设备模型

依据表 4-39～表 4-42 在仿真软件中配置模型设备属性参数。

1）导入站。

表4-39　导入站设备属性配置表

编　号	设　备	属　性	参　数　值
2	部件生成器	尺寸—随机时的最小长度	50mm
		尺寸—随机时的最小宽度	50mm
		尺寸—随机时的最小高度	30mm
		尺寸—随机时的最大长度	100mm
		尺寸—随机时的最大宽度	100mm
		尺寸—随机时的最大高度	80mm
		要素/控制—目的地生成模式	随机
		要素/控制—区段种类字符串格式（详见说明1）	dest%03d
		要素/控制—区段种类数	6
		要素/控制—发生间隔控制	固定间隔
		要素/控制—时间间隔	2s
3-13	直线输送机	概要—输送机的速度	60m/min
		概要—Z轴的角度	45°
		尺寸—长度	700mm
		尺寸—宽度	750mm
		尺寸—高度	700mm
3-14	集放输送机	概要—输送机的速度	30m/min
		概要—Z轴的角度	45°
		尺寸—长度	1000mm
		尺寸—宽度	750mm
		尺寸—高度	700mm
		要素/控制—段数	2
3-15	直线输送机	概要—输送机的速度	60m/min
		概要—Z轴的角度	77°
		尺寸—长度	550mm
		尺寸—宽度	750mm
		尺寸—高度	700mm
		颜色/形状—形状	平面
7-4	XML作业管理器	默认参数	
7-4-1	作业人员（由7-4添加作业人员）	颜色/形状	工作人员（男性）
9	粘贴指定条码的DXF	尺寸—长度	400mm
		尺寸—宽度	800mm
		尺寸—高度	2000mm

说明 1 部件生成器目的地生成模式设置。

在部件生成器"属性—要素/控制"中的"目的地生成模式"可选择设置为"固定值"或"随机"两种方式。

① 如图 4-77 所示,设置为"固定值"时,可在"目的地"一栏中直接填写所需设置的目的地,此时部件生成器生成货物均携带相同的目的地信息;

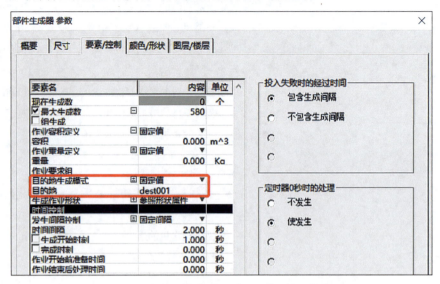

图 4-77 部件生成器"属性—要素/控制"窗口

② 设定为"随机"时,需确定"区段种类字符串格式"及"区段种类数"两项内容,如图 4-78 所示,以本实验设置为例,在"区段种类数"中填写数字"6"代表随机生成 6 种不同的目的地编码,在"区段种类字符串格式"中填写"dest%03d",其生成的目的地编码格式为"dest"字段加三位数字,综上该部件生成器生成的目的地编码为 dest001～dest006。

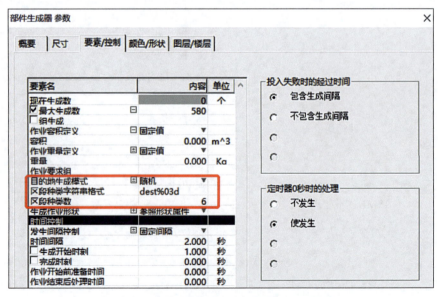

图 4-78 部件生成器"属性—要素/控制"窗口

2）分拣主线。

表 4-40　分拣主线设备属性配置表

编　号	设　备	属　性	参　数　值
1-8	托盘生成器（详见说明 2）	尺寸—发生器的长度	300mm
		尺寸—发生器的宽度	300mm
		尺寸—发生器的高度	100mm
		尺寸—托盘的长度	458mm
		尺寸—托盘的宽度	700mm
		尺寸—托盘的高度	200mm
		要素/控制—最大生成数	24
		颜色/形状—形状	Dolly
3-1～3-6、3-9、3-10	直线输送机	概要—输送机的速度	132m/min
		尺寸—长度	750mm
		尺寸—宽度	700mm
		尺寸—高度	700mm
		尺寸—作业间空白	142mm
		颜色/形状—形状	平面
3-8、3-11	直线输送机	概要—输送机的速度	132m/min
		尺寸—长度	1500mm
		尺寸—宽度	700mm
		尺寸—高度	700mm
		尺寸—作业间空白	142mm
		颜色/形状—形状	平面
3-7、3-12	左曲输送机	概要—输送机的速度	132m/min
		尺寸—宽度	700mm
		尺寸—高度	700mm
		尺寸—半径	1200mm
		尺寸—角度	180°
		尺寸—作业间空白	142mm
		颜色/形状—形状	平面
7-1、7-2	XML 作业管理器	默认参数	
7-1-1、7-2-1	作业人员（由 7-1、7-2 添加作业人员）（详见说明 2）	颜色/形状	工作人员（男性）

说明2 交叉带小车模拟与控制。

分拣主线由输送机替代，交叉带小车由托盘替代。交叉带小车节距是设备关键参数，小车节距由托盘生成器中的"尺寸—托盘的长度"和分拣主线中输送机的"尺寸—作业间空白"共同设定。如图4-79所示，小车节距 = "尺寸—托盘的长度" + "尺寸—作业间空白"。实验中分拣主线输送机长度共14400mm，小车节距为600mm，交叉带小车数量计算方式为分拣主线输送机长度 / 小车节距，计算得出共24个小车，因此选择托盘生成器1-8"要素/控制"，在弹出的窗口中设定最大生成数为24个。

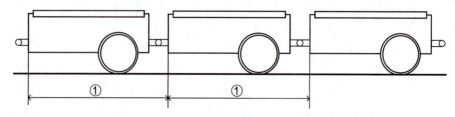

图4-79　交叉带小车节距示意图（①为小车节距）

交叉带小车胶带可以横向输送，而替代交叉带小车的托盘自身没有动力，因此为实现货物进入交叉带小车和离开交叉带小车作业过程，分别设置XML作业管理器7-1、7-2指挥作业人员7-1-1、7-2-1通过专用指令SET_KEEP_POSITION控制其固定不动，运行搬运指令来模拟以上交叉带小车作业过程。

3）分拣道口。

表4-41　分拣道口设备属性配置表

编号	设备	属性	参数值
1-1～1-6	托盘生成器	尺寸—发生器的长度	300mm
		尺寸—发生器的宽度	300mm
		尺寸—发生器的高度	100mm
		尺寸—托盘的长度	600mm
		尺寸—托盘的宽度	400mm
		尺寸—托盘的高度	300mm
		要素/控制—最大生成数	1
		颜色/形状—形状	周转箱
4-1～4-6	直线输送机	概要—输送机的速度	60m/min
		概要—Y轴的角度	−30°
		概要—Z轴的角度	90°
		尺寸—长度	700mm
		尺寸—宽度	750mm
		尺寸—高度	700mm
		尺寸—入口连接面的倾斜角	−30°
		尺寸—出口连接面的倾斜角	30°

(续)

编　号	设　备	属　性	参　数　值
5-1～5-6	装载平台	概要—输送机的速度	60m/min
		尺寸—长度	600mm
		尺寸—宽度	600mm
		尺寸—高度	20mm
		要素/控制—满载的判定方式	判定装货数
		要素/控制—装货数	30
		要素/控制—执行时间长	0s
		颜色/形状	滚轴输送机

4）集包换包。

表4-42　集包换包区设备属性配置表

编　号	设　备	属　性	参　数　值
1-7	托盘生成器	尺寸—发生器的长度	300mm
		尺寸—发生器的宽度	300mm
		尺寸—发生器的高度	100mm
		尺寸—托盘的长度	600mm
		尺寸—托盘的宽度	400mm
		尺寸—托盘的高度	300mm
		颜色/形状—形状	周转箱
6-1～6-6	临时保管区	尺寸—长度	600mm
		尺寸—宽度	600mm
8	部件消除器	默认参数	
7-3	XML作业管理器	默认参数	
7-3-1	作业人员（由7-3添加作业人员）	颜色/形状	工作人员（男性）

2．作业流程

参照图4-80建立设备间的连接，完成相关作业管理器的程序编写。

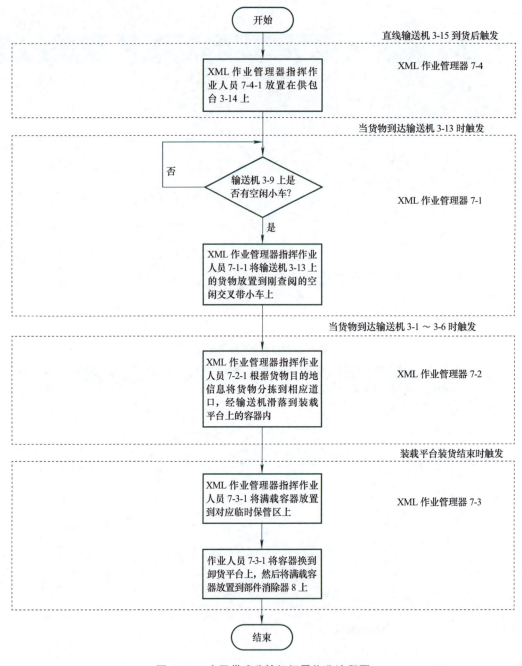

图 4-80 交叉带式分拣机场景作业流程图

4.6.4 虚拟仿真场景实现

1. 设备连接

表 4-43 ～ 4-46 列出了自动化分拣线虚拟仿真场景中模型设备之间的参考连接方式。

1）导入站。

表4-43　交叉带式分拣机导入站设备连接信息表

起始连接设备		终端连接设备		连接方式
类　型	编　号	编　号	类　型	
部件生成器	2	3-15	直线输送机	连接下一个设备
直线输送机	3-15	7-4	XML 作业管理器	连接作业管理器（货物到达时）
XML 作业管理器	7-4	3-14	集放输送机	连接到目标设备1
集放输送机	3-14	3-13	直线输送机	连接下一个设备
直线输送机	3-13	7-1	XML 作业管理器	连接作业管理器（货物到达时）

注：直线输送机3-13与直线输送机3-9、3-10之间不产生任何连接。

2）分拣主线。

表4-44　交叉带式分拣机分拣主线设备连接信息表

起始连接设备		终端连接设备		连接方式
类　型	编　号	编　号	类　型	
直线输送机	3-1	3-2	直线输送机	连接下一个设备
		7-2	XML 作业管理器	连接作业管理器（货物到达时）
直线输送机	3-2	3-3	直线输送机	连接下一个设备
		7-2	XML 作业管理器	连接作业管理器（货物到达时）
直线输送机	3-3	3-4	直线输送机	连接下一个设备
		7-2	XML 作业管理器	连接作业管理器（货物到达时）
直线输送机	3-4	3-5	直线输送机	连接下一个设备
		7-2	XML 作业管理器	连接作业管理器（货物到达时）
直线输送机	3-5	3-6	直线输送机	连接下一个设备
		7-2	XML 作业管理器	连接作业管理器（货物到达时）
直线输送机	3-6	3-6	直线输送机	连接下一个设备
		7-2	XML 作业管理器	连接作业管理器（货物到达时）
直线输送机	3-6	3-7	左曲输送机	连接下一个设备
左曲输送机	3-7	3-8	直线输送机	连接下一个设备
托盘生成器	1-8	3-8	直线输送机	连接下一个设备
直线输送机	3-8	3-9	直线输送机	连接下一个设备
直线输送机	3-9	3-10	直线输送机	连接下一个设备
XML 作业管理器	7-1	3-9	直线输送机	连接到目标设备1
直线输送机	3-10	3-11	直线输送机	连接下一个设备
直线输送机	3-11	3-12	左曲输送机	连接下一个设备
左曲输送机	3-12	3-1	直线输送机	连接下一个设备

3）分拣道口。

表 4-45　交叉带式分拣机分拣道口设备连接信息表

起始连接设备		终端连接设备		连接方式
类型	编号	编号	类型	
直线输送机	4-1	5-1-1	装载平台—装货位置	连接下一个设备
直线输送机	4-2	5-2-1	装载平台—装货位置	连接下一个设备
直线输送机	4-3	5-3-1	装载平台—装货位置	连接下一个设备
直线输送机	4-4	5-4-1	装载平台—装货位置	连接下一个设备
直线输送机	4-5	5-5-1	装载平台—装货位置	连接下一个设备
直线输送机	4-6	5-6-1	装载平台—装货位置	连接下一个设备
托盘生成器	1-1	5-1	装载平台	连接下一个设备
托盘生成器	1-2	5-2	装载平台	连接下一个设备
托盘生成器	1-3	5-3	装载平台	连接下一个设备
托盘生成器	1-4	5-4	装载平台	连接下一个设备
托盘生成器	1-5	5-5	装载平台	连接下一个设备
托盘生成器	1-6	5-6	装载平台	连接下一个设备

4）集包换包。

表 4-46　交叉带式分拣机集包换包区设备连接信息表

起始连接设备		终端连接设备		连接方式
类型	编号	编号	类型	
装载平台	5-1	7-3	XML 作业管理器	连接作业管理器（装货结束时）
装载平台	5-2	7-3	XML 作业管理器	连接作业管理器（装货结束时）
装载平台	5-3	7-3	XML 作业管理器	连接作业管理器（装货结束时）
装载平台	5-4	7-3	XML 作业管理器	连接作业管理器（装货结束时）
装载平台	5-5	7-3	XML 作业管理器	连接作业管理器（装货结束时）
装载平台	5-6	7-3	XML 作业管理器	连接作业管理器（装货结束时）
XML 作业管理器	7-3	8	部件消除器	连接到目标设备 1
		1-7	托盘生成器	连接到目标设备 2

2. 仿真进度状态表配置

为实现货物在对应分拣道口下落，制作名为"分拣道口对应表 .csv"的状态表用于存储货物的目的地信息。分拣道口对应表设置见表 4-47。分拣道口对应表将直线输送机 3-1 ～ 3-6 与分拣道口、货物目的地编码及装载平台一一对应，直线输送机 3-1 ～ 3-6 依次检测所经过的货物的目的地编码，如果与某分拣道口处所对应的货物的目的地编码一致，并且对应装载平台上有未满容器，则将货物从移动至分拣道口落下。

表 4-47 分拣道口对应表

直线输送机	分 拣 道 口	货物目的地编码	装 载 平 台
3-1	4-1	dest001	5-1
3-2	4-2	dest002	5-2
3-3	4-3	dest003	5-3
3-4	4-4	dest004	5-4
3-5	4-5	dest005	5-5
3-6	4-6	dest006	5-6

3. 程序指令

扫描前言中的二维码下载自动化分拣线虚拟仿真场景参考程序。

重点理解以下指令的使用方法：

- SET_KEEP_POSITION：使工作人员可以原地不动执行拣选等指令。
- SET_ANGLE：设定指定设备的旋转角度。
- SET_POSITION：设定指定设备的位置。

4.6.5 思考讨论

习题 建立组合式分拣机场景模型。

建立组合式分拣机场景模型如图 4-81 所示，模型包括导入站、分拣主线和分拣道口。系统共有 4 个导入站，每个导入站包括机械手、部件生成器、智能点、合流导入线以及若干输送线。分拣主线与 24 条分拣道口相连，对应 6 条送货线路。每条分拣道口对应一个客户订单，相邻每 4 条分拣道口对应 1 条送货线路。

扫码观看视频

单个部件生成器每隔 2s 生成一个货物，共生成 120 个货物，每个货物随机对应 24 个客户订单。使用机械手将货物放置到导入站上，货物经导入站流入分拣主线，分流输送机根据线路信息将同一客户的货物分流至对应分拣道口，作业人员将到达分拣道口内的货物装入对应线路的货车内（货车下放置部件消除器模拟装车）。

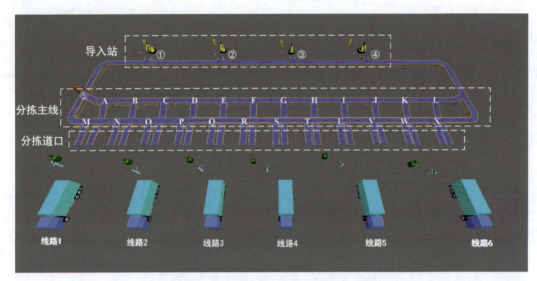

图 4-81　组合式分拣机场景模型示意图

其中，导入站①模型构成如图 4-82 所示；分拣道口 A、M 模型构成如图 4-83 所示。

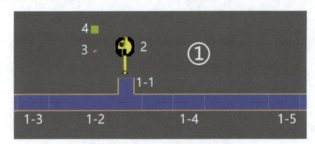

图 4-82　导入站①模型构成图

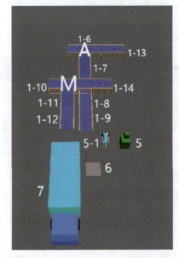

图 4-83　分拣道口 A、M 模型构成图

导入站①和分拣道口 A、M 的设备属性配置见表 4-48，导入站①和分拣道口 A、M 的连接方式见表 4-49。

表4-48 组合式分拣机设备属性配置表

编号	设备	属性	参数值
1-1	直线输送机	尺寸—长度	500mm
		尺寸—宽度	1000mm
1-2	右合流输送机	尺寸—合流前的长度	1500mm
		尺寸—右合流的长度	1500mm
		尺寸—合流后的长度	1500mm
		尺寸—宽度	1000mm
1-3～1-5	集放输送机	尺寸—长度	4000mm
		尺寸—宽度	1000mm
		尺寸—段数	5
1-6、1-10	右分流输送机	尺寸—分流前的长度	500mm
		尺寸—分流后的长度	500mm
		尺寸—右分流的长度	500mm
		尺寸—宽度	1000mm
1-7	直线输送机	尺寸—长度	1500mm
		尺寸—宽度	1000mm
		尺寸—入口连接面的倾斜角	-20°
1-8	直线输送机	尺寸—长度	3000mm
		尺寸—宽度	1000mm
		尺寸—入口连接面的倾斜角	18°
1-9	直线输送机	尺寸—长度	2000mm
		尺寸—宽度	1000mm
1-11	直线输送机	尺寸—长度	1700mm
		尺寸—宽度	1000mm
		尺寸—入口连接面的倾斜角	-20°
1-12	直线输送机	尺寸—长度	1000mm
		尺寸—宽度	1000mm
		尺寸—入口连接面的倾斜角	18°
1-13、1-14	集放输送机	尺寸—长度	2300mm
		尺寸—宽度	1000mm
		尺寸—段数	3
2	机器人2	颜色/形状—形状	FANUC R-2000iA
3	智能点	默认参数	
4	部件生成器	基本颜色	自行选择
5	XML作业管理器	默认参数	
5-1	作业人员（由XML作业管理器5添加作业人员而来）	默认参数	
6	部件消除器	默认参数	
7	卡车	默认参数	

表 4-49 组合式分拣机设备连接信息表

起始连接设备		终端连接设备		连接方式
类型	编号	编号	类型	
机器人 2	2	3	智能点	连接下一个设备
智能点	3	1-1	直线输送机	连接下一个设备
		1-2	右合流输送机	连接下一个设备
部件生成器	4	2	机器人 2	连接下一个设备
右合流输送机	1-2	1-3	集放输送机	连接下一个设备
集放输送机	1-4	1-2	右合流输送机	连接下一个设备
集放输送机	1-5	1-4	集放输送机	连接下一个设备
右分流输送机	1-6	1-7	直线输送机	直线（R）与下一个设备相连（B）
		1-13	集放输送机	连接下一个设备
直线输送机	1-7	1-8	直线输送机	连接下一个设备
直线输送机	1-8	1-9	直线输送机	连接下一个设备
右分流输送机	1-10	1-11	直线输送机	直线（R）与下一个设备相连（B）
		1-14	集放输送机	连接下一个设备
直线输送机	1-11	1-12	直线输送机	连接下一个设备
直线输送机	1-9	5	XML 作业管理器	连接作业管理器（物品到达时）
	1-12	5	XML 作业管理器	连接作业管理器（物品到达时）
XML 作业管理器	5	6	部件消除器	连接到目标设备 1

提示 可采用智能点循环计数方式给部件生成器生成的货物标记目的地。设置 24 次循环计数，目的地设置为 A～X 共 24 个，对应图 4-81 中 24 条分拣道口。以智能点 3 "属性—规则" 中 "Rule1" 为例，选择智能点 "属性—规则"，弹出窗口如图 4-84 所示，编辑规则中选择 "IF—计数"，设定 "Counter1==0"；在 "THEN—下一个设备" 中选择直线输送机 1-1 的设备名；选择 "THEN—计数" 设定 "Counter1=1"；选择 "THEN—作业通用信息"，设定 "目的地" 值为 "A"。采用以上方法，规则 Rule2～Rule24 分别设置目的地 B～X。

每条分拣道口的分流规则通过设置分流输送机 "属性—分流控制" 参数实现。以分拣滑道 A 为例，选择右分流输送机 "属性—分流控制"，弹出窗口如图 4-85 所示，勾选 "分支有效"，单击 "新建组" 按钮生成 "Rule1"，选择 "编辑规则—条件—托盘信息"，设置其目的地为 "A"，实现目的地信息为 "A" 的货物分流至该道口，其余分拣道口参考说明可自行设置。

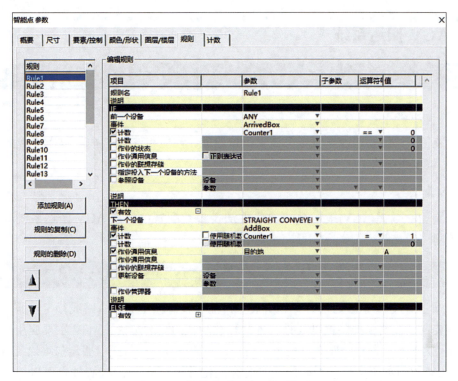

图 4-84　智能点"属性—规则"窗口

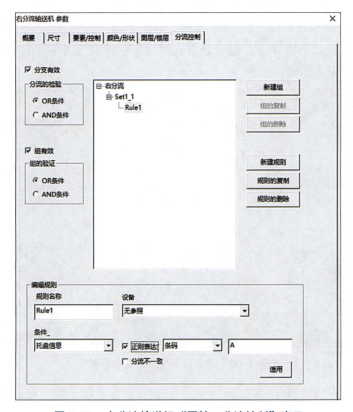

图 4-85　右分流输送机"属性—分流控制"窗口

4.7 AGV 搬运系统

4.7.1 学习目标

1. 理论知识

仓库装备：了解仓库内导航导引技术类型原理、性能和选型；了解 AGV 的运动控制方式和 AGV 调度系统的工作原理。

2. 仿真技术

设备模型：掌握 AGV 搬运系统建模方法及参数配置；熟悉 AGV 搬运系统导引路径设置、控制逻辑、路径搜索方式及充电操作。

4.7.2 理论知识

AGV 即自动导引车，是指具有导引装置，能够按照预定的导引路线行走，并且具有运行和停车装置、安全保护装置以及具有各种移载功能的搬运车辆。AGV 主要应用于工资水平高、劳动力缺少、搬运频度高且稳定、路径预知的场景。传统托盘搬运与堆垛装备可以通过加装 AGV 控制系统实现人工操作叉车的智能化升级。AGV 的核心技术可以概括为导航导引技术、运动控制以及调度系统三个部分。

1. 导航导引技术

导航导引技术包括电磁导引、磁带导引、惯性导引、激光导引、自然导引和视觉导引六种类型，如图 4-86 所示。

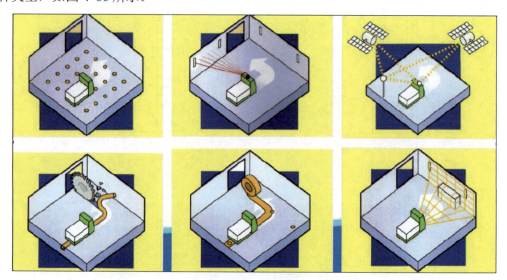

图 4-86 导航导引技术类型示意图

电磁导引是较为传统的导引方式之一，目前仍被许多系统采用。它是在 AGV 的行驶路径上埋设金属线，并在金属线上加载导引频率，通过对导引频率的识别来实现 AGV 的导引。

电磁导引主要优点是引线隐蔽，不容易污染和破坏，导引原理简单而可靠，便于控制和通信，不受声光干扰，制造成本较低。

磁带导引技术与电磁导引相近，用在路面上贴磁带替代在地面下埋设金属线，通过磁感应信号实现导引。磁带导引灵活性比较好，改变或扩充路径比较容易，磁带铺设也相对简单，但此导引方式易受环路周围金属物质的干扰，由于磁带外露，易被污染且难以避免机械损伤，因此导引的可靠性受外界因素影响较大，适合环境条件较好、地面无金属物质干扰的场合。此外，磁带导引技术还可以与RFID计数结合，在AGV头部下方安装一个RFID读卡器，与AGV控制系统对接，然后在轨道节点处安装一个电子标签，并赋予每个节点上的电子标签一个ID号和定义，比如节点A处代表AGV要转弯，用ID号00001表示，一旦运输车在经过A处时，RFID读卡系统会读取A处的电子标签ID号，并根据ID号的特定指令做出相对应的转弯动作，从而实现AGV调度、站点定位功能。

惯性导引是在AGV上安装陀螺仪，在行驶区域的地面上安装定位块，AGV可通过对陀螺仪偏差信号与行走距离编码器的综合计算，以及地面定位块信号的比较校正来确定自身的位置和方向，从而实现导引。此项技术在航天和军事上运用较早，其主要优点是技术先进、定位准确性高、灵活性强、便于组合和兼容、适用领域广。

激光导引是在AGV行驶路径的周围安装位置精确的激光反射板，AGV通过发射激光束，同时采集由反射板反射的激光束，来确定其当前的位置和方向，并通过连续的三角几何运算来实现AGV的导引。激光导引最大的优点是AGV定位精确，地面无需其他定位设施，行驶路径可灵活多变，能够适合多种现场环境，是目前许多AGV生产厂家优先采用的先进导引方式。该技术在航天和军事上运用较早，其主要优点是技术先进、定位准确性高、灵活性强，缺点是制造成本高、对环境要求相对较高（外界光线、地面要求、能见度要求等）。

自然导引是通过激光测距结合即时定位与地图构建(Simultaneous Localization and Mapping, SLAM) 算法建立小车的整套行驶路径地图，不需要任何的辅助材料，柔性化程度更高，适用于全局部署。此种导航方式是未来的大趋势，是很多厂家都在研发的方向，灵活度也比其他导航方式高。SLAM是机器人在自身位置不确定的条件下，在完全未知环境中创建地图，同时利用地图进行自主定位和导航。SLAM技术可以简述如下：机器人从未知环境的未知地点出发，在运动过程中通过重复测量到达的地图特征（如墙角、柱子）定位自身位置和姿态，再根据自身位置增量式构建地图，从而达到定位和地图构建。

视觉导引有两种：一种是利用摄像头实时采集行驶路径周围环境的图像信息，并与已建立的运行路径周围环境图像数据库中的信息进行比较，实现对AGV的控制；另一种是基于二维码的图像识别方法，利用摄像头扫描地面二维码，通过扫码定位技术实现路径导航。

不同导航导引技术的优缺点对比见表4-50。传统的AGV多采用磁条、电磁及二维码等导航方式，而新一代AGV更多采用即时定位与地图构建（SLAM）技术，搭载激光雷达或视觉传感器，实现自主导航。

表 4-50 多种导航导引技术的优缺点对比

导航导引方式		单机成本	施工成本	维护成本	柔性		精度	技术成熟度
电磁导引		低	高	较低	弱		高	成熟
优点	导引原理简单可靠，不受声光干扰，单机成本低，埋藏的金属线不易污染损坏				缺点	后期难以扩展和更改路线，工作过程无法实时更改任务，易受磁性物质干扰，场地改造成本高		
磁带导引		低	高	高	较弱		高	成熟
优点	导引原理简单可靠，不受声光干扰，单机成本低，灵活性比电磁导引高				缺点	工作过程无法实时更改任务，易受磁性物质干扰，磁带易受污染损坏		
二维码导引		低	高	高	较弱		高	成熟
优点	AGV 定位精确，灵活性较高，铺设和改变路径比较方便				缺点	二维码易磨损，需定期维护；如果场地复杂，需频繁更换二维码		
惯性导引		低	NA	一般	NA		一般	一般
优点	成本低，短时间内导航精度高				缺点	陀螺仪随时间增长误差会累积增大，对陀螺仪的精度和使用寿命要求严格		
激光导引		高	一般	低	强		一般	成熟
优点	无需地面定位设施，灵活度高，行驶路径可灵活多变				缺点	制造成本高，对环境要求较为苛刻（露天环境、光线较复杂环境不宜使用）		
SLAM 激光导引		高	无	低	强		较高	较成熟
优点	无需辅助导航标志（二维码、反射板等），灵活度高，行驶路径可灵活多变，制造成本较低				缺点	对环境轮廓要求较为严格		
SLAM 视觉导引		高	无	低	强		较高	一般
优点	无需辅助导航标志，灵活度高，适用范围广，行驶路径可灵活多变，制造成本较低				缺点	技术成熟度一般		

2. AGV 运动控制

AGV 可实现基于定位结果的自动控制和手动控制。其中，手动控制比较简单，通过电控驱动 AGV 前进后退，用于 AGV 的调试和人工驾驶；自动控制模式下，一方面需要实时获取 AGV 相对预设移动轨迹的偏移量，并通过纠偏程序及时减小偏差，另一方面基于安全考虑，当有意外发生或者有障碍物存在时，AGV 应能够自动紧急制动，并在障碍物移除后可以恢复运行状态。此外，在实际工程中，直线行驶是 AGV 的主要运动状态，考虑到实际工作效率问题，还需要增加加减速程序。因此，在自动控制模式下主要需要编写自动纠偏程序、紧急制动程序、加减速程序、转弯程序以及货叉升降程序。

对于 AGV 的运动控制技术，不同的车轮机构和布局有着不同的转向和控制方式，现阶段 AGV 的转向驱动方式包括如下两种：1）两轮差速驱动转向方式，即将两独立驱动轮同轴平行地固定于车体中部，自由万向轮起支撑作用，控制器通过调节两驱动轮的转速和转向，可以实现任意转弯半径的转向；2）操舵轮控制转向方式，即通过控制操舵轮的偏航角实现转弯，其存在最小转弯半径的限制。

此外，目前 AGV 车辆对地面的平整度和洁净度要求较高，比如坡度要求不能超过 5°、不能有 35mm 以上的接缝等。这些要求对厂房车间的铺设限制过大，而且与 SLAM 自然导航所主推的灵活可变的场地设计方向不一致。因此，目前 AGV 运动控制逐步向可适应更多场地条件的方向推进，让 AGV 车辆可以满足更多客户使用场景的需求。

3. AGV 调度系统

AGV 调度系统是一个能同时对多部 AGV 实行中央监管、控制和调度的系统，主要用于 AGV 数量比较多、运输路线较多且运输较频繁复杂的应用场景，可配合 AGV 叫料系统使用，也可独立使用，使物料运输系统更加人性化、自动化、无人化。AGV 调度系统的主要功能包括：AGV 任务调度、路径规划、交通管制、与设备对接、与 MES 或 ERP 系统对接等。

作为 AGV 机器人的管家，调度系统能够很好地解决 AGV 的分配与控制问题，强大的调度系统能够实现无人化的多机完美配合，协同作业，提升物流搬运整体效率。同时，优秀的调度系统还需要满足柔性配置、智能调度、精益物流、全场景覆盖、个性化定制等深层次功能特点。

高效的调度管理系统能对机器人进行更智能的集群管理，系统会根据每台 AGV 的任务情况，进行合理的调度安排。通过优化任务分配和路径规划，能够显著提升用户的工作效率和自动化水平，确保 AGV 能够实现不断岗的连续工作，始终保持着 7×24h 行驶和稳定对接。

目前在仓储搬运机器人领域，可以实现几百台乃至上千台的集群调度。菜鸟 2018 年上线的无锡机器人仓储项目，实现了 700 多台 AGV 协同工作。与仓储搬运机器人不同的是，叉车 AGV 或者其他激光导航的重载 AGV 因为应用情况相对复杂，且同一场景实际应用数量并不太多、多机协同作业技术难度大，一般的调度系统能调度的数量大概在几十台左右，上百台的并不多。目前规模最大的应该是科尔摩根的 NDC 激光导航系统，其在英国某乳品企业中同时调度 110 多台激光叉车 AGV。目前国内头部企业的 AGV 调度系统在实际应用中只能控制 20～50 台车辆。

随着国内工业自动化生产规模的提高，会有更多大型生产企业开始在更大的车间或者室外运行 AGV 系统，提高 AGV 调度系统的调度能力无疑成为国内 AGV 企业急需解决的问题。

4.7.3 虚拟仿真场景设计

建立 AGV 搬运系统场景模型如图 4-87 所示，其中 AGV 轨道布局如图 4-88 所示。AGV 沿规定的导引路径实现从输入部分到达的货物搬运至指定输出部分。该实验中，托盘生成器 5-1 每间隔 200s 生成一个托盘，托盘到达输入部分 4-1 后控制就近空载 AGV2-1、2-2 前来接运托盘，并将其搬运至指定输出部分 3-1，然后运送至对应临时保管区 7-1 内；托盘生成器 5-2 每间隔 200s 生成一个托盘，托盘到达输入部分 4-2 后控制

扫码观看视频

AGV2-1、2-2 前来接运托盘，并将其搬运至指定输出部分 3-2，然后运送至对应的临时保管区 7-2 内。运行期间，AGV2-1、2-2 工作 300s 后到直线 AGV 轨道 8-1、8-2 处充电。

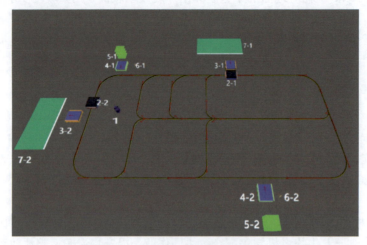

图 4-87 AGV 搬运系统场景模型示意图

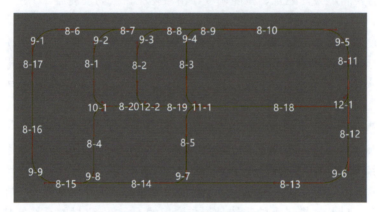

图 4-88 AGV 轨道布局图

1. 设备模型

依据表 4-51 在仿真软件中配置模型设备属性参数。

表 4-51 AGV 搬运系统场景设备属性配置表

设 备	编 号	属 性	参 数 值
1	AGV 管理器 （详见 4.7.5 常用技巧）	要素/控制—查找空的 AGV	查找最短距离（AGV 优先）
		要素/控制—发送逻辑	可以发送的作业
2-1、2-2	AGV（AGV 轨道 "AGV 的添加"）	要素/控制—充电要求	300s
		要素/控制—AGV 路径	按正方向顺序搜索（详见 4.7.5 常用技巧）
3-1、3-2	输出部分（AGV 轨道"输出部分的添加"）		默认参数

（续）

设 备	编 号	属 性	参 数 值
4-1、4-2	输入部分（AGV 轨道—右键菜单"输入部分的添加"）	默认参数	
5-1、5-2	托盘生成器	要素/控制—时间间隔	200s
6-1、6-2	智能点	（详见说明1）	
7-1、7-2	暂存区	默认参数	
8-1、8-2	直线 AGV 轨道	要素/控制—充电时间（勾选）	100s
		尺寸—长度	3000mm
8-3～8-20		尺寸—长度	2000～10000mm
9-1～9-9	右曲 AGV 轨道	尺寸—半径	1000～2000mm
10-1	Y 形分流轨道	默认参数	
11-1	三分流 AGV 轨道	默认参数	
12-1、12-2	右分流 AGV 轨道	默认参数	

说明1 智能点设置方法。

本实验使用智能点设置托盘目的地，具体方法如下：

① 选择智能点"属性—规则"，弹出窗口如图 4-89 所示；

② 单击"添加规则（A）"，设定规则名为 Rule1；

③ 勾选"THEN—有效"选项；

④ 勾选"THEN—作业通用信息"选项，参数选择"目的地"，智能点 6-1 的规则中设置的目的地为"3-1"，如图 4-89 所示；智能点 6-2 的规则中设置的目的地为"3-2"，如图 4-90 所示。

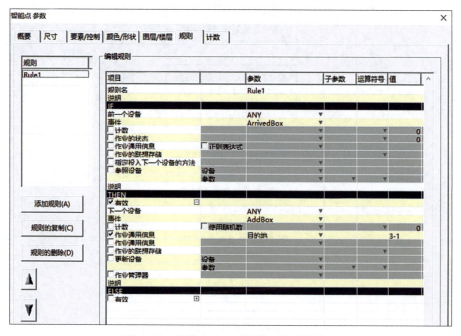

图 4-89　智能点 6-1 "属性—规则" 窗口

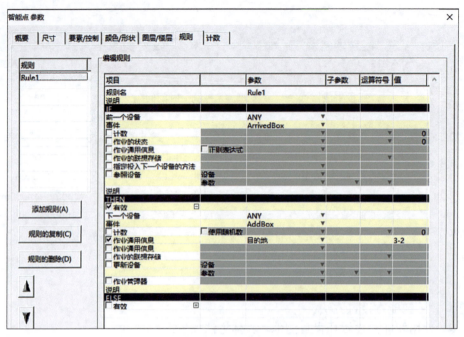

图 4-90 智能点 6-2 "属性—规则" 窗口

2. 作业流程

参照图 4-91 建立设备间的连接，完成设备参数设置。

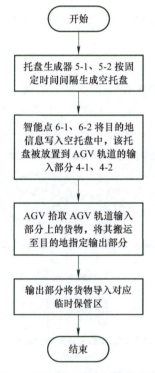

图 4-91 AGV 搬运系统场景作业流程图

4.7.4 虚拟仿真场景实现

表4-52列出了AGV搬运系统场景中模型设备之间的参考连接方式。

表4-52 AGV搬运系统场景设备连接信息表

起始连接设备		终端连接设备		连接方式
类 型	编 号	编 号	类 型	
AGV管理器	1	2-1	AGV	连接到AGV
		2-2	AGV	连接到AGV
		3-1	输出部分	连接到输出部分
		3-2	输出部分	连接到输出部分
		4-1	输入部分	连接到输入部分
		4-2	输入部分	连接到输入部分
		8-1	直线AGV轨道	连接充电场所
		8-2	直线AGV轨道	连接充电场所
输出部分	3-1	7-1	临时保管区	连接下一个设备
	3-2	7-2	临时保管区	连接下一个设备
托盘生成器	5-1	6-1	智能点	连接下一个设备
	5-2	6-2	智能点	连接下一个设备
智能点	6-1	4-1	输入部分	连接下一个设备
	6-2	4-2	输入部分	连接下一个设备

4.7.5 常用技巧

1. AGV充电条件设置

1) 时间条件：AGV可以设定从开始工作到充电的间隔时长，选择AGV"属性—要素/控制"，弹出窗口如图4-92所示，其中，"初次充电要求"是指第一次开始运行到充电之间的间隔时间，第一次充电结束后充电间隔时间按照"充电要求"设定运行。

2) 距离条件：AGV可以设定移动一定的距离后自动寻找充电位置进行充电，选择AGV"属性—要素/控制"，弹出窗口如图4-92所示，勾选"根据移动距离进行充电要求"，该方式判断AGV达到设定的距离值后，AGV自动移动至充电位进行充电。

3) 充电位设置：右键单击AGV管理器，选择"连接到充电场所"并连接至AGV轨道，该轨道即AGV的充电位置。

4) 充电位的充电时间设置：选择设定为充电位置的AGV轨道"属性—要素/控制"，弹出窗口如图4-93所示，勾选"充电时间"并填入设定数值后，充电时间将会生效。

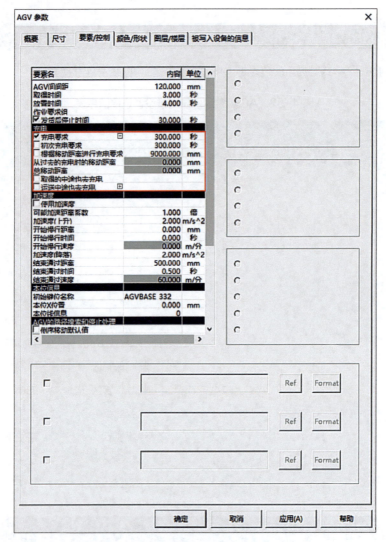

图 4-92　AGV"属性—要素/控制"窗口

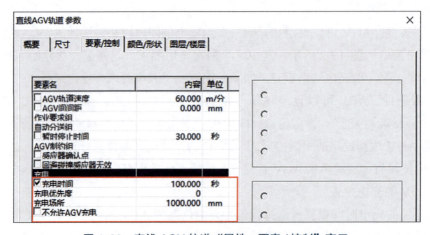

图 4-93　直线 AGV 轨道"属性—要素/控制"窗口

2. 多 AGV 任务分配设置

查找空闲 AGV：选择 AGV 管理器"属性—要素/控制"，弹出窗口如图 4-94 所示，在窗口中可设置"查找空的 AGV"的方式，具体方式包括"自由模式""查找最短距离""感应器模式""查找最短距离（AGV 优先）"。"自由模式"是指当 AGV 到达输入部分时，同时输入部分有货物到达，则触发空闲 AGV 进行工作；"查找最短距离"是指输入部分有货物到达，查询离输入部分最近的空闲 AGV，并触发 AGV 进行工作；"感应器模式"需要在选中该模式后，同时再勾选 AGV 轨道"属性—要素/控制—感应器确认点"，如图 4-95 所示，实现轨道与 AGV 的相互感应，触发 AGV 进行工作；"查找最短距离（AGV 优先）""查找最短距离"基本相似。本实验选择最短距离优先（AGV 优先）。

任务分配顺序：选择 AGV 管理器"属性—要素/控制"，弹出窗口如图 4-94 所示，通过设置"发送逻辑"来选择任务分配先后顺序，具体包括"最旧的工作最优先"与"可以发送的作业"。其中，"最旧的作业最优先"是根据到达输入部分的时间顺序分配搬运任务，先到达货物先安排搬运作业；"可以发送的作业"是分配任务时不考虑货物到输入部分的时间影响。

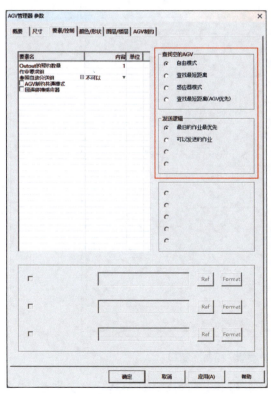

图 4-94　AGV 管理器"属性—要素/控制"窗口　　图 4-95　AGV 轨道"属性—要素/控制"窗口

3. AGV 路径搜索和停止处理

路径搜索顺序：选择 AGV "属性—要素/控制"，弹出窗口如图 4-96 所示，AGV 默认的路径搜索顺序为"按正方向顺序搜索"，是沿着轨道线行进方向进行的搜索。当选中"逆向搜索"时，AGV 将会按沿着与轨道线行进方向相反的方向搜索。"自动反转"表示当 AGV 移动至路径末端时，自动进行反向行驶。

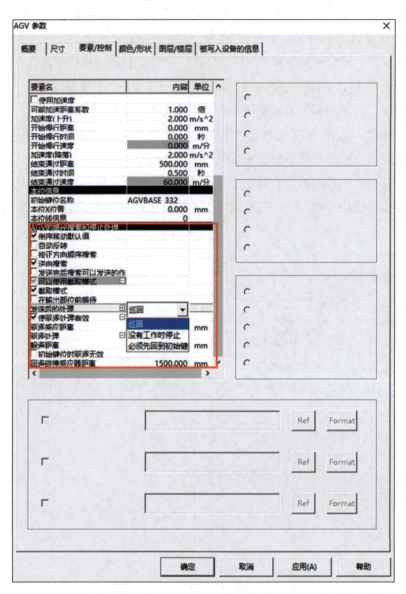

图 4-96 AGV "属性—要素/控制" 窗口

空闲状态设定：当将 AGV 管理器"属性—要素/控制—查找空的 AGV"参数设定为"查找最短距离"或"查找最短距离（AGV 优先）"时，AGV "属性—要素/控制—发送后的处理"处会提供三个选项："巡回"，表示 AGV 空闲时一直巡回移动，直至下次任务触发为止；

"没有工作时停止",表示 AGV 空闲时停止运行,直至下次任务触发为止;"必须回到初始键位",表示 AGV 空闲时返回到初始位置,若选择附加选项"返回本位的途中可以接受工作",表示在返回本位的过程中如果有任务,AGV 则不返回本位而是前往任务点。其中,AGV 在"巡回"时有两种情况:一是选择"按正方向顺序搜索",此时 AGV 是按轨道线行进方向搜索任务,当 AGV 遇到分叉轨道时,会优先选择直线主轨道前进;二是同时选择"逆向搜索"和"倒序移动默认值",AGV 是与轨道线行进方向相反的方向搜索任务,当 AGV 遇到分叉轨道时,会优先选择分叉轨道前进。其中,"逆向搜索"仅设定 AGV 在搜索货物时按照与轨道线行进方向相反的方向搜索任务,搜索到任务之后沿轨道线行进方向行驶。

勾选 AGV"属性—要素/控制—使驱逐处理有效"时,表示 AGV 等待工作停车时设置接近此 AGV 的距离长度。填写"驱逐感应距离"相应参数,即可修改驱逐距离数值大小。"驱逐处理"有三个选择:"通常的驱逐处理"表示当停止的 AGV 发现其他 AGV 时,会以相反的方向移动相应的距离;"返回本位"表示当发现其他 AGV 时,该 AGV 返回至初始位置;"最近的输入部件"表示当停止的 AGV 发现其他 AGV 时,停止的 AGV 会向发现的 AGV 移动的反方向移动找到最近的输入部分。

AGV"属性—要素/控制—截取模式"表示 AGV 可以截取其他 AGV 预定的工作,被截取工作的 AGV 处于无任务状态。如图 4-97 所示,AGV-B 排在 AGV-A 的后方与 AGV-A 同向移动,AGV-A 的任务为在输出部分 1 卸货,AGV-B 的任务为前往输入部分 1 载货。由于 AGV-B 排在 AGV-A 的后方无法超越,当 AGV-A 到达目的地输出部分 1 并完成卸货任务后,搜寻 AGV-B 的任务并截取 AGV-B 的任务进行执行。被截取任务的 AGV-B 处于无任务状态。

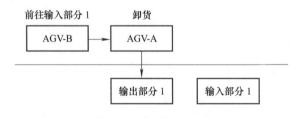

图 4-97 截取模式示意图

4. AGV 速度设置

选择 AGV"属性—概要",可以在弹出窗口中设定 AGV 的速度,默认速度为 60m/min,根据现场实际可以将 AGV 设置为不同的速度。选择 AGV"属性—要素/控制",弹出窗口如图 4-98 所示,选择"使用加速度",可以设置 AGV 运行的加速度,"加速度(上升)"表示 AGV 加速时的加速度值,"加速度(降落)"表示 AGV 减速时的加速度值,默认值均为 $2m/s^2$,可以根据需要自行更改设定。该窗口中"取得时间"表示 AGV 输入部分装载货物所需要的时间,"放置时间"表示 AGV 输出部分卸载货物所需要的时间,默认值为 1s,可以根据需要自行设定。

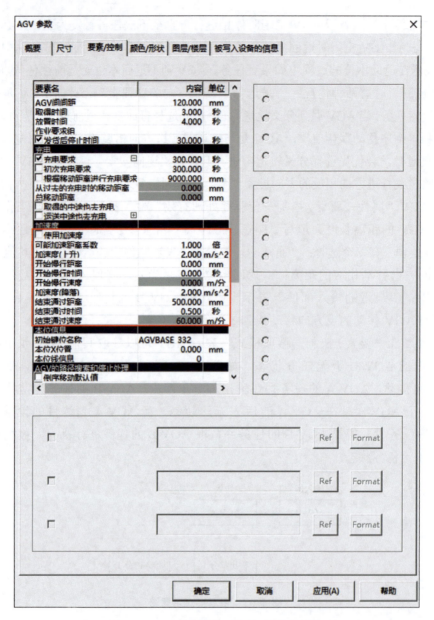

图 4-98 AGV "属性—要素/控制" 窗口

5. AGV 输出部分设置

当 AGV 载货到达输出部分后，若输出部分处有货物未运走，默认模式下 AGV 会直接离开。通过以下设定可以实现 AGV 在输出部分前等待的功能，具体步骤为：

1）选择输出部分"属性—要素/控制"，弹出窗口如图 4-99 所示，勾选"让 AGV 在前方等待"。

2）选择 AGV "属性—要素/控制"，弹出窗口如图 4-100 所示，勾选"在输出部位前等待"。

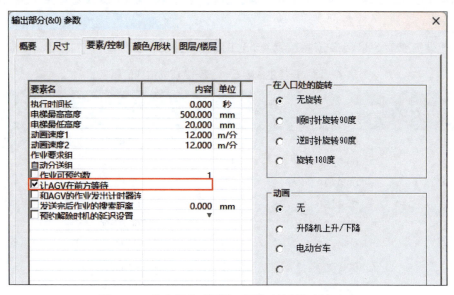

图 4-99　输出部分"属性—要素/控制"部分窗口

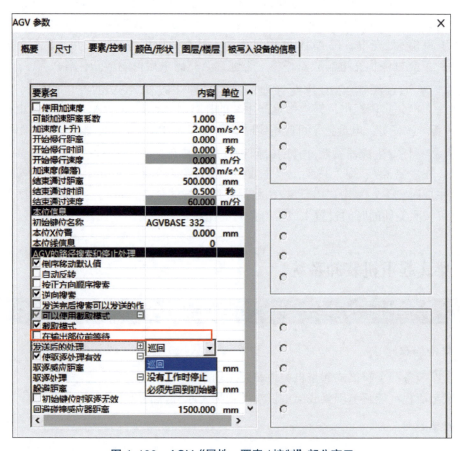

图 4-100　AGV"属性—要素/控制"部分窗口

4.7.6 思考讨论

习题

1）托盘生成器 5-1、5-2 按照按表 4-53 生成托盘搬运任务。

表 4-53 托盘生成器 5-1、5-2 货物生成信息表

货物顺序	托盘生成器 5-1		托盘生成器 5-2	
	到达时刻	输出部分	到达时刻	输出部分
1	00:00:00	3-1	00:00:00	3-2
2	00:02:00	3-2	00:01:00	3-1
3	00:03:10	3-1	00:03:00	3-2
4	00:04:30	3-2	00:04:20	3-1
5	00:06:20	3-1	00:07:00	3-2
6	00:08:20	3-2	00:10:00	3-1
7	00:11:00	3-1	00:11:20	3-2
8	00:13:00	3-2	00:13:00	3-1

2）实验中 AGV2-1 和 2-2 工作模式为巡回状态，在无任务时沿轨道空载行驶，当达到充电时间时行驶至充电位充电。请改变 AGV 工作模式，AGV2-1、2-2 没有任务时分别到轨道 8-1 和 8-2 处充电。在 AGV 充电过程中一旦有搬运任务产生，并且在剩余电量大于 20% 的条件下立刻停止充电响应新任务，否则直至充满电后再响应新任务。

提示 1 通过添加 XML 作业管理器，编写程序改变 AGV 的充电属性（属性—要素—控制—充电）实现充电；充电中途产生新的任务时，通过复位 AGV 实现停止充电，使 AGV 响应新一次任务；电量记录可应用定时计数器和 XML 作业管理器编写程序配合完成。

提示 2 托盘生成器按照文件的时间设置生成带有条码的容器方法，右键单击托盘生成器属性，在"要素/控制"内勾选"生成信息文件"，单击"Format"按钮，勾选"托盘条码""生成时刻"，单击"Ref"按钮将提前编写好的任务生成信息文件 .dat 读入托盘生成器，即可按照文件的时间设置生成带有条码的托盘。

4.8 梁式起重机装卸系统

4.8.1 学习目标

1. 理论知识

1）仓库装备：了解梁式起重机类型和应用场景。
2）工艺流程：理解基于梁式起重机混托货物入库分拣码垛相关的工艺流程。

2. 仿真技术

1）设备模型：掌握梁式起重机建模方法、参数配置及控制方式；熟悉暂存区/货架初始库存设置容器码放单元形式的方法。

2)程序指令:理解梁式起重机专用作业指令集。

① PICKUP_HOIST_CRANE;

② DELIVER_HOIST_CRANE;

③ MOVE_HOIST_HOME_POS;

④ MOVE_HOIST。

4.8.2 理论知识

(1)悬臂起重机　悬臂起重机的起重臂可以延伸并越过工作区域。它的起重臂下有葫芦用于起升货物。悬臂起重机可以安装在墙上或地面的支撑柱上。悬臂起重机的起重臂可以旋转,葫芦随着起重臂移动以便覆盖很广的范围,如图4-101所示。

(2)梁式起重机(桥式起重机)　梁式起重机如同桥一样横跨在工作区域上。如图4-102所示,起重机的桥架安装在轨道上,设备由桥架和起重小车组成,桥架沿铺设在两侧高架上的轨道纵向运行,起重小车沿铺设在桥架上的小车轨道横向运行,起重小车设置起升、吊装机构,充分利用桥架下空间吊运货物。

图4-101　悬臂起重机　　　　图4-102　梁式起重机

(3)门式起重机　门式起重机跨越工作区域的方式与梁式起重机类似,但是它的支撑点一般是在地面上,而不是在跨越区域的一端或两端的空中,如图4-103所示。门式支撑架可以固定不动,也可以沿着轨道移动。

图4-103　门式起重机实物图

4.8.3 虚拟仿真场景设计

建立梁式起重机场景模型如图 4-104 所示，模型由梁式起重机作业区域及控制区域两部分组成。梁式起重机将中央作业区内混合码放的货物依照货物种类进行分类，将其码放至双侧作业区内对应空托盘上。

仿真开始后，临时保管区 4-1 有货触发，XML 作业管理器 3 启动并控制梁式起重机 0 进行作业，将临时保管区 4-1～4-10 上初始化生成的混托货物依照货物种类分拣至临时保管区 5-1～5-10 初始化生成的空托盘上，每一个空托盘仅对应唯一货物种类。

扫码观看视频

1. 设备模型

依据表 4-54 在仿真软件中配置模型设备属性参数。

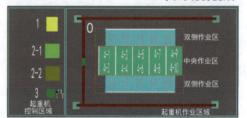

图 4-104　梁式起重机场景模型示意图

表 4-54　梁式起重机场景设备属性配置表

编号	设　　备	属　　性	参　数　值
0	梁式起重机	概要—设备名	0
		尺寸—长度	10000mm
		尺寸—宽度	6000mm
		尺寸—高度	4000mm
		尺寸—初始键位 X 轴	−4500mm
		尺寸—初始键位 Y 轴	0mm
		尺寸—初始键位 Z 轴	0mm
		要素/控制—取得时间	1s
		要素/控制—放置时间	1s
		要素/控制—手动操作模式	勾选
		颜色/形状—形状	H 形
1	初始库存设置管理器	概要—设备名	1
2-1、2-2	托盘生成器	尺寸—托盘的长度	1200mm
		尺寸—托盘的宽度	1000mm
		尺寸—托盘的高度	200mm
3	XML 作业管理器（需同时添加作业人员）	默认参数	
4-1～4-10	临时保管区（中央作业区）	尺寸—长度	1200mm
		尺寸—宽度	1000mm
		概要—设备名	对应设置 4-1～4-10
5-1～5-10	临时保管区（双侧作业区）	尺寸—长度	1200mm
		尺寸—宽度	1000mm
		概要—设备名	对应设置 5-1～5-10

2. 作业流程

参照图 4-105 建立设备间的连接，完成相关作业管理器的程序编写。

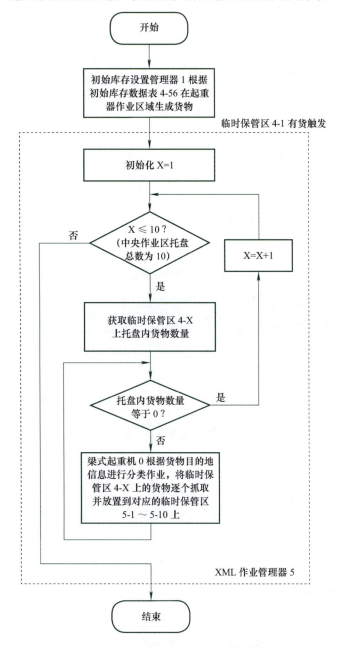

图 4-105　梁式起重机场景作业流程图

3. 仿真数据

根据表 4-55～表 4-57 制作仿真数据文件，并导入仿真模型进行运行调试。

表 4-55　商品管理文件

name	style	length	width	height
Product_001	Bara	0.8	0.4	0.15
Product_002	Bara	0.8	0.4	0.15
Product_003	Bara	0.8	0.4	0.15
Product_004	Bara	0.8	0.4	0.15
Product_005	Bara	0.8	0.4	0.15
Product_006	Bara	0.8	0.4	0.15
Product_007	Bara	0.8	0.4	0.15
Product_008	Bara	0.8	0.4	0.15
Product_009	Bara	0.8	0.4	0.15
Product_010	Bara	0.8	0.4	0.15

表 4-56　初始库存数据表

Version	OrderListID	ProductID	Quantity	Device	Destination	ReferenceDevice	Style	ColorR	ColorG	ColorB
1.0	ID001	Product_001	1	4-1	5-1	2-1	Bara	1	0	0
1.0	ID001	Product_010	1	4-1	5-10	2-1	Bara	1	1	0
1.0	ID001	Product_005	1	4-1	5-5	2-1	Bara	0.2	0.6	0.2
1.0	ID002	Product_010	1	4-2	5-10	2-1	Bara	1	1	0
1.0	ID002	Product_001	1	4-2	5-1	2-1	Bara	1	0	0
1.0	ID002	Product_005	1	4-2	5-5	2-1	Bara	0.2	0.6	0.2
1.0	ID003	Product_002	1	4-3	5-2	2-1	Bara	0	1	0
1.0	ID003	Product_010	1	4-3	5-10	2-1	Bara	1	1	0
1.0	ID003	Product_004	1	4-3	5-4	2-1	Bara	0.2	0.2	0.6
1.0	ID004	Product_005	1	4-4	5-5	2-1	Bara	0.2	0.6	0.2
1.0	ID004	Product_001	1	4-4	5-1	2-1	Bara	1	0	0
1.0	ID004	Product_010	1	4-4	5-10	2-1	Bara	1	1	0
1.0	ID005	Product_006	1	4-5	5-6	2-1	Bara	0.6	0.2	0.2
1.0	ID005	Product_002	1	4-5	5-2	2-1	Bara	0	1	0
1.0	ID005	Product_009	1	4-5	5-9	2-1	Bara	0.4	0.3	0.3

（续）

Version	Order ListID	ProductID	Quantity	Device	Destination	Reference Device	Style	ColorR	ColorG	ColorB
1.0	ID006	Product_003	1	4-6	5-3	2-1	Bara	0	0	1
1.0	ID006	Product_006	1	4-6	5-6	2-1	Bara	0.6	0.2	0.2
1.0	ID006	Product_003	1	4-6	5-3	2-1	Bara	0	0	1
1.0	ID007	Product_009	1	4-7	5-9	2-1	Bara	0.4	0.3	0.3
1.0	ID007	Product_004	1	4-7	5-4	2-1	Bara	0.2	0.2	0.6
1.0	ID007	Product_007	1	4-7	5-7	2-1	Bara	0.3	0.3	0.4
1.0	ID008	Product_001	1	4-8	5-1	2-1	Bara	1	0	0
1.0	ID008	Product_006	1	4-8	5-6	2-1	Bara	0.6	0.2	0.2
1.0	ID008	Product_004	1	4-8	5-4	2-1	Bara	0.2	0.2	0.6
1.0	ID009	Product_008	1	4-9	5-8	2-1	Bara	0.3	0.4	0.3
1.0	ID009	Product_003	1	4-9	5-3	2-1	Bara	0	0	1
1.0	ID009	Product_007	1	4-9	5-7	2-1	Bara	0.3	0.3	0.4
1.0	ID010	Product_007	1	4-10	5-7	2-1	Bara	0.3	0.3	0.4
1.0	ID010	Product_002	1	4-10	5-2	2-1	Bara	0	1	0
1.0	ID010	Product_008	1	4-10	5-8	2-1	Bara	0.3	0.4	0.3
1.0	ID011	Product_008	0	5-1		2-2				
1.0	ID012	Product_008	0	5-2		2-2				
1.0	ID013	Product_008	0	5-3		2-2				
1.0	ID014	Product_008	0	5-4		2-2				
1.0	ID015	Product_008	0	5-5		2-2				
1.0	ID016	Product_008	0	5-6		2-2				
1.0	ID017	Product_008	0	5-7		2-2				
1.0	ID018	Product_008	0	5-8		2-2				
1.0	ID019	Product_008	0	5-9		2-2				
1.0	ID020	Product_008	0	5-10		2-2				

说明　暂存区/货架初始库存设置容器码放单元形式的方法。

表 4-57 初始库存数据表各字段所代表的含义及用法

字 段 名	介 绍
Version	设置初始库存文件的版本号，使用 1.0 版本
OrderListID	托盘 ID，装载在同一个托盘上的货物具有共同的 ID
ProductID	货物名称
Quantity	换算成散货的数量（"-1"代表数量无限，"0"代表空托盘）
Device	临时保管区的设备名，用于设置临时保管区的初始库存
Destination	货物的目的地信息
ReferenceDevice	设置托盘生成器的名称，作为初始化生成托盘的参照
ColorR	货物的颜色（红色比例，0.0～1.0）
ColorG	货物的颜色（绿色比例，0.0～1.0）
ColorB	货物的颜色（蓝色比例，0.0～1.0）

4.8.4 虚拟仿真场景实现

1. 设备连接

表 4-58 列出了梁式起重机场景中模型设备之间的参考连接方式。

表 4-58 梁式起重机场景设备连接信息表

起始连接设备		终端连接设备		连接方式
类 型	编 号	编 号	类 型	
临时保管区	4-1	3	XML 作业管理器	连接到作业管理器上

注：将临时保管区 4-1 连接至 XML 作业管理器 3 上的目的为触发 XML 作业管理器 3 进行作业，因而需要在临时保管区 4-1 的"属性—设定作业要求"中勾选"投入物作业要求有效"，并勾选作业管理器名称"3"。

2. 梁式起重机控制方式

（1）自动模式　仿真软件中，梁式起重机的操作模式有多种，其中，自动模式可通过设备之间的直接连接完成，如图 4-106 所示，将输送机或临时保管区与梁式起重机之间通过"连接下一个设备"的方式进行连接可直接完成对梁式起重机的调用。

图 4-106　自动模式下的连接方式

在该模式下，选择起重机"属性—要素/控制"，弹出窗口如图 4-107 所示，在"用于选择下一个设备的变量"选项中（即图 4-107 中①所示），如勾选"目的地"作为选择下一个设备的变量，梁式起重机在吊装一件货物后会识别货物的目的地信息，并放置到以货物目的地信息作为设备名的临时保管区等设备上。

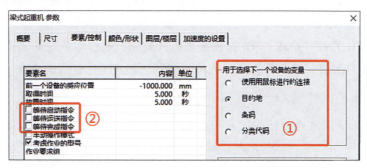

图 4-107　梁式起重机"属性—要素/控制"窗口

在该模式下的"等待启动指令""等待运送指令""等待完成指令"用法见表 4-59。

表 4-59　相关控制指令表

指　令	描　述
SEND_STARTING_COMMAND，梁式起重机设备名	当勾选"等待启动指令"选项时，使用该语句将向梁式起重机发送"启动"命令
SEND_CONVEYANCE_COMMAND，梁式起重机设备名	当勾选"等待运送指令"选项时，使用该语句将向梁式起重机发送"运送"命令
SEND_COMPLETION_COMMAND，梁式起重机设备名	当勾选"等待完成指令"选项时，使用该语句将向梁式起重机发送"完成"命令

（2）手动模式　本实验建议使用手动操作模式，在调用梁式起重机之前，需选择起重机"属性—要素/控制"，弹出窗口如图 4-108 所示，勾选"手动操作模式"复选框。

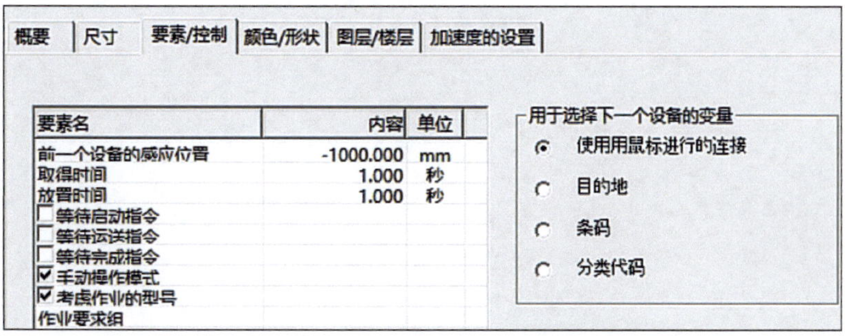

图 4-108　梁式起重机要素设置图

在手动操作模式下，XML 作业管理器通过梁式起重机的设备名实现调用，无须进行额外连接。该模式下需要应用调用梁式起重机专用指令。

3. 程序指令

扫描前言中的二维码下载起重机虚拟仿真场景参考程序。

通过程序调试重点理解以下指令使用方法：

- ◆ PICKUP_HOIST_CRANE：使用起重机（分拣机）执行拿取作业的命令。
- ◆ DELIVER_HOIST_CRANE：使用起重机（分拣机）执行运送、放置作业的命令。
- ◆ MOVE_HOIST_HOME_POS：使起重机（分拣机）移动至始发位置的命令。
- ◆ MOVE_HOIST：使起重机（分拣机）移动至指定坐标位置的命令。

4. 仿真数据文件制作及运行设置

在用 XML 变换工具进行转换时，将初始库存数据表"StockInitializeData.csv"对应的"备注①"处设为"1"（对应初始库存设置管理器 1）。

4.8.5 思考讨论

习题　在本实验中，梁式起重机拿取货物的方式为"顺序拿取"，即从中央作业区第一个托盘开始，根据托盘上货物从上到下的码放顺序依次拿取最上方的货物将其放至双侧作业区指定托盘，完成中央作业区第一个托盘上货物分类后，再对第二个托盘货物进行分类，以此类推。为提高设备运行效率，将梁式起重机的货物拿取方式设定为"就近拿取"，即将某货物放至目的地后再拿取下一个货物时，选取距离上一个货物目的地最近的待分类货物进行拿取。请在已有程序基础上进行调整，实现"就近拿取"的作业方式。

第 5 章

数据分析篇

5.1 知识框架

5.1.1 历史数据分析

仓库物流活动特征画像可以从以下六个侧面进行绘制:

1. 仓库用途特征

仓库的用途是规划设计的原点。仓库类型对库内运营影响巨大,例如生产企业的仓库和商业企业配送中心的运营要求就完全不同,即使同属生产企业的仓库,产成品库、原材料库和备品备件库处于生产流程的不同环节,它们的运营要求也差异巨大。另外,同样是商业配送中心,批发、零售和电商属于不同的销售业态,它们的运营要求也存在巨大的差异。

2. 货物物理特征

货物的物理特征影响仓库储位管理以及存储与搬运设备类型的选择,具体包括品项数量、品项描述、物料类型、存储环境(例如冷冻、冷藏、易燃、易爆等)、效期时间、单品/中包装/箱装单元的外形尺寸(长度、高度和宽度)、品项单元重量、每箱品项数量/装箱规格、单托盘码放箱数。这些信息既可以通过货物说明文件获取,也可以在入库上架之前通过人工或自动的方式进行采集。

3. 仓库吞吐量时间分布特征

分析仓库吞吐量的变化,包括季节需求的增长、月度和工作周内的周期性规律以及货物需求量变化,对合理分配设施空间、设备资源、人员工作时间和岗位轮换至关重要。

(1)月分布特征 月分布特征是以月为时间段统计入库作业量、出库作业量、库存量和退货量。该特征用于分析春季、秋季、冬季以及大型节假期等季节因素对仓库吞吐量带来的影响。由于存储系统的空间设计需要适应最大库存水平,搬运系统的能力需要满足出入库峰值水平,而人员数量和设备配置相对固定,因此辨识吞吐量的月度波峰波谷十分关键。在仓库规划设计时,应考虑如何有效分配固定数量的人员、设备和空间来应对月度吞吐量的波动情况。

(2)周分布特征 周分布特征是以周为时间单位统计入库作业量、出库作业量和退货量。由于企业的财务结算以月为单位,因此月度作业量变化具有相近趋势,例如大部分发货作业量出现在每个月的最后一周,尤其每个季度的最后一个月。相反,大部分的收货作业量出现在每个月的第一周,尤其是每个季度的第一个月。

（3）日分布特征　日分布特征是以周一至周日为单位，统计各天的平均日入库作业量、出库作业量和退货量。该特征可以揭示各周内吞吐量的日波动规律，根据该规律特点合理安排人员班次与休假时间。

（4）时分布特征　时分布特征是以小时为单位，统计每天同一时间内的入库作业量、出库作业量和退货量。该特征可以揭示每天内各小时的库内各个工艺岗位的作业量波动规律。物流设施与设备的数量应该满足最大峰值活动的要求，例如在设计收货月台作业门和停车泊位的数量时，要满足集中到货时间段内的卸货作业和停泊车辆的需求，同样发货集货区的面积和发货月台门的数量要满足最大发货波次的发货量和车辆线路数的需求。由于很多工艺岗位之间存在时间承接管理，例如收货之后才能上架，拣选完成之后才能发货，因此可以通过岗位部门之间人员的上班时间的错峰调整和岗位轮职来弥补峰值的需求。

4. 物流单元特征

物流单元特征分析是对入库数据、销售明细和库存表中包含的整托盘、整箱和拆零作业量进行分析。分析步骤以销售明细为例进行说明。

（1）拣选作业单转化　将销售明细中每行数据的客户订货数量除以对应的装箱规格换算为箱数，余数为拆零作业量；再将以上计算得到的箱数除以单托盘码放箱数得到托盘作业量，余数为整箱作业量。

（2）PCB作业占比分析　拣选任务单按照单纯托盘作业量的订单、单纯整箱作业量的订单、单纯单品作业的订单、托盘与整箱作业混合订单、整箱与单品作业混合订单，以及托盘、整箱和单品作业混合订单分为六类，统计各类订单占总客户订单量的比例。根据各类订单的占比情况，确定仓库内是否需要专门划分整托盘拣选区、整箱拣选区和拆零拣选区进行订单拣选作业，并作为下游订单合流的方案和设备选型的重要设计依据。

（3）拣选区订单集构建　根据PCB拣选区划分情况，构建各拣选区内的订单集合，例如整托盘拣选区对应托盘拣选作业订单集，整箱拣选区对应整箱拣选作业订单集，拆零拣选区对应拆零拣选作业订单集。在现场作业中，当订单释放至仓库管理系统时，系统会自动完成以上PCB拆分并分配至对应拣选区域，各区域内并行作业，在集货区对各区域任务的订单进行合并。

5. 货物活动特征

货物活动特征主要用于对存储设备的选型与配置，决定每种货物：①应该选用什么样的存储模式；②在选用的存储模式内分配多大空间；③在存储空间内分配在哪个具体货位。

（1）订货频次分析　货物的订货频次分析是对给定订单集合内不同货物出现次数的分析。货物在订单中出现的次数与包含该货物的订单行数相对应。该分析会根据订货次数由大到小的顺序将货物重新排列，绘制在柱状分布图上。通常仓库内少部分商品产生绝大部分的拣选活动。分析过程中，会应用ABC分类方法，根据订货频次占比将货物划分为A级（畅销品）、B级（中间品）和C级（滞销品）。ABC分类方法的关键点在于如何选择ABC的划分界限。例如，排名前20%的货物品项占订货次数的80%，将其定义为A级；其后30%的货物品项占订货次数的15%，将其定义为B级；其余50%的货物占订货次数的5%，定义为C级。由于订货频次与拣选作业频次对应，因此需要根据ABC三类货物的频次需求，选择拣选性能满足要求的装备类型。

（2）订货体积分析　货物的订货体积分析是对给定订单集合内不同货物出库体积的分析。该分析会根据订货体积由大到小的顺序将货物重新排列，绘制在柱状分布图上。同样应用 ABC 分类方法，根据订货体积占比将货物划分为 A 级（大流量品）、B 级（中等流量品）和 C 级（小流量品）。由于订货体积与存储量对应，因此需要根据 ABC 三类货物订货体积，选择存储能力满足要求的装备类型。

（3）品项完成订单数特征分析　用于发现是否存在少量的品项组合能够覆盖大部分订单的情况。如果货物活动存在这种特征，可以将这一小部分货物分配至独立拣选单元。单元内的作业效率和作业准确性是传统仓库的 2～5 倍。以电子商务配送中心为例，在电商进行促销活动时，订单量会激增至平时的 10 倍左右。通过促销活动计划，可以预测出爆款订单，将当前波次下的同类爆款订单合并成一个批次订单，从存储区拣出包含品项的整托单元，放置在独立拣选复核包装单元，提前打印发货单、快递单，这样可以快速完成拣选、包装、贴标作业。如图 5-1 所示，每个独立拣选复核包装单元由一个拣选台和 5 个员工组成，拣选台上摆放了促销货品 A 和 B 以及称重装置，1 号员工完成纸箱成形工作，将空纸箱放在台上，2 号和 3 号员工取空箱放置订单货物组合，4 号员工完成订单箱的封装后放至称重装置复核，5 号员工将提前打印的快递单贴在箱子封口处，并将其码放至托盘。

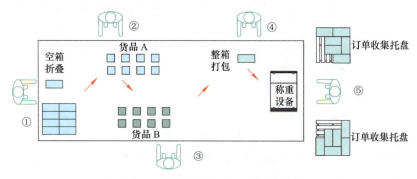

图 5-1　独立拣选复核包装单元布局图

（4）品项需求相关度　将一段时间内两个品项同时出现在同一个订单的频率定义为品项需求相关度，用以描述两个品项被客户同时订购的可能性大小。品项需求相关度主要用于拣选分区之间的品项划分，以及相同分区内的储位分配。在并行分区拣选作业中，各分区独立作业，不同分区内的同一订单任务在集货区合并完成。因此，在品项划分至不同拣选分区时，遵循将需求相关度高的品项分配至相同分区内的原则。在串行分区拣选作业中，各分区接力作业，系统的总体效率取决于作业效率最低的分区作业效率，换句话说，各分区的作业量越均衡，系统的总体效率越高。因此，在品项划分至不同拣选分区时，遵循将需求相关度高的品项分配至不同分区内的原则，目的是保证分区任务的均衡性。

6. 订单结构特征

订单结构特征分析是针对销售订单的结构特征分析，主要用于选择合理的拣选策略以及设计拣选 / 运输工具和容器尺寸。

（1）订单行统计特征　客户订单可以理解为在超市内的购物清单，清单上的每一条产品名称和数量信息被称为订单行。由于订单中的一行任务通常对应着一种品项货物,因此订单的任务行数可描述一个订单中包含的货物品项种类数量。每条拣选订单行对应一个访问位置,由于在传统仓库中行走占主要劳动成本,因此,拣选行的数目是劳动强度的重要表征指标,管理好货位访问是一把实现仓储作业效率最大化的万能钥匙。

(2)订单体积统计特征　订单体积统计特征分析包括两步:首先计算每个订单的货物体积,然后在此基础上根据自定义的体积分类标准统计每类订单的占比。体积分类标准可以选择发货容器容积、拣选工具或运输工具的容积以及发货暂存空间需求。该特征可以帮助选择拣选/运输工具和容器尺寸。例如拆零订单拣选的商品通常放置到塑胶周转箱或纸箱内,因此分析订单体积特征可以帮助选择合适体积的周转箱或纸箱,对于体积较大的订单还需要根据周转箱或纸箱体积以及装载容量比例,计算箱的数量。此外,配送派车调度以货物体积为主、重量为辅,因此客户订单体积对于配送货车的派车作业设计至关重要。

(3)订单行-订单体积的交叉分析统计特征　交叉分析法又称立体分析法,可以对同时具备两类特征的订单进行统计分析。订单行-订单体积的交叉分析统计特征,就是应用了交叉分析法,将订单行特征分类作为Y轴坐标,将订单体积特征分类作为X轴坐标,用Z轴坐标表示同时具备两类特征分类订单的数量。根据基于订单行和订单体积的交叉分析的特征将订单聚类,结合订单类内覆盖SKU数量和重合度特征,来确定订单拣选策略。

单行且单件的订单最适合采用批量拣选的方法,将多张同类型订单整合在一起拣选,由于每件货物都对应一个订单,所以无需后期的分拣至订单的环节。在此基础上,如果该类订单覆盖的SKU数量达到上千种,单订单行订单批量可以根据拣选行程长度将仓库划分为多个拣选分区,每个分拣区安排专门人员或设备完成分区内包含的部分订单批量拣货任务,即采用批量-分区拣选策略。

针对SKU重合度不高且体积中等的多行订单,适合采用边拣边播的批量拣选策略。该策略借助拣货车拣货,对于拆零拣货车根据容纳订单能力在车上设置40甚至50个篮位,每个篮位对应单个订单;对于整箱拣选车通常可以容纳3个托盘,每个托盘对应单个订单。拣货员开始工作之前,通过扫描终端将任务单上任务与拣货车上的篮位或托盘一一绑定,然后对照拣货任务单(一般打印纸单或借助移动终端),根据系统推荐的最优路径找到相应的货物,拣选相应的数量放入所对应的篮位或托盘中。

针对那些SKU重合率高且体积中等的多行订单,可以采用先拣后播的批量拣选策略。将该类订单合并为一个批量,然后将批量包含的货物以整托盘或整箱为单元拣入二次分拣区;然后通过播种墙、电子标签技术进行二次分拣,播种墙内包含多个篮位,开始工作前将任务单上任务与播种墙上的篮位一一绑定,扫描货物条码,播种墙上对应的篮位指示灯亮起,并提示需要放入几件货物,待分拣员放入正确的货物后,指示灯关闭,如此循环完成这一货物的全部播种任务后,再播种其他货物,等该批次的所有货物都播种完毕后,播种墙上的订单也都放入了所要求的货物。

针对订单体积与拣选容器(托盘或周转箱)相近的订单,本身的工作量非常充足,通常采用按单拣选方式。按单拣选就是针对每一张订单进行拣选,通过一站式拣选来配齐单张订单里所有的货物。

针对订单体积超出单个拣送容器的容积限制的多行订单,需要将该订单根据仓库内货物存储分区情况，拆分成多个拣送容器安排不同的人员进行分区拣选：当分区距离远或分区内子订单体积与拣选容器（托盘或周转箱）相近时，建议采用分区并行拣选策略，各分区内人员之间并行作业、互不干扰；当分区距离近且子订单体积小时，建议采用分区接力拣选策略，分区之间通过输送线相连，子订单容器在各分区内接力传递。分区拣选完成后的子订单都被送至集货区对应的线路暂存区，在装车复核前实现订单合并。

针对那些体积中等且 SKU 数量成千上万的多行订单，建议采用批量 - 分区拣选策略，将订单根据 SKU 重合度组合为多个批次，每个批次根据分区货物种类，拆分成各分区内的子批次订单，拣货员可以采用边拣边播的拣选策略，借助拣货车拣货，单次行程完成 2～4 个子批次订单，将各分区的子批次订单合并为完整批次订单后再进行二次播种作业，将批次订单拆分为具体的订单。

5.1.2 仿真数据分析

乐龙物流仿真软件提供了如下四类仿真分析工具：

1）工作人员动线分析工具及移动距离分析工具，用于人员或设备运动线路和移动距离分析，在 5.2.2 节中结合具体虚拟仿真场景设计讲述工具的基本应用方法。

2）作业效率与作业时序分析工具，用于人员或设备作业效率和作业时序图分析，在 5.3.2 节中结合具体虚拟仿真场景设计讲述工具的基本应用方法。

3）生产能力及图形化分析工具，用于人员或设备生产能力分析，在 5.4.2 节中结合具体虚拟仿真场景设计讲述工具的基本应用方法。

4）ABC 计算工具，用于基于 ABC 成本法的仿真分析，在 5.5.2 节中结合具体虚拟仿真场景设计讲述工具的基本应用方法。

5.2 工作人员动线分析工具及移动距离分析工具

5.2.1 学习目标

仿真数据分析：掌握工作人员动线分析工具、人员移动距离分析工具两种仿真数据分析工具的使用方法。

5.2.2 分析工具介绍

1. 工作人员动线分析工具

（1）工具介绍　工作人员动线分析工具可直观地展示运行过程中各人员在作业过程中的移动路径。通过动线分布图，可以分析仓库内各物流通道内人员活动集中度状况，并借助动线上"滞留球"的大小确定作业人员等待滞留问题的严重程度。在此基础上，可以通过任务分配以及货位优化等手段，对活动集中、人员等待严重的物流通道进行优化改善。

（2）工具使用　软件中的动线分析工具可以对每个作业人员的移动路径进行标记，使用该功能前需要对作业人员进行属性参数设置，选择作业人员"属性—概要"，弹出窗口如

图 5-2 所示，勾选"输出动线日志"后保存退出。

在仿真运行结束后，单击菜单栏"工具—工作人员的动线表示"即可观察工作人员动线分布情况。

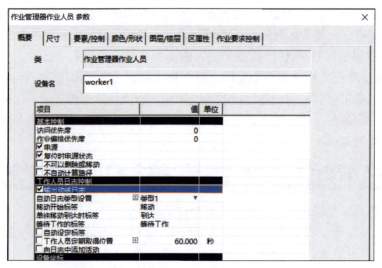

图 5-2 作业管理器作业人员"属性—概要"窗口

2. 人员移动距离分析工具

（1）工具介绍　人员移动距离分析工具用于统计仿真过程中各工作人员移动的总距离，基于各人员行走距离的对比分析，可以对任务分配的均衡度开展进一步优化。

（2）工具使用　在仿真运行结束后，单击菜单栏"数据输出—输出所有作业人员的移动距离"即可弹出移动距离分析工具窗口。

5.2.3　虚拟仿真场景设计

以 2.4.3 节中整箱拣选场景模型作为分析对象，应用工作人员动线分析工具分析工作人员动线分布情况，应用人员移动距离分析工具分析工作人员的移动距离情况。

如图 5-3 所示，与整箱拣选场景模型相比，本场景中调整了集货区临时保管区 2 的位置，货架出库数据表见表 5-1。

扫码观看视频

图 5-3 整箱拣选场景模型示意图

表 5-1 货架出库数据表

OrderListID	ProductID	Quantity	Style	From	Location
ID001	Product_001	480	Outer	3	01-01-01-01
ID002	Product_001	480	Outer	3	01-01-01-01
ID003	Product_002	480	Outer	3	01-03-03-01
ID004	Product_002	480	Outer	3	01-03-03-01

5.2.4 虚拟仿真场景实现

1. 工作人员动线分析工具

运行结束后，单击菜单栏"工具—工作人员的动线表示"，弹出工作人员的动线表示窗口，如图 5-4 所示，单击"适用"按钮得到动线分析图，如图 5-5 所示。

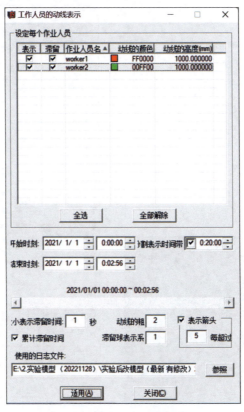

图 5-4 工作人员的动线表示窗口

说明1 工作人员的动线表示窗口各功能部分解释。

如图 5-6 所示，对工作人员的动线表示窗口进行区域划分，各区域含义及使用方法解释如下：

① 设定每个作业人员。

表示：设置是否表示对应作业人员的动线；

滞留：设置是否表示滞留时间；
作业人员名称：显示具有动线日志的作业人员名称；
动线的颜色：设定对应动线表示的颜色；
动线的高度：设定动线显示的高度；
全选/全部解除：全选/全部取消"表示"和"滞留"。

② 开始时刻和结束时刻：显示作业人员开始时刻到结束时刻间的移动路线。从开始时刻后的第一个移动起始点到结束时刻前的最后一个移动结束点将被显示。

③ 分割表示时间带：将整个时间按照一定的间隔分割后，显示每个时间段内的动线。选中复选框后，可以调整分割时间。

④ 最小表示滞留时间：当滞留的时间大于这里设置的时间，才会记录为滞留时间。

⑤ 累计滞留时间：当选中此复选框，滞留时间是对应于同一位置停留时间的积累值。

⑥ 动线的粗细：设置动线的粗细；滞留球表示系：指定滞留球的尺寸。

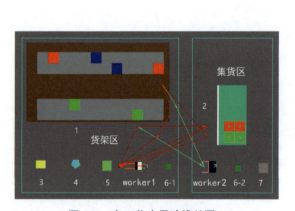

图 5-5 各工作人员动线总图

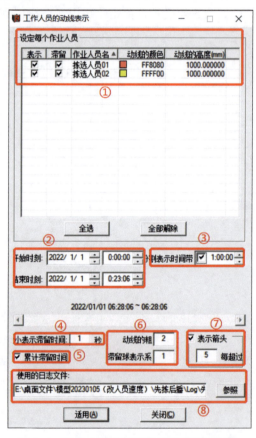

图 5-6 工作人员的动线表示窗口区域划分

⑦ 表示箭头：显示移动路线方向的箭头；每超过：当滞留的时间大于这里设置的时间时，才会显示箭头。

⑧ 使用的日志文件：单击"参照"按钮，可读取指定的日志文件。

在图 5-4 中，通过单独勾选"设定每个作业人员"中"表示"和"滞留"选项，可以显示单个作业人员的动线图，拣货员（worker1）动线图如图 5-7 所示，补货员（worker2）

的动线图如图 5-8 所示。在图 5-4 中设定分割表示时间带"00:00:15",则可通过拖动图中滚动条的方式按照固定时间间隔显示动线和滞留球的变化情况。

为便于说明动线与作业的对应关系,在图 5-7 和图 5-8 中对 worker1 和 worker2 各条行走路线进行标号。图 5-7 中路线①—②—③—④对应 worker1 执行表 5-1 中第一行和第二行拣货任务 ID001、ID002 过程中叉取空托盘、拣货、放货到暂存区以及返回初始位置的行走路径,由于两次任务拣选货位相同,因此在图中路线重叠。路线①—⑤—⑥—⑦对应 worker1 执行表 5-1 中第三行和第四行拣货任务 ID003、ID004 过程中叉取空托盘、拣货、放货到暂存区以及返回初始位置的行走路径。图 5-8 中的路线①—②对应 worker2 在第一行和第二行拣货任务 ID001、ID002 之间补货作业往返动线,路线③—④对应 worker2 在第三行和第四行拣货任务 ID003、ID004 之间补货作业往返动线。

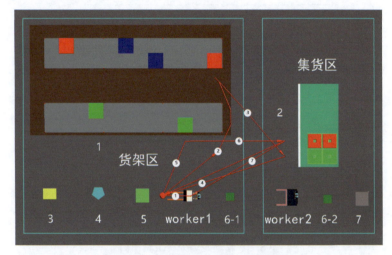

图 5-7 拣货员(worker1)动线图

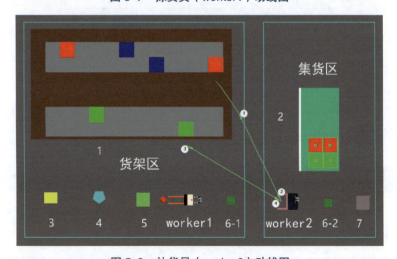

图 5-8 补货员(worker2)动线图

以上动线图中,拣货员(worker1)在托盘生成器 5 处生成滞留球。该滞留球直径大小代表拣货员(worker1)滞留时间长短,即在作业管理器指挥作业人员执行指令期间,由于某些原因致使作业人员无法继续作业而在原地等待的情况,表现在动线图里会产生滞留球。

该实验中，每个货位上存储货物数量同为 720 件，拣货员（worker1）执行表 5-1 中第一行 ID001 任务后，从货位 01-01-01-01 上拣取 480 件，货位上剩余 240 件。拣货员（worker1）再次领取空托盘，开始执行表 5-1 中第二行 ID002 任务前，需要查询货位 01-01-01-01 上剩余货物数量是否满足当前拣选量，由于不满足当前 480 件拣选量，因此触发补货员（worker2）对货位 01-01-01-01 进行整托盘补货，补货完成后继续之前的拣选任务。动线图中的滞留球由该期间拣货员（worker1）原地等待时间产生。

2. 人员移动距离分析工具

仿真结束后，应用作业人员移动距离分析工具，结果如图 5-9 所示。单击右下角的"保存到文件"按钮，将数据保存成 CSV 格式文件，CSV 文件中的数据详见图 5-10。

图 5-9　移动距离分析工具窗口

	A	B	C	D	E
1	作业人员	作业管理器	移动距离(m)	活动名	楼层
2	worker1	6-1	100.79769	ACTIVITY	1
3	worker2	6-2	36.967317	ACTIVITY	1

图 5-10　作业人员移动距离分析工具导出数据

5.3　作业效率与作业时序分析工具

5.3.1　学习目标

仿真数据分析：掌握日志解析工具的使用方法及分析应用，并将日志解析工具应用于具体实验中进行相关数据分析。

5.3.2　分析工具介绍

1. 工具介绍

（1）功能说明　仿真程序运行结束后，软件会自动以文本文件格式记录过程日志文件，保存在名为"Log"的文件夹中。应用日志解析工具可以对日志文件进行分析，将作业人员或设备（堆垛机、输送线、提升机以及 AGV）的各项活动耗时归类统计出来，以图表的形式展示。借助图表，可以直观了解作业人员或设备的各项活动时间分布及占比，便于发现人员或设备任务分配以及作业环节衔接中存在的问题，并进一步分析优化。

（2）日志输出指令　在软件默认设置下，系统自动输出作业人员的作业日志仅记录人员"移动开始"、"移动到达"和"等待工作"三类活动标签，该设置在 XML 作业管理器"参数—作业人员生成·删除—作业人员日志控制"中选择，如图 5-11 所示。使用日志解析工具对输出作业人员的作业日志分析处理时，人员活动时间只能划分为等待工作与正在作业（即移动中）两种状态时长。

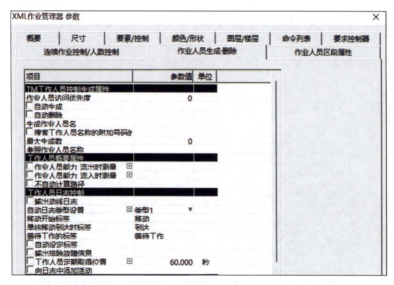

图 5-11　XML 作业管理器"属性—作业人员生成·删除"窗口

如果要更细致地分析作业人员的各项活动耗时，则需要应用专门的日志输出指令将各项活动记录到日志文件中。常用日志输出指令解释见表 5-2。

表 5-2　常用日志输出指令解释

指令类型	指　　令	指令解释
拿取/放置类型指令（以"LOAD"指令为例）	原指令： LOAD, Device, Reverse	在拿取/放置类型指令字段的尾端添加"_WITH_TIME_LOG"，并在原指令程序的尾部添加 Time、LogCode、LogMes 等参数就可使该指令生成对应的日志信息，各参数含义及使用方法如下： ① Time 参数的含义为执行指令所消耗的时间，只能填写浮点型数字。日志输出指令执行时，将根据指令参数中设定的时间执行，而作业人员属性中设定的时间与 XML 文件设置的时间都将无效 ② LogCode 内只能填写英文字符与数字，一般用于标记指令顺序 ③ LogMes 可以填写中英文字符与数字，一般用于解释日志的含义
	日志输出指令： LOAD_WITH_TIME_LOG, Device,Reverse,Time, LogCode, LogMes	
移动类型指令	在移动指令之前插入指令： LOG_CMD, Start_and_Arrive, LogCode1,LogMes1, LogCode2,LogMes2	该指令会生成作业开始时间和作业到达时间两条日志。作业开始时间指作业人员开始移动的时刻；作业到达时间指作业人员移动到达指定地点的时刻。将该指令插入移动指令之前，可以计算该次移动的耗时。同时参数 LogMes1 和 LogMes2 会添加到对应的日志信息中，作为日志解析工具读取日志信息时的标识

（续）

指令类型	指　　令	指令解释
停滞作业指令	在停滞指令之前插入指令： LOG_CMD,Start,LogCode1,LogMes1 POWER_OFF, @@ThisWorkerName	该指令会生成作业人员开始停滞的时间日志，参数LogMes1会添加到对应的日志信息中，作为日志解析工具读取日志信息时的标识

（3）日志文件　每次运行模型时，模型所在文件夹内都会生成一个"Log"子文件夹，该文件夹内自动生成扩展名为".LOG"的日志文件。日志文件的名称自动生成，格式为"模型名 _ 生成时间 _ 随机编号.LOG"。

如图5-12所示，日志文件由若干行字符串组成，每行字符串一般格式如下：

字符串1，字符串2，字符串3，字符串4，字符串5，字符串6，字符串7，…，字符串N

每行字符串用逗号间隔分成至少7个字段。其中，字符串1~字符串6由软件自定义，自动输出不可更改，字符串7及以后为记录日志的内容。各字符串的含义见表5-3。

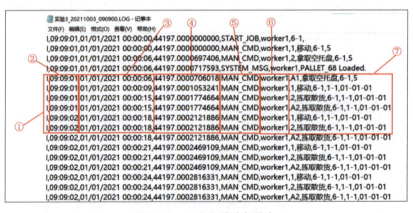

图5-12　日志文件（部分）

表5-3　日志文件中各字符串含义

字　符　串	与图5-12的序号对应	字符串含义	格　　式
字符串1	①	表示关于日志的概略信息	格式为I、E、D、S、T中的某一字母 I—模拟信息；E—错误信息；D—除错信息；S—系统发出的消息；T—追踪时间信息
字符串2	②	运行时计算机操作系统上显示的时间	格式为h:m:s
字符串3	③	运行时的模拟时间，即软件中所显示的时间	格式为month/day/year h:m:s
字符串4	④	模拟时间的详细值	格式为精确到小数点后十位的浮点型数字
字符串5	⑤	操作类型，表示此行字符串所记录的命令是何种类型	MAN_CMD表示作业人员的日志信息，SYSTEM_MSG则表示系统日志信息

第5章 数据分析篇

（续）

字 符 串	与图 5-12 的序号对应	字符串含义	格　　式
字符串 6	⑥	表示留下日志的设备名称	设定的设备名
字符串 7 及以后	⑦	日志主体	无固定格式，一般是与各种设备、指令相关联的具体信息，有的情况下字符串 8 以上的日志也会出现

（4）日志解析工具

◆ 工具使用前配置

准备一 软件中的大部分工具基于 Microsoft Excel 2003 的 VBA 函数（宏）开发，因此须使用 Excel 2003 版本运行。打开 Excel 2003，在"工具"—"宏"—"安全性"中将安全级设为"低"，在其他安全级别时可能无法启动分析工具，如图 5-13 所示。

准备二 在进行仿真前，需确定日志文件输出设置的正确性。单击菜单栏"文件—设定日志输出"按钮，弹出如图 5-14 所示的窗口。默认勾选"和模型文件同一场所的"Log"文件夹中"，日志文件会保存在模型文件相同目录下的"Log"文件夹中。在"Log 文件的输出设置"选项中，给出了不同设备的日志输出类型，以及各类型对应的日志指令。在分析作业人员时，必须勾选"MAN_CMD"选项。在分析吊车 / 传送带 / 升降机 /AGV 时，需要选择对应的选项。此外，取消勾选不需要的日志输出选项，可有效缩减日志输出文件的大小，更有利于提高模型的运行速度。

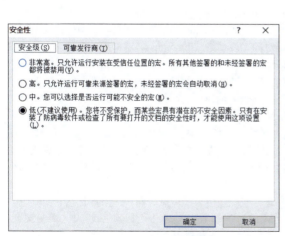

图 5-13　安全级别设置　　　　图 5-14　设定日志输出窗口

准备三 在使用日志解析工具前，需先生成日志文件。当仿真运行结束后，单击"保存"按钮，则在模型所在目录下"Log"文件夹中生成扩展名为 LOG 的文件。

◆ 解析日志工具窗口简介

准备工作完成后，单击菜单栏"工具—打开日志解析工具"，弹出日志解析工具窗口，如图 5-15 所示，日志解析工具窗口各部分含义见表 5-4。

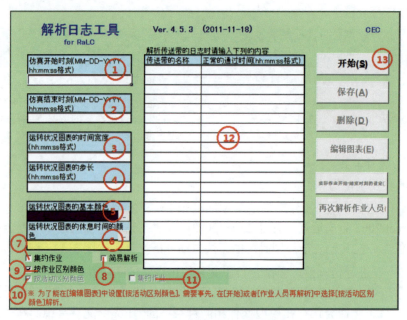

图 5-15　日志解析工具窗口

表 5-4　日志解析工具窗口各部分含义

序号	名称	含义
①	仿真开始时刻	在此处输入分析的开始日期和时间。省略时，工具将自动提取日志文件中的解析对象日志记录中最早的时间
②	仿真结束时刻	在此处输入分析的结束日期和时间。省略时，工具将自动提取日志文件中的解析对象日志记录中最晚的时间
③	运转状况图表的时间宽度	本选项用于制作运转状况图（即忙闲状态图）。时间宽度将作为运转状况图横坐标的总时长。可以从下拉列表中选择时间宽度。如果列表中的选项不符合用户的要求，可自行指定时间宽度（格式 hh:mm:ss）。如果此项为空白，工具将自动选择合适的时间宽度
④	运转状况图表的步长	本选项用于制作运转状况图（即忙闲状态图）。步长将作为运转状况图横坐标的单位时长。可以从下拉列表中选择步长。如果列表中的步长不符合用户的要求，可自行指定步长（格式 hh:mm:ss）。如果此项为空白，工具将自动选择合适的步长。运转状况图可显示的最小步长为 1min
⑤	运转状况图表的基本颜色	此处指定的颜色将作为运转状况图的基本颜色。单击"…"按钮时会弹出"调色板"窗口，可以从中选择颜色。选中"简易解析"选项，此处设置的颜色将被忽略，不再起作用
⑥	运转状况图表的休息时间颜色	此处指定的颜色将作为运转状况图中表示休息时间（即闲置状态）的颜色。单击"…"按钮时会弹出"调色板"窗口，可以从中选择颜色。选中"简易解析"选项，此处设置的颜色将被忽略，不再起作用
⑦	集约作业	当选中此项时，工具将多个作业名称合并为同一个作业名称。此功能仅限于作业人员日志分析
⑧	简易解析	在分析作业人员时，可选择"简易解析"复选框。选中此选项时，在作业管理器属性中设置的"作业控制组"也作为一个作业名称进行分析
⑨	按作业区别颜色	本选项作用于作业人员运转状况图（即忙闲状态图）。特定的作业类型用指定的颜色进行表示，有助于帮助用户理解作业的运转状况。选中此选项时，"按活动区分颜色"和"集约活动"将不允许选择

（续）

序号	名　称	含　义
⑩	按活动区别颜色	本选项作用于作业人员运转状况图（即忙闲状态图）。当选中此选项时，运转状况图只显示"作业时间"和"等待时间"，不会对活动时间进行细分。此功能仅限于作业人员日志分析
⑪	集约活动	当"按活动区分颜色"被选中，工具将多个活动名称合并到同一个活动名中。作业人员日志分析开始时，将要求导入文件。此功能仅限于作业人员日志分析，且必须确认活动名称已被设置。如果选择了没有添加活动名称的日志文件进行分析，不仅花费更多的时间，而且可能影响运转状况图的准确性
⑫	传送带的名称／正常的通过时间	分析传送带时，在开始分析前必须输入传送带的名称。如果所有的传送带信息都需要从日志中读取，将额外花费大量的时间。因此，指定分析的传送带名称可以大量节省分析工具的耗时。乐龙软件支持前缀搜索匹配功能。例如：如果传送带名称输入为"Conv_"，那么日志中的"Conv_01"或"Conv_02"等传送带的信息会被自动找到。如果传送带的名称未指定，对于传送带的日志分析将被终止，因此，必须指定传送带的名称。"正常的通过时间"即输入传送带在不拥堵的情况下货物从加载到通过的时间。如果"作业通过时间"大于"正常的通过时间"（即传送带拥堵），运转状况图表（时间戳图）中将以指定的颜色表示
⑬	开始	单击"开始"按钮可开始日志分析

2. 工具使用

若解析作业人员的日志，只需设置日志解析工具窗口中的选项①～④即可，具体步骤如下：

1）打开场景模型，修改作业管理器代码，并可根据自身需要修改相关内容，运行模型，运行结束后保存模型。

2）单击软件菜单栏中的"工具—打开日志解析工具"，启动日志解析工具。

3）打开最新生成的日志文件，将日志第一行信息中的模拟时间填入选项①仿真开始时刻；将日志最后一行信息中的模拟时间填入选项②仿真结束时刻。

4）计算总作业时间，即仿真结束时刻减去仿真开始时刻。然后将总作业时间以 h 或 min 为单位向上取整，并在选项③中选择或输入取整后的时间宽度。

5）填入选项④时间，选项④的时间段越小，则运转状况图横坐标步长越小，步长最小可精确到 10min。

6）参数设置好后单击"确定"按钮，如图 5-16 所示，在弹出的窗口中勾选"解析作业人员"，然后单击"OK"按钮，选择导入仿真最近生成的日志文件，如图 5-17 所示。

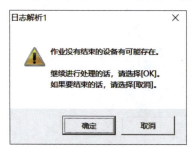

图 5-16　提示窗口

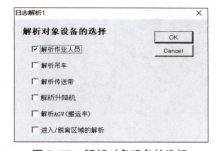

图 5-17　解析对象设备的选择

7）如图 5-18 所示，选择的作业状态将被视为有效作业进行统计（分子）。"包含在作业时间的等待时间的最大值"选择"00:00:10",并且勾选"制作作业状况一览",如图5-19所示。当系统默认的等待时间(通常默认的等待时间标记为"等待工作",不含通过程序语句标记的特定等待时间)小于"包含在作业时间的等待时间的最大值"的设定值时,会将默认等待时间与有效作业时间进行合并。例如,某作业人员"等待工作"时间为7s,其后的"移动"动作时间为5s,由于"等待工作"时间小于设定值10s,故在合计人员作业情况时将"等待工作"时间与"移动"时间进行合计,总体显示"移动"时间12s。单击"OK"按钮。

8) 如图5-19所示,选中的作业将作为整体时间(分母)进行计算,默认情况下是选中所有项目。单击"OK"按钮。

9) 如图5-20所示,选择"包含在图表的作业人员",默认情况下是选中所有项目,单击"OK"按钮,返回日志解析工具窗口,在窗口下方的标签栏会生成解析图表,如图5-21所示。

图 5-18　包含在图表的作业项目　　图 5-19　被视为正在工作的作业　　图 5-20　包含在图表的作业人员

图 5-21　解析完成后解析日志工具窗口

5.3.3 虚拟仿真场景设计

以 2.4.4 节整箱拣选场景模型作为分析对象，应用日志解析工具分析作业人员各类活动的时间分布及占比情况。模型场景调整内容参照 5.2.3 节中的相关内容。

扫码观看视频

5.3.4 虚拟仿真场景实现

扫描前言中的二维码下载本节参考程序。

如图 5-21 所示，解析作业人员的日志完成后，解析日志工具窗口下方红色方框内为生成的具体解析文件：A—作业时间设置表；B—作业时间图表_作业人员；C—图表作业人员；D—作业时间合计表_作业人员；E—运转状况合计表_作业人员；F—作业状况一览_作业人员。单击文件名称可查看生成的图表信息。

1. worker1 作业状况一览表

日志解析工具运行结束后会生成作业状况一览表，该表对各作业人员各类活动的开始时刻、结束时刻、持续时间、作业状况等信息按照活动顺序进行了详细的罗列，便于对作业人员的各类活动进行细致分析。

worker1 作业状况一览表如图 5-22 所示。为便于说明作业状况一览表中各行信息与人员活动的对应关系，应用动线分析工具生成人员动线图 5-23，将人员动线拆解后与作业状况一览表、日志信息进行对照说明，见表 5-5。

	A	B	C	D	E	F
1				worker1		
2	开始时刻	通过时间	结束时刻	通过时间	持续时间	作业状况
3	0:00:00	0:00:00	0:00:02	0:00:02	0:00:02	移动
4	0:00:02	0:00:02	0:00:05	0:00:05	0:00:03	拿取空托盘
5	0:00:05	0:00:05	0:00:17	0:00:17	0:00:12	移动
6	0:00:17	0:00:17	0:00:18	0:00:18	0:00:01	拣取整箱货物
7	0:00:18	0:00:18	0:00:18	0:00:18	0:00:00	移动
8	0:00:18	0:00:18	0:00:19	0:00:19	0:00:01	拣取整箱货物
9	0:00:19	0:00:19	0:00:19	0:00:19	0:00:00	移动
10	0:00:19	0:00:19	0:00:20	0:00:20	0:00:01	拣取整箱货物
11	0:00:20	0:00:20	0:00:20	0:00:20	0:00:00	移动
12	0:00:20	0:00:20	0:00:21	0:00:21	0:00:01	拣取整箱货物
13	0:00:21	0:00:21	0:00:30	0:00:30	0:00:08	移动
14	0:00:30	0:00:30	0:00:33	0:00:33	0:00:03	放置满托盘
15	0:00:33	0:00:33	0:00:42	0:00:42	0:00:10	移动
16	0:00:42	0:00:42	0:00:45	0:00:45	0:00:03	拿取空托盘
17	0:00:45	0:00:45	0:01:02	0:01:02	0:00:16	等待(有任务等待)
18	0:01:02	0:01:02	0:01:14	0:01:14	0:00:12	移动
19	0:01:14	0:01:14	0:01:15	0:01:15	0:00:01	拣取整箱货物
20	0:01:15	0:01:15	0:01:15	0:01:15	0:00:00	移动
21	0:01:15	0:01:15	0:01:16	0:01:16	0:00:01	拣取整箱货物
22	0:01:16	0:01:16	0:01:16	0:01:16	0:00:00	移动
23	0:01:16	0:01:16	0:01:17	0:01:17	0:00:01	拣取整箱货物
24	0:01:17	0:01:17	0:01:17	0:01:17	0:00:00	移动
25	0:01:17	0:01:17	0:01:18	0:01:18	0:00:01	拣取整箱货物
26	0:01:18	0:01:18	0:01:26	0:01:26	0:00:08	移动
27	0:01:26	0:01:26	0:01:29	0:01:29	0:00:03	放置满托盘
53			......			
54	0:02:47	0:02:47	0:02:56	0:02:56	0:00:09	移动
55	0:02:56	0:02:56	0:02:57	0:02:57	0:00:01	等待(结尾无任务等待)

图 5-22 worker1 作业状况一览表（局部）

智慧仓库规划设计与虚拟仿真

图 5-23　worker1 动线图

表 5-5　worker1 工作流程比对表

路线序号	作业状况	人员动作	时间 开始时刻	时间 结束时刻	持续时间/s	日志输出指令	日志信息
①	移动	出发拿取空托盘	00:00:00	00:00:02	2	LOAD_WITH_TIME_LOG,@@TargetDeviceName1,@@Null,3.0,A1,拿取空托盘（详见说明1）	I,18:08:13,01/01/2021 00:00:00,44197.0000000000,MAN_CMD,worker1,1,移动,6-1,5
无	拿取空托盘	拿取空托盘	00:00:02	00:00:05	3		I,18:08:13,01/01/2021 00:00:02,44197.0000247015,MAN_CMD,worker1,2,拿取空托盘,6-1,5
②	移动	出发拣取整箱货物	00:00:05	00:00:17	12		I,18:08:13,01/01/2021 00:00:05,44197.0000601852,MAN_CMD,worker1,1,移动,6-1,1,01-01-01
无	拣取整箱货物	拣取整箱货物	00:00:17	00:00:18	1	PICKUP_LOCATION_XML_WITH_TIME_LOG, @XMLData, @Pickcount,@@Null,@@Null,A2,拣取整箱货物	I,18:08:14,01/01/2021 00:00:17,44197.0001987336,MAN_CMD,worker1,2,拣取整箱货物,6-1,1,01-01
无	移动		00:00:18	00:00:18	0		I,18:08:14,01/01/2021 00:00:18,44197.0002103076,MAN_CMD,worker1,1,移动,6-1,1,01-01-01
无	拣取整箱货物	拣取整箱货物	00:00:18	00:00:19	1		I,18:08:14,01/01/2021 00:00:18,44197.0002103076,MAN_CMD,worker1,2,拣取整箱货物,6-1,1,01-01-01
无	移动		00:00:19	00:00:19	0		I,18:08:14,01/01/2021 00:00:19,44197.0002218817,MAN_CMD,worker1,1,移动,6-1,1,01-01-01

（续）

路线序号	作业状况	人员动作	时间 开始时刻	时间 结束时刻	持续时间/s	日志输出指令	日志信息
无	拣取整箱货物	拣取整箱货物	00:00:19	00:00:20	1	PICKUP_LOCATION_XML_WITH_TIME_LOG,@XMLData,@Pickcount,@@Null,@@Null,A2,拣取整箱货物	I,18:08:14,01/01/2021 00:00:19, 44197.0002218817,MAN_CMD, worker1,2,拣取整箱货物,6-1,1,01-01-01
无	移动		00:00:20	00:00:20	0		I,18:08:14,01/01/2021 00:00:20, 44197.0002334558,MAN_CMD, worker1,1,移动,6-1,1,01-01-01
无	拣取整箱货物	拣取整箱货物	00:00:20	00:00:21	1		I,18:08:14,01/01/2021 00:00:20, 44197.0002334558,MAN_CMD, worker1,2,拣取整箱货物,6-1,1,01-01-01
③	移动	出发放置满托盘	00:00:21	00:00:30	9	UNLOAD_WITH_TIME_LOG,@@TargetDeviceName3,@@Null,3.0,A3,放置满托盘	I,18:08:14,01/01/2021 00:00:21, 44197.0002450299,MAN_CMD, worker1,1,移动,6-1,2
无	放置满托盘	放置满托盘	00:00:30	00:00:33	3		I,18:08:14,01/01/2021 00:00:30, 44197.0003417866,MAN_CMD, worker1,2,放置满托盘,6-1,2
④	移动	出发拿取空托盘	00:00:33	00:00:42	9	LOAD_WITH_TIME_LOG,@@TargetDeviceName1,@@Null,3.0,A1,拿取空托盘	I,18:08:14,01/01/2021 00:00:33, 44197.0003765089,MAN_CMD, worker1,1,移动,6-1,5
无	拿取空托盘	拿取空托盘	00:00:42	00:00:45	3		I,18:08:15,01/01/2021 00:00:42, 44197.0004901066,MAN_CMD, worker1,2,拿取空托盘,6-1,5
无	等待（有任务等待）	有任务等待	00:00:45	00:01:02	17	LOG_CMD,Start,C0,等待（有任务等待） POWER_OFF,@@ThisWorkerName	I,18:08:15,01/01/2021 00:00:45, 44197.0005254630,MAN_CMD, worker1,C0,等待（有任务等待）,6-1
⑤	移动	出发拣取整箱货物	00:01:02	00:01:14	12		I,18:08:15,01/01/2021 00:01:02, 44197.0007129630,MAN_CMD, worker1,1,移动,6-1,1,01-01-01
无	拣取整箱货物	拣取整箱货物	00:01:14	00:01:15	1	PICKUP_LOCATION_XML_WITH_TIME_LOG,@XMLData,@Pickcount,@@Null,@@Null,A2,拣取整箱货物	I,18:08:16,01/01/2021 00:01:14, 44197.0008515114,MAN_CMD, worker1,2,拣取整箱货物,6-1,1,01-01-01
无	移动		00:01:15	00:01:15	0		I,18:08:16,01/01/2021 00:01:15, 44197.0008630854,MAN_CMD, worker1,1,移动,6-1,1,01-01-01
无	拣取整箱货物	拣取整箱货物	00:01:15	00:01:16	1		I,18:08:16,01/01/2021 00:01:15, 44197.0008630854,MAN_CMD, worker1,2,拣取整箱货物,6-1,1,01-01-01

（续）

路线序号	作业状况	人员动作	时间			日志输出指令	日志信息
			开始时刻	结束时刻	持续时间/s		
无	移动		00:01:16	00:01:16	0		I,18:08:16,01/01/2021 00:01:16, 44197.0008746595,MAN_CMD, worker1,1, 移动 ,6-1,1,01-01-01
无	拣取整箱货物	拣取整箱货物	00:01:16	00:01:17	1	PICKUP_LOCATION_XML_WITH_TIME_LOG, @XMLData, @Pickcount,@@Null, @@Null,A2, 拣取整箱货物	I,18:08:16,01/01/2021 00:01:16, 44197.0008746595,MAN_CMD, worker1,2, 拣取整箱货物 ,6-1,1,01-01-01
无	移动		00:01:17	00:01:17	0		I,18:08:16,01/01/2021 00:01:17, 44197.0008862336,MAN_CMD, worker1,1, 移动 ,6-1,1,01-01-01
无	拣取整箱货物	拣取整箱货物	00:01:17	00:01:18	1		I,18:08:16,01/01/2021 00:01:17, 44197.0008862336,MAN_CMD, worker1,2, 拣取整箱货物 ,6-1,1,01-01-01
⑥	移动	出发放置满托盘	00:01:18	00:01:26	8	UNLOAD_WITH_TIME_LOG, @@TargetDeviceName3, @@Null,3.0,A3, 放置满托盘	I,18:08:16,01/01/2021 00:01:18, 44197.0008978077,MAN_CMD, worker1,1, 移动 ,6-1,2
无	放置满托盘	放置满托盘	00:01:26	00:01:29	3		I,18:08:16,01/01/2021 00:01:26, 44197.0009945644,MAN_CMD, worker1,2, 放置满托盘 ,6-1,2
⋮							
⑦	移动	出发返回初始位置	00:02:47	00:02:56	9	LOG_CMD, Start_and_Arrive, C1, 移动 , C2, 等待（结尾无任务等待）	I,18:08:19,01/01/2021 00:02:47, 44197.0019382595,MAN_CMD, worker1,C1, 移动 ,6-1
无	等待（结尾无任务等待）	结尾无任务等待	00:02:56	00:02:57	1	RETURN_HOME_POS REPORT_RETURN_HOME_POS, @@ThisDeviceName	I,18:08:20,01/01/2021 00:02:56, 44197.0020373435,MAN_CMD, worker1,C2, 等待（结尾无任务等待）,6-1

说明1 "LOAD"为拿取动作指令，该类指令可以拆解成两类作业状态：一类为"移动"，即作业人员移动至作业点；另一类为"拿取动作"。应用日志输出指令"LOAD_WITH_TIME_LOG"，在日志文件中会自动记录移动开始的时间，并将其标志为"移动"，也会记录"拿取动作"开始的时间，并将其标志为"LogMes"中内容。

当使用日志解析工具时，工具会将某一作业状态开始的时刻记录至"开始时刻"中，将下一作业状态的开始时刻记录至某一作业状态的"结束时刻"中，"结束时刻"与"开始时刻"间的时间差即某一作业状态的持续时间。

本实验中用到的PICKUP_LOCATION、UNLOAD、LOAD_LOCATION、DELIVER_CHILD_LOCATION等拿取动作指令记录日志信息的方式相同。

2. worker2 作业状况一览表（局部）

图 5-24 为 worker2 作业状况一览表。应用动线分析工具生成人员动线图 5-25，将人员动线拆解标识后，与作业状况一览表、日志信息进行对照说明，见表 5-6。

56	worker2					
57	开始时刻	通过时间	结束时刻	通过时间	持续时间	作业状况
58	0:00:00	0:00:00	0:00:45	0:00:45	0:00:45	等待工作
59	0:00:45	0:00:45	0:00:56	0:00:56	0:00:10	移动
60	0:00:56	0:00:56	0:00:59	0:00:59	0:00:03	拿取整托货物
61	0:00:59	0:00:59	0:00:59	0:00:59	0:00:00	移动
62	0:00:59	0:00:59	0:01:02	0:01:02	0:00:03	放置整托货物
63	0:01:02	0:01:02	0:01:13	0:01:13	0:00:11	移动
64	0:01:13	0:01:13	0:02:14	0:02:14	0:01:01	等待(中间无任务等待)
65	0:02:14	0:02:14	0:02:22	0:02:22	0:00:08	移动
66	0:02:22	0:02:22	0:02:25	0:02:25	0:00:03	拿取整托货物
67	0:02:25	0:02:25	0:02:25	0:02:25	0:00:00	移动
68	0:02:25	0:02:25	0:02:28	0:02:28	0:00:03	放置整托货物
69	0:02:28	0:02:28	0:02:38	0:02:38	0:00:10	移动
70	0:02:38	0:02:38	0:02:57	0:02:57	0:00:19	等待(结尾无任务等待)

图 5-24　worker2 作业状况一览表（局部）

注

由于worker2从仿真开始执行到第一次被触发执行补货作业之间存在等待时间，该部分等待时间即“初始无任务等待”，系统将该作业状况命名为“等待工作”。

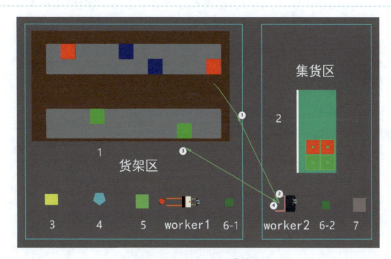

图 5-25　worker2 动线图

表 5-6　worker2 工作流程比对表

路线序号	作业状况	对应人员动作	统计时间			对应指令	对应日志信息
			开始时刻	结束时刻	持续时间/s		
无	等待工作	初始无任务等待	00:00:00	00:00:45	45	无	I,18:08:15,01/01/2021 00:00:45,44197.0005243056,START_JOB,worker2,6-2（worker2 在 45s 时被启动）

（续）

路线序号	作业状况	对应人员动作	统计时间 开始时刻	统计时间 结束时刻	持续时间/s	对应指令	对应日志信息
①	移动	出发拿取整托盘货物	00:00:45	00:00:56	11	LOAD_LOCATION_WITH_TIME_LOG,3,@From_Location,3.0,B5,拿取整托盘货物	I,18:08:15,01/01/2021 00:00:45,44197.0005243056,MAN_CMD,worker2,1,移动,6-2,1,01-01-02
无	拿取整托盘货物	拿取整托盘货物	00:00:56	00:00:59	3		I,18:08:15,01/01/2021 00:00:56,44197.0006426245,MAN_CMD,worker2,2,拿取整托盘货物,6-2,1,01-01-02
无	移动	出发放置整托盘货物	00:00:59	00:00:59	0	DELIVER_CHILD_LOCATION_WITH_TIME_LOG,3,@@Data1,@Null,@Null,@Null,3.0,B6,放置整托盘货物	I,18:08:15,01/01/2021 00:00:59,44197.0006773467,MAN_CMD,worker2,1,移动,6-2,1,01-01-01,,
无	放置整托盘货物	放置整托盘货物	00:00:59	00:01:02	3		I,18:08:15,01/01/2021 00:00:59,44197.0006773467,MAN_CMD,worker2,2,放置整托盘货物,6-2,1,01-01-01,,
②	移动	出发返回初始位置	00:01:02	00:01:13	11	LOG_CMD, Start_and_Arrive, C12, 移动, C13, 等待（中间无任务等待）	I,18:08:15,01/01/2021 00:01:02,44197.0007129630,MAN_CMD,worker1,1,移动,6-1,1,01-01-01
无	等待（中间无任务等待）	中间无任务等待	00:01:13	00:02:14	61	RETURN_HOME_POS REPORT_RETURN_HOME_POS,@@ThisDeviceName（详见说明2）	I,18:08:16,01/01/2021 00:01:13,44197.0008440002,MAN_CMD,worker2,C13,等待（中间无任务等待）,6-2
③	移动	出发拿取整托盘货物	00:02:14	00:02:22	8	LOAD_LOCATION_WITH_TIME_LOG,3,@From_Location,3.0,B5,拿取整托盘货物	I,18:08:18,01/01/2021 00:02:14,44197.0015509259,MAN_CMD,worker2,1,移动,6-2,1,03-03-02
无	拿取整托盘货物	拿取整托盘货物	00:02:22	00:02:25	3		I,18:08:18,01/01/2021 00:02:22,44197.0016479000,MAN_CMD,worker2,2,拿取整托盘货物,6-2,1,03-03-02
无	移动	出发放置整托盘货物	00:02:25	00:02:25	0	DELIVER_CHILD_LOCATION_WITH_TIME_LOG,3,@@Data1,@Null,@Null,@Null,3.0,B6,放置整托盘货物	I,18:08:18,01/01/2021 00:02:25,44197.0016826222,MAN_CMD,worker2,1,移动,6-2,1,03-03-01,,
无	放置整托盘货物	放置整托盘货物	00:02:25	00:02:28	3		I,18:08:18,01/01/2021 00:02:25,44197.0016826222,MAN_CMD,worker2,2,放置整托盘货物,6-2,1,03-03-01,,

(续)

路线序号	作业状况	对应人员动作	统计时间			对应指令	对应日志信息
			开始时刻	结束时刻	持续时间/s		
④	移动	出发返回初始位置	00:02:28	00:02:38	10	LOG_CMD, Start_and_Arrive, C10, 移动, C11, 等待（结尾无任务等待）	I,18:08:19,01/01/2021 00:02:28,44197.0017173444,MAN_CMD,worker2,C10,移动,6-2
无	等待（结尾无任务等待）	结尾无任务等待	00:02:38	00:02:57	19	RETURN_HOME_POS REPORT_RETURN_HOME_POS, @@ThisDeviceName	I,18:08:19,01/01/2021 00:02:38,44197.0018316795,MAN_CMD,worker2,C11,等待（结尾无任务等待）,6-2

说明2

✦ LOG_CMD, Start_and_Arrive, C10, 移动, C11, 等待（结尾无任务等待）RETURN_HOME_POS

执行程序指令后，生成如下日志文件：

I,18:08:19,01/01/2021 00:02:28,44197.0017173444,MAN_CMD,worker2,C10,移动,6-2

I,18:08:19,01/01/2021 00:02:38,44197.0018316795,MAN_CMD,worker2,C11,等待（结尾无任务等待）,6-2

记录worker2作业人员在时刻01/01/2021 00:02:28开始移动，返回初始位置，在时刻01/01/2021 00:02:38到达初始位置，之后开始进入结尾无任务等待的状态。

✦ REPORT_RETURN_HOME_POS, @@ThisDeviceName

该程序指令是将回到初始位置的事件（即完成工作）向所属作业管理器报告，并继续接收作业指令。@@ThisDeviceName可使得作业管理器的名字被代入，生成如下日志文件：

I,18:08:19,01/01/2021 00:02:38,44197.0018321759,DEVICE_DATA,6-2, Report Return of worker2.

减少人员等待时间是现场精益改善的一个重要手段，因而在对拣货员（worker1）及补货人员（worker2）进行日志解析时，将等待时间划分为有任务等待、初始无任务等待、中间无任务等待、结尾无任务等待四个类型，划分依据见表5-7。

表5-7 等待类型的划分依据

等待的类型	含义	与worker1、worker2作业过程的对应举例
有任务等待	通常指人员在执行作业管理器程序过程中，由于一些特殊原因（如货物不足、等待补货等）导致任务无法继续执行因而产生了在原地滞留的等待，"有任务等待"会在动线图中以小球的方式展现出来	拣货员（worker1）在00:00:45—00:01:02之间的16s，由于货架缺货而使得worker1滞留原地等待补货，此时worker1的等待可看作"有任务等待"

（续）

等待的类型		含　义	与 worker1、worker2 作业过程的对应举例
无任务等待	初始无任务等待（即"等待工作"字段）	通常指在仿真开始至作业管理器第一次接受任务之间的等待时间	补货人员（worker2）在 00:00:00—00:00:45 期间未接收到任务，此段时间为"初始无任务等待"
	中间无任务等待	通常指在完成某项任务后而尚未接受下一项任务的中间的等待时间	补货人员（worker2）在 00:01:13—00:02:14 期间，第一次补货任务完成，尚未接受第二次补货任务，此段时间为"中间无任务等待"
	结尾无任务等待	通常指在完成所有任务后返回初始位置后的等待	补货人员（worker2）在 00:02:38 完成所有作业并到达初始位置，开始等待，直至 00:02:57 仿真结束，这段时间可视为"结尾无任务等待"

3. 作业时间设置表

日志解析工具运行结束后生成作业时间设置表。通过该表可以了解各作业人员实际作业开始时间及实际作业结束时间，该表中的所有时间均为仿真时间而非实际时间。如图 5-26 所示，对比 worker1 和 worker2 两个作业人员的实际作业开始时间及实际作业结束时间，可以发现 worker2 实际作业开始时间晚于仿真开始时间，原因在于补货人员需要等待拣货员作业过程中发现货物缺货后，才触发其开始作业。

	A	B	C	D	E
1	作业人员	作业**开始**	作业结束	实际作业**开始**时间	实际作业结束时间
2	（全体）	仿真**开始**时间	仿真结束时间		
3	worker1	01/01/2021 00:00:00	01/01/2021 00:02:57	01/01/2021 00:00:00	01/01/2021 00:02:57
4	worker2	01/01/2021 00:00:00	01/01/2021 00:02:57	01/01/2021 00:00:45	01/01/2021 00:02:57

图 5-26　作业时间设置表

4. 作业时间图表

日志解析工具运行结束后生成的作业时间图表如图 5-27 所示。图中显示 worker1、worker2 两个作业人员各类作业状态的时间占比和每个作业人员各类作业状态的总时间。worker1 等待时间主要是有任务等待，即在拣货过程中发现货位缺货而产生的等待补货时间；worker2 等待时间主要是初始无任务等待和中间无任务等待，其中中间无任务等待即作业人员在等待两次补货任务触发期间的等待时间。

5. 运转状况图

日志解析工具运行结束后生成的运转状况图如图 5-28 所示。通过该图可以直观地分析每个作业人员各类工作状态在时间轴上的分布及先后排序。

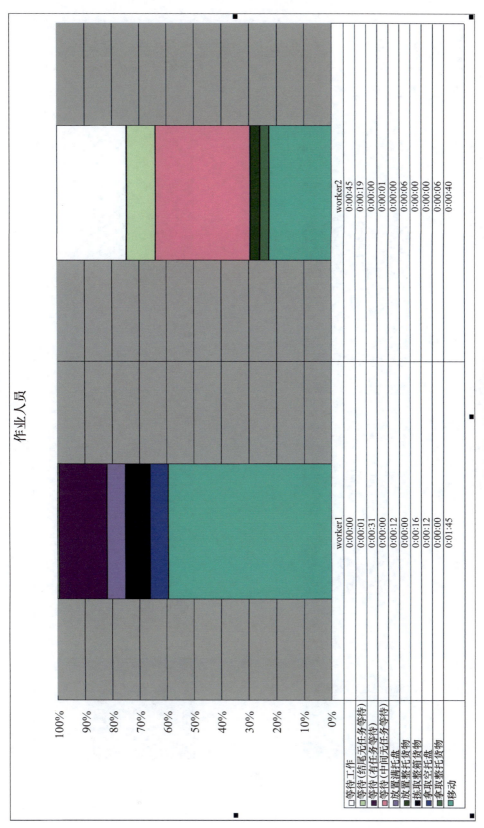

图 5-27　作业时间图表

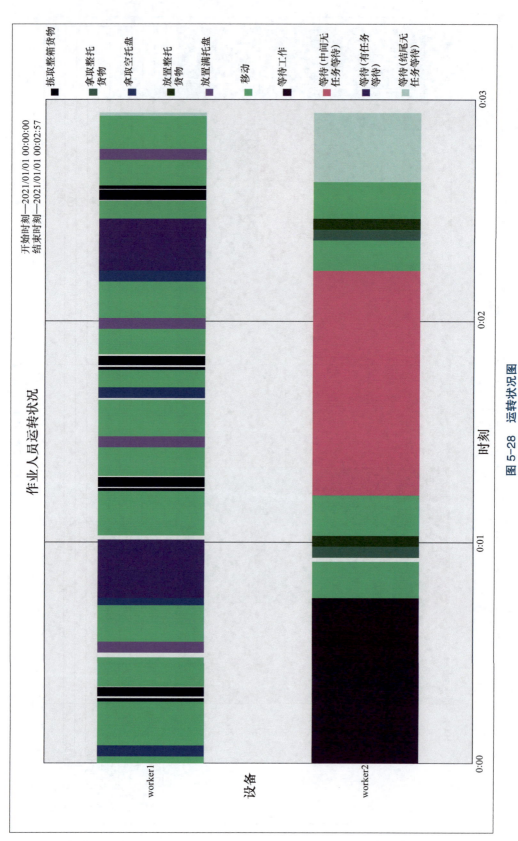

图 5-28 运转状况图

6. 作业时间合计表

日志解析工具运行结束后生成的作业时间合计表如图 5-29 所示。该表将每位作业人员的工作状态持续时间进行分类汇总，其中，"合计"一列是所有作业人员同一作业状态的持续时间总和，"合计（分）"一列是对"合计"一列值的小数计数法表示，其换算过程为：将"合计"列的值由"hh:mm:ss"换算为以 s 为单位的数值，除以 60s 后对结果四舍五入保留一位小数即"合计（分）"列的数值。

	A	B	C	D	E	F
1			合计	合计(分)	worker1	worker2
2	移动	移动	0:02:25	2.4	0:01:45	0:00:40
3	拿取整托货物	拿取整托货物	0:00:06	0.1	0:00:00	0:00:06
4	拿取空托盘	拿取空托盘	0:00:12	0.2	0:00:12	0:00:00
5	拣取整箱货物	拣取整箱货物	0:00:16	0.3	0:00:16	0:00:00
6	放置整托货物	放置整托货物	0:00:06	0.1	0:00:00	0:00:06
7	放置满托盘	放置满托盘	0:00:12	0.2	0:00:12	0:00:00
8	等待(中间无任务等待)	等待(中间无任务等待)	0:01:01	1.0	0:00:00	0:01:01
9	等待(有任务等待)	等待(有任务等待)	0:00:31	0.5	0:00:31	0:00:00
10	等待(结尾无任务等待)	等待(结尾无任务等待)	0:00:20	0.3	0:00:01	0:00:19
11	等待工作	等待工作	0:00:45	0.8	0:00:00	0:00:45

图 5-29 作业时间合计表

5.4 生产能力及图形化分析工具

5.4.1 学习目标

仿真数据分析：掌握生产能力及图形化分析工具的使用方法和分析应用，并将生产能力及图形化分析工具应用于具体实验中进行数据分析。

5.4.2 分析工具介绍

1. 工具介绍

在仓库运营中，管理人员为分析现场人员/设备作业能力情况，需要采集作业人员/设备在某一时间段内的作业量，具体包括作业人员和存取设备的作业次数、货物量，以及存储设备的货物流入数量、货物流出数量等数据。对于作业人员以及传送带、暂存区、自动化立体仓库等设备，软件提供的生产能力及图形化分析工具可以定期采集统计作业量保存至文件，并对文件数据进行图形化展示。

2. 工具使用

生产能力及图形化分析工具的使用步骤如下：

1）开始仿真前，选择作业人员"属性—概要"，弹出窗口如图 5-30 所示，勾选"测量生产能力"栏下的"生产能力_流出时测量"或"生产能力_流入时测量"。

2）单击菜单栏"表示—测量生成能力"，弹出测量生产能力窗口，如图 5-31 所示。"测量区"文本框内用于设置生产能力的采集间隔时间，流入和流出的吞吐量文件将提取此处设置的"测量区"作为默认的统计单位时间。"测量区"设定 30s，系统将每隔 30s 统计一次流入/流出量。设置完成后单击"适用"按钮，新的"测量区"才会生效。

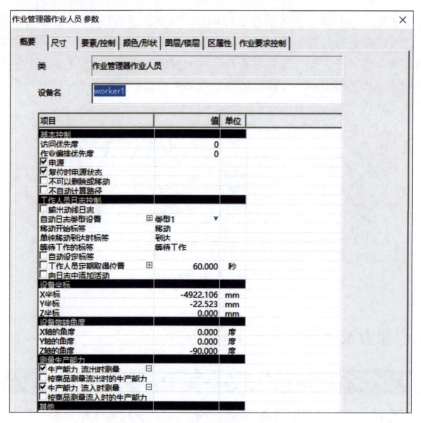

图 5-30　作业人员"属性—概要"窗口

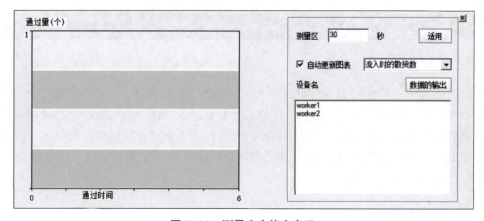

图 5-31　测量生产能力窗口

3）待全部作业完成后，停止仿真运行。在运行过程中不能关闭图 5-31 窗口，否则测量生产能力工具无法读取到仿真数据。单击"数据的输出"按钮，弹出窗口如图 5-32 所示，勾选左下角"启动生产能力图表化工具"选项，在选择输出字段时，"①"标记的区域为必选字段，"②"标记的区域至少选择一个字段，否则图表将无法建立，由于本工具无法解析所有类型的散货信息，故"③"标记的区域无须勾选。单击"保存"按钮。

第 5 章　数据分析篇

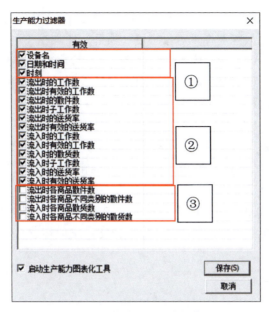

图 5-32　生成能力过滤器窗口

4）生产能力文件读取窗口如图 5-33 所示，输入文件名称，输出数据就以 csv 文件的格式保存到计算机中，同时系统自动启动图形化工具。单击"读取"按钮。

图 5-33　生产能力文件读取窗口

生产能力文件读取窗口中各选项功能说明见表 5-8。

表 5-8　生产能力文件读取窗口选项功能说明

选项名称	含义
生产能力文件	选择待解析的生成能力文件
滞留	选中"滞留数图表"将生成滞留数图表，否则，将生成默认的图表
项目类别	包括"只要制表"、"包含按商品"和"包含按类别"三个选项。当选中后两者时，才能激活"计数类别"
计数类别	可选择按商品的"数量"、"面积"和"体积"三种要素进行计数
输出目的地簿	选中"新建工作簿"选项，将新建一个工作簿保存生成的图表

·293·

5）图表表示内容的选择窗口如图 5-34 所示。该窗口设置分为两种情况：若上一步未勾选"滞留数图表"，则只能选择"对象字段（项目）1[加法]"中的两个或两个以上图形字段，"对象字段（项目）2[减法]"中为空；若上一步勾选了"滞留数图表"，则可在"对象字段（项目）1[加法]"与"对象字段（项目）2[减法]"中选择增加字段和减少字段。

滞留数的计算公式为：

$$滞留数 = 产品的流入量 - 产品的流出量$$

在勾选"滞留数图表"的情况下，"对象字段（项目）1[加法]"与"对象字段（项目）2[减法]"中各自只能选择一个字段，且两个字段不能相同，在"对象字段（项目）1[加法]"中选择流入量，在"对象字段（项目）2[减法]"中选择流出量。

在勾选"累计"选项后，显示的不再是某一固定长度时间段内的作业数量，而是从开始作业时刻到该时刻的作业数量。单击"读取"按钮，生成作业人员或设备的数据图表和数据透视表。

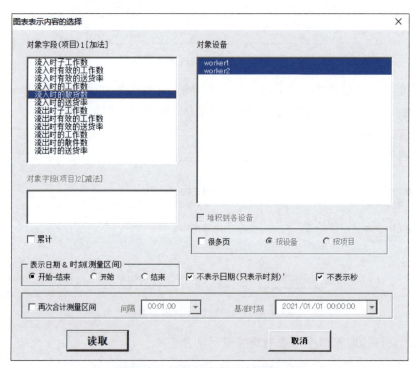

图 5-34　图表表示内容的选择窗口

5.4.3　虚拟仿真场景设计

以 2.4.3 节整箱拣选场景模型作为分析对象，应用生产能力及图形化分析工具采集和分析作业人员或设备的作业量情况。模型场景调整内容参照 5.2.3 节中的相关内容。

扫码观看视频

5.4.4 虚拟仿真场景实现

应用生产能力及图形化分析工具，以"流入时的散货数"为对象，分析工作人员作业能力。

（1）worker1（拣货员）　worker1 的数据图表、数据透视表如图 5-35、图 5-36 所示。由于"测量区"文本框内用于设置生产能力的采集间隔时间为 30s，因此图中横坐标含义为 00:00-00:00 为 0～30s，00:00-00:01 为 31～60s，00:01-00:01 为 61～90s，依此类推。

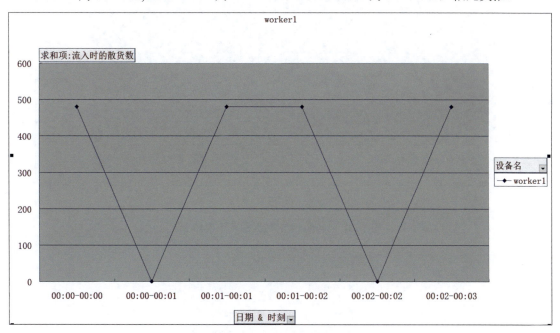

图 5-35　worker1 的数据图表

3	求和项:流入时的散货数	设备名	
4	日期 & 时刻	worker1	总计
5	00:00-00:00	480	480
6	00:00-00:01	0	0
7	00:01-00:01	480	480
8	00:01-00:02	480	480
9	00:02-00:02	0	0
10	00:02-00:03	480	480
11	总计	1920	1920

图 5-36　worker1 的数据透视表

worker1"流入散货"即从货位处拣选散货数量，图中描述了 worker1 每一个采样时间间隔内拣取散货的数量变化情况。由于每次拣选任务包含 480 件散货，因此 worker1 在第 1、3、4、6 个 30s 时间间隔内各完成一次拣货作业，累计数据图表及数据透视表如图 5-37、图 5-38 所示。

（2）worker2（补货人员）　worker2 的数据图表、数据透视表如图 5-39、图 5-40 所示。worker2"流入散货"即从货位处搬取整托盘货物数量，图 5-39 和图 5-40 给出了 worker2 每一个采样时间间隔内拣取散货的数量变化情况。由于 worker2 每次从货位处搬取一托盘货物，每托盘包含 720 件散货，因此 worker2 在第 2、5 个 30s 时间间隔内各完成一次补货作业，累计数据图表及数据透视表如图 5-41、图 5-42 所示。

拣货员 worker1 和补货人员 worker2 交替完成作业。

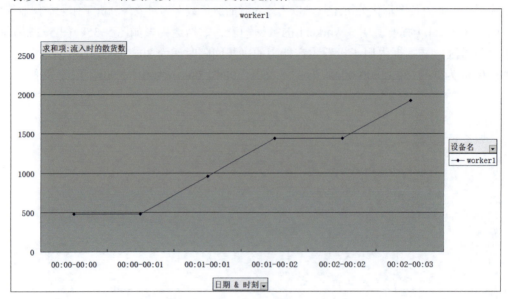

图 5-37　worker1 的数据图表（累计）

3	求和项:流入时的散货数	设备名	
4	日期 & 时刻	worker1	总计
5	00:00-00:00	480	480
6	00:00-00:01	480	480
7	00:01-00:01	960	960
8	00:01-00:02	1440	1440
9	00:02-00:02	1440	1440
10	00:02-00:03	1920	1920
11	总计	6720	6720

图 5-38　worker1 的数据透视表（累计）

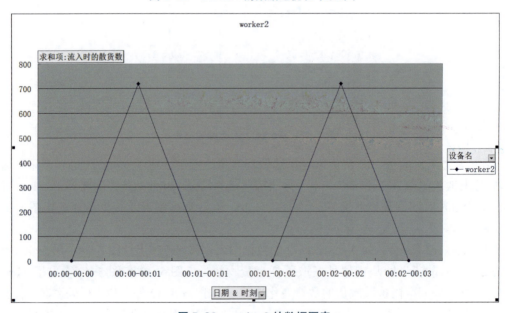

图 5-39　worker2 的数据图表

3	求和项:流入时的散货数	设备名	
4	日期 & 时刻	worker2	总计
5	00:00-00:00	0	0
6	00:00-00:01	720	720
7	00:01-00:01	0	0
8	00:01-00:02	0	0
9	00:02-00:02	720	720
10	00:02-00:03	0	0
11	总计	1440	1440

图 5-40　worker2 的数据透视表

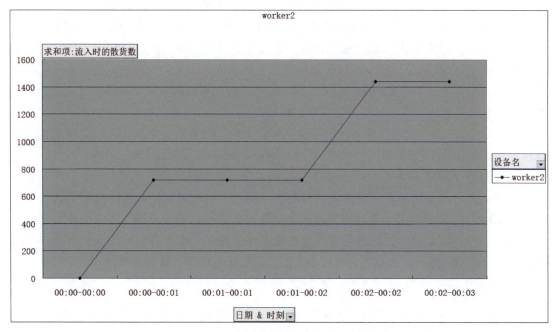

图 5-41　worker2 的数据图表（累计）

3	求和项:流入时的散货数	设备名	
4	日期 & 时刻	worker2	总计
5	00:00-00:00	0	0
6	00:00-00:01	720	720
7	00:01-00:01	720	720
8	00:01-00:02	720	720
9	00:02-00:02	1440	1440
10	00:02-00:03	1440	1440
11	总计	5040	5040

图 5-42　worker2 的数据透视表（累计）

5.5　作业成本（ABC）计算工具

5.5.1　学习目标

掌握 ABC 计算工具的使用方法及分析应用，将 ABC 计算工具应用于具体实验中进行数据分析。

5.5.2 分析工具介绍

1. 工具介绍

在企业的生产、存储、运输等环节的成本计算中，常用到作业成本法（Activity-Based Costing，ABC）。作业成本法是以作业为基础、对各种主要的间接费用采用不同的分配率进行费用分配的成本计算方法。传统成本计算方法将计算对象消耗的资源按照固定的标准进行分配，它的前提假设为所有的间接费用都与其所定的标准有关。而在智慧仓库中，智能化、自动化装备大量应用，原有的固定标准假设已经不能全面反映成本计算对象以及间接费用之间的实质联系，ABC 法将资源分配到作业，然后根据作业的消耗情况将其进一步分配给成本对象。由于 ABC 法是从成本计算对象与资源消耗对象的因果关系入手，根据资源动因将间接费用分配到作业，再按作业动因计入成本对象，因此可以揭示资源与成本对象之间的本质关系，有效克服传统成本计算方法存在的缺陷。

此外，通过 ABC 法进行成本分析可发现作业人员及设备是否存在冗余，并做出相应的改善优化；加强成本控制，针对每个作业目标制定目标成本，增加成本控制的有效性。

ABC 计算工具是基于"ABC 成本法"的基本思想设计的一种进行成本核算的工具。仿真过程中，工具测量记录各作业要素的各类作业活动的执行时间，并将结果输出到一个活动信息文件中。ABC 计算工具通过分析活动信息文件，对作业人员等仓库中的作业要素的作业环节进行详细划分，针对各环节预先设置的不同成本，综合得到该作业要素的作业成本，进行分析与调整，并可据此进行资金分配，增加企业成本核算的合理性。

2. 工具使用

（1）准备工作　为使用 ABC 计算工具，需要在仿真运行前提前设置 XML 作业管理器的属性参数。选择 XML 作业管理器"属性—要素/控制"，弹出窗口如图 5-43 所示，其中"活动设定"有三个选项，分别为"活动详细模式""参照活动表格""活动"，设置说明如下：

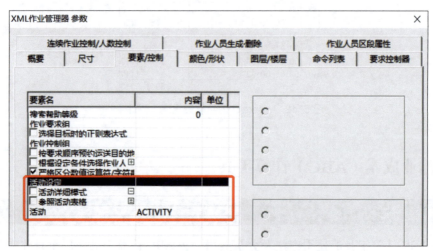

图 5-43　XML 作业管理器"属性—要素/控制"窗口

1）活动：将 XML 作业管理器的所有作业活动归为一类活动，活动类型名称由内容参数定义。该设置方法较为简单，不勾选"活动详细模式"与"参照活动表格"两个选项，只在"活动"内容中填写类型名称即可。例如，依照图 5-43 设置后，该 XML 作业管理器的所有作业活动，无论是移动、拣选还是放置等，都归为"ACTIVITY"一类活动。

2）参照活动表格：将 XML 作业管理器的所有作业活动进行分类并由参照值进行索引，活动类型名称在"表格参照内容"中选定。

首先预设活动参照表格的内容。单击菜单栏"数据设置—活动参照表格"，弹出窗口如图 5-44 所示，可以单击"添加"按钮在窗口中直接填写活动名称，也可以单击"输入 CSV"按钮导入预先编写好的 CSV 文件。设置完成，单击"OK"按钮退出。

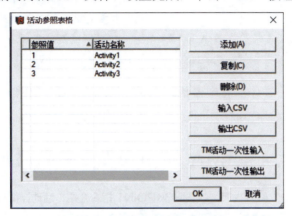

图 5-44 活动参照表格窗口

在图 5-45 中，选择"参照活动表格"选项，单击"表格参照内容"，在右侧的下拉列表中出现刚刚设置的活动参照表格，从中选择活动类型。当模型中的 XML 作业管理器数量较多时，该方式可以提高活动类型设置效率。

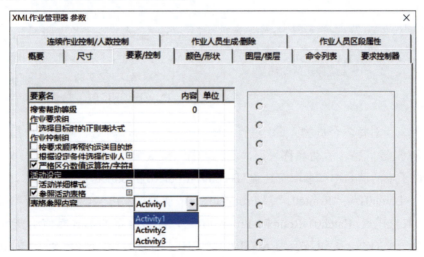

图 5-45 活动参照表格设置图

在使用时，可通过"ACTIVITY_CHECKPOINT"语句在"活动参照表格"中检索参照值确定任务名称，详见表 5-9。

表 5-9 ACTIVITY_CHECKPOINT 指令介绍（参照活动表格）

指令格式	参数	参数含义	举例
ACTIVITY_ CHECKPOINT, 参照值, Type, reference	参照值	设置参照活动表中的参照值，可使用变量设置	① ACTIVITY_CHECKPOINT,1, Start,reference ② LOAD,@@TargetDeviceName1 ③ ACTIVITY_CHECKPOINT,1, Stop,reference 解释：该处的①②③句共同构成了 ABC 计算工具中对"LOAD"动作的测量。其中，①、③句为 ACTIVITY_CHECKPOINT 指令，含义为根据参照活动表中参照值为"1"的活动名称设置本活动名，以图 5-44 所示的活动参照表为例，该"LOAD"指令的活动名称即"Activity1"；②句为动作指令
	Type	设置"Start"开始活动测量；"Stop"停止活动测量	
	reference	检索参照活动表，设置活动名称	

3）活动详细模式：在作业管理器代码中通过 ACTIVITY_CHECKPOINT 指令集设置每类作业活动名称，通过选择"活动详细模式"可详细区分各类活动，此时其他两个选项将被隐藏。

在"活动详细模式"中 ACTIVITY_CHECKPOINT 指令介绍见表 5-10。

表 5-10 ACTIVITY_CHECKPOINT 指令介绍（活动详细模式）

指令格式	参数	参数含义	举例
ACTIVITY_ CHECKPOINT, Activity, Type	Activity	活动名称（详见说明 1）	① ACTIVITY_CHECKPOINT, 拿取空托盘 -Batch01-Route01-Product01, Start ② LOAD,@@TargetDeviceName1 ③ ACTIVITY_CHECKPOINT, 拿取空托盘 -Batch01-Product01, Stop 解释：该处的①、②、③句共同构成了 ABC 计算工具中对"LOAD"动作的测量。其中，①、③句为 ACTIVITY_CHECKPOINT 指令；②句为动作指令
	Type	设置"Start"开始活动测量；"Stop"停止活动测量	

说明 1 当对每一个货物/批次进行 ABC 成本分析时，活动名称中应按指定的格式附加货物编码/批号信息。活动名称采用"活动名称 - 批次编号 - 路径 - 货物代码"的格式，如表 5-10 例子中活动名称"拿取空托盘 -Batch01-Route01-Product01"，其中"拿取空托盘"为活动名，"Batch01""Route01""Product01"依次为批次编号、路径、货物代码。将活动名称"拿取空托盘 -Batch01-Route01-Product01"以连接字符的形式赋值给变量 @mark，将表 5-10 例子中的①、③句替换为 ACTIVITY_CHECKPOINT, @mark, Start 与 ACTIVITY_CHECKPOINT, @mark, Stop，具有同样效果。

（2）工具使用 以"活动设定—活动详细模式"为例，介绍 ABC 计算工具的使用步骤：

1）打开模型，选择 XML 作业管理器"属性—要素/控制"，弹出窗口如图 5-46 所示，勾选"活动详细模式"。

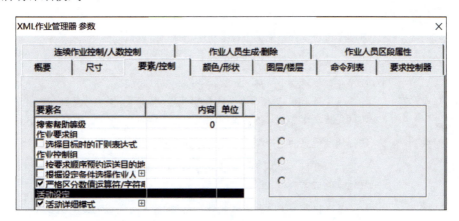

图 5-46　XML 作业管理器"属性—要素/控制"窗口

2）使用 ACTIVITY_CHECKPOINT 指令对 XML 作业管理器代码中的各种活动类型进行标注。

3）单击菜单栏"仿真—开始"，仿真开始运行。待仿真完成后，单击菜单栏"仿真—停止"。

4）单击菜单栏"数据输出—活动信息的输出"，在弹出的窗口中输入文件名，并单击"保存"按钮，启动 ABC 计算工具，如图 5-47 所示。

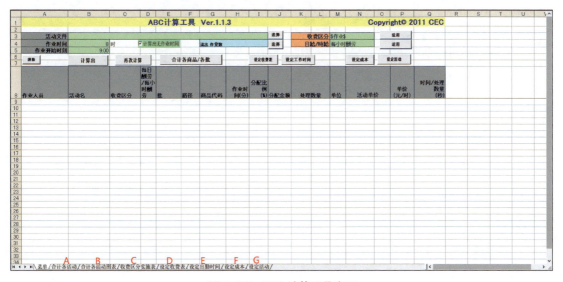

图 5-47　ABC 计算工具窗口

ABC 计算工具窗口第 7 行及以上为环境参数区域，功能见表 5-11；第 8 行以下为结果输出区域；底部工作表格标签栏对应 ABC 表格表单，具体包括"菜单"及标记 A～G 的表单。

表 5-11 ABC 计算工具窗口环境参数区域功能表

参数/控件	功能描述
活动文件	设置活动信息文件
作业时间	时间单位可以在右侧的下拉菜单中选择：时或日
作业开始时刻	设置活动信息文件中作业的开始时间
计算出无作业时间	如果此项未被选中，成本将只被分配到活动时间 如果选中此项，成本不仅会被分配到活动时间，也将分配到无作业时间。无作业时间是指每个作业员的闲置时间，即无作业时间 = 作业时间 − 活动时间
计算对象	选择活动信息的处理类型，作为计算对象
收费区分	设置"收费区分"用于作业人员活动的成本计算。可以设置每个作业人员或者每种活动的成本类型
日薪/时薪	设置基于日薪或者时薪的作业员/活动的成本。可以为每个作业或者活动设定
"清除"按钮	此按钮可清除"ABC 表格"表单、"合计各活动图表"表单、"合计各活动"表单内容。"各产品活动成本"表单、"各批次活动成本"表单将被删除
"计算出"按钮	执行 ABC 计算并创建"ABC 表格"表单
"再次计算"按钮	重新执行 ABC 计算并创建"ABC 表格"表单
"合计各商品/各批"按钮	合计各产品和修改 ABC 表格的内容，创建"各货物活动成本"和"各批次活动成本"表单
"设定收费表"按钮	跳转到"设定收费表"表单
"设定工作时间"按钮	跳转到"设定出勤时间"表单
"设定成本"按钮	跳转到"设定成本"表单
"设定活动"按钮	跳转到"设定活动"表单

> **注**
>
> 图5-47中标注A～G表单的类型解释：
>
> A——合计各活动：用于创建各活动的合计表格。此表单会在创建"ABC表格"的同时被自动创建。ABC表格（"菜单"表单）是根据每个作业员的成本合计结果创建的，而本表单是根据每个活动的成本合计进行创建的。
>
> B——合计各活动图表：每次活动的汇总结果图。此表单会在创建"ABC表格"的同时被自动创建。在设定各作业人员的成本后，各个动作的成本（分配金额）占比会以饼状图的形式进行展示，如图5-48所示。
>
> C——收费区分实施表：本表单属于临时工作表，不需要输入。同时，修改的信息会自动显示在ABC表格（"菜单"表单）中。
>
> D——设定收费表：设定收费表可设置详细的工作信息，如类型、单位价格和工资等。如果是根据"设定收费表"表单进行成本分配时，将考虑表5-12的作业时间分类。

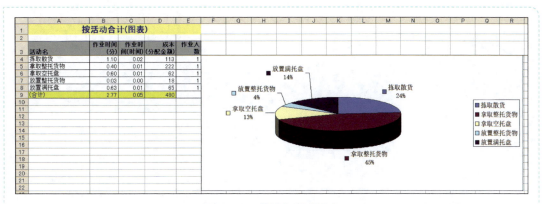

图 5-48　合计各活动图表

表 5-12　作业时间分类

类　别	描　述
正常工作时间	属于正常工作时间范围
加班	除去正常工作时间和夜班时间之外的工作时间
夜班	属于夜班工作时间范围

由于费用取决于不同的工作时间类型，如果"日薪/时薪"选项被选择为"每日酬劳"，它将被转换为每天工资计算。

如果"日薪/时薪"选项被选择为"每日酬劳"，每小时的单位费用的计算公式如下：

每小时的单位费用=工时单价/正常工作时间

E——设定出勤时间：设定出勤时间。各个项目的设置见表5-13。

表 5-13　出勤时间项目设置

项　目	描　述	格　式
类别	显示工作时间的类型，不允许输入	
From	输入工作的开始时间	hh: mm
To	输入工作的结束时间	hh: mm

F——设定成本：本表单用于设定作业人员的成本信息。在根据"设定成本"表单进行成本分配时，将不考虑表5-12的作业时间分类，作业人员的总工作时间将对应于每个活动时间的比例进行计算。

G——设定活动：设定特定的活动信息。

5）取消选中"计算出无作业时间"，单击"计算出"按钮即可生成分析结果，如图5-49所示。

智慧仓库规划设计与虚拟仿真

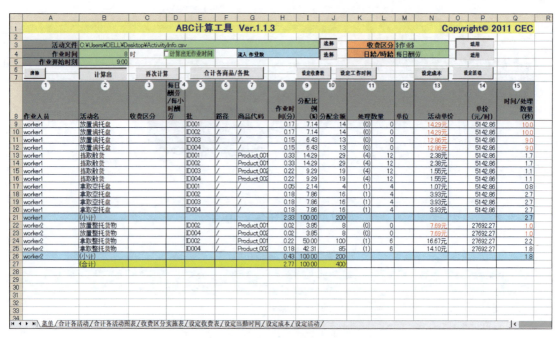

图 5-49 ABC 计算工具结果输出窗口

ABC 计算工具窗口结果输出区域各项目解释见表 5-14。

表 5-14 ABC 计算工具窗口结果输出区域各项目解释

序号	项目（列）	描 述
1	作业人员	从活动信息文件中读取的作业人员的名称
2	活动名	从活动信息文件中读取的活动名称。如果选中了"计算出无作业时间"选项，无作业的时间将被识别为"无作业"
3	收费区分	适用于作为计算对象的作业人员的活动名称。从下拉列表中选择已在"设定收费表"中定义的收费类别
4	每日酬劳/每小时酬劳	在下拉列表中选择，是根据日薪还是时薪进行计算
5	批	批次代码（仅适用于具有货物和活动信息的活动信息文件）
6	路径	路径信息（仅适用于具有路径、货物、批次信息的活动信息文件）
7	商品代码	商品代码（仅适用于具有货物和批次信息的活动信息文件）
8	作业时间（分）	从活动信息文件中合计的作业时间
9	分配比例（%）	为每个作为计算对象的作业人员活动分配的百分比。视每个作业人员的总活动时间为100%，根据各活动时间百分比分配时间（如果选中"计算出无作业时间"选项，则无作业时间也将包括在内）
10	分配金额	分配给每个计算对象作业人员活动的成本。成本将根据分配率进行计算

（续）

序号	项目（列）	描述
11	处理数量	括号中的值是从活动信息文件中读取的测量值。没有括号的值是测量值×计算系数的计算结果
12	单位	显示在"设定活动"表单中定义的单位
13	活动单价	每个处理单位的成本：分配成本 / 处理数量
14	单价（元/时）	每小时成本：分配成本 / 工作时间
15	时间 / 处理数量（秒）	每次处理的用时：工作时间 / 处理数量

6）若要更改计算对象，可单击 ABC 计算工具中第 4 行第 J 列的"选择"按钮，弹出窗口如图 5-50 所示，可修改计算对象字段。其中，"流入"对应着作业人员一系列的拿取动作，"流出"对应着作业人员一系列的放置动作，"作业数"统计的是作业人员拿取 / 放置的作业次数，"有效作业数"统计的是作业人员拿取 / 放置带有货物容器的作业次数（如拿取空箱等指令不被统计到"有效作业数"中，但被计入"作业数"中），"散件数"统计的是作业人员拿取 / 放置的散件的数量。

图 5-50　计算对象字段

在代码中使用 ACTIVITY_CHECKPOINT 语句定义的活动类型仅能在 ABC 计算工具中识别，这些活动类型不会记录到日志文件中。

5.5.3　虚拟仿真场景设计

以 2.4.3 节整箱拣选为案例，应用 ABC 计算工具分析作业人员各类活动成本。模型场景调整内容参照 5.2.3 节中的相关内容。

扫码观看视频

5.5.4　虚拟仿真场景实现

扫描前言中的二维码下载本节参考程序。

仿真完成后，运行 ABC 计算工具窗口，如图 5-51 所示。该窗口列出作业人员进行各项活动的活动名称、作业时间、时间占比以及处理数量等信息。由于没有选中"计算出无作业时间”，因此，活动名中不包含无作业活动类型。

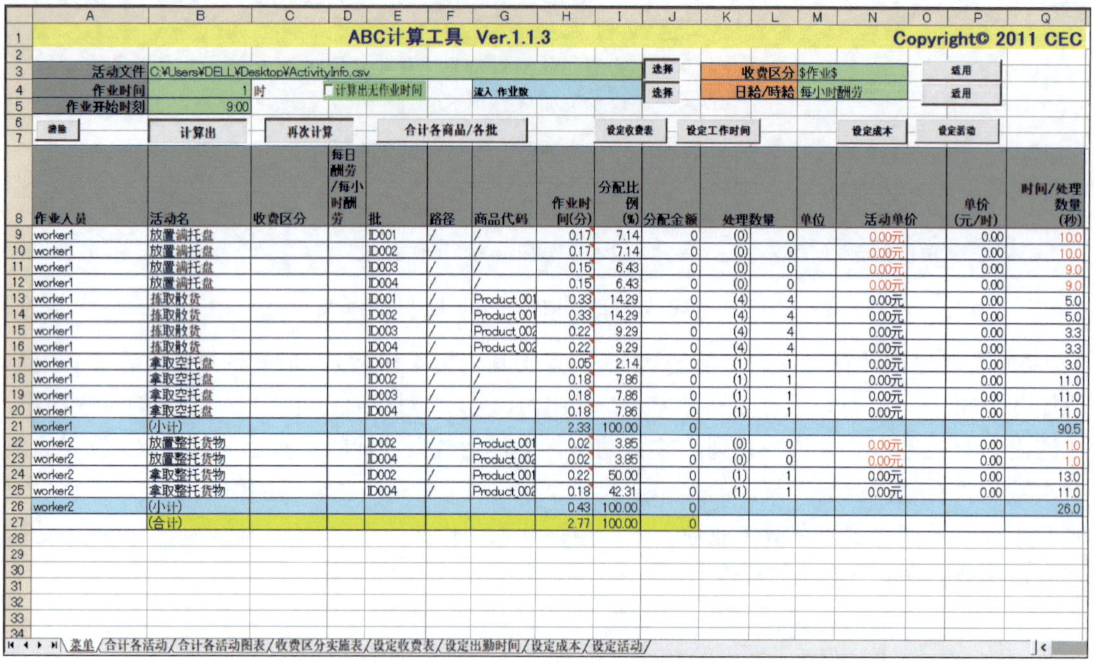

作业人员	活动名	收费区分	每日酬劳/每小时酬劳	批	路径	商品代码	作业时间(分)	分配比例(%)	分配金额	处理数量	(L)	单位	活动单价	单价(元/时)	时间/处理数量(秒)
worker1	放置满托盘			ID001	/	/	0.17	7.14	0	(0)	0		0.00元	0.00	10.0
worker1	放置满托盘			ID002	/	/	0.17	7.14	0	(0)	0		0.00元	0.00	10.0
worker1	放置满托盘			ID003	/	/	0.15	6.43	0	(0)	0		0.00元	0.00	9.0
worker1	放置满托盘			ID004	/	/	0.15	6.43	0	(0)	0		0.00元	0.00	9.0
worker1	拣取散货			ID001	/	Product_001	0.33	14.29	0	(4)	4		0.00元	0.00	5.0
worker1	拣取散货			ID002	/	Product_001	0.33	14.29	0	(4)	4		0.00元	0.00	5.0
worker1	拣取散货			ID003	/	Product_002	0.22	9.29	0	(4)	4		0.00元	0.00	3.3
worker1	拣取散货			ID004	/	Product_002	0.22	9.29	0	(4)	4		0.00元	0.00	3.3
worker1	拿取空托盘			ID001	/	/	0.05	2.14	0	(1)	1		0.00元	0.00	3.0
worker1	拿取空托盘			ID002	/	/	0.18	7.86	0	(1)	1		0.00元	0.00	11.0
worker1	拿取空托盘			ID003	/	/	0.18	7.86	0	(1)	1		0.00元	0.00	11.0
worker1	拿取空托盘			ID004	/	/	0.18	7.86	0	(1)	1		0.00元	0.00	11.0
worker1	(小计)						2.33	100.00	0						90.5
worker2	放置整托货物			ID002	/	Product_001	0.02	3.85	0	(0)	0		0.00元	0.00	1.0
worker2	放置整托货物			ID004	/	Product_002	0.02	3.85	0	(0)	0		0.00元	0.00	1.0
worker2	拿取整托货物			ID002	/	Product_001	0.22	50.00	0	(1)	1		0.00元	0.00	13.0
worker2	拿取整托货物			ID004	/	Product_002	0.18	42.31	0	(1)	1		0.00元	0.00	11.0
worker2	(小计)						0.43	100.00	0						26.0
	(合计)						2.77	100.00	0						

图 5-51　ABC 计算工具窗口（未进行成本分配）

成本 / 费用可通过两种方式完成设置（区别详见说明 2）：

1. 方式一：通过“设定收费表”“设定出勤时间”设置成本 / 费用

将作业时间设置为 1h，参照图 5-52，方式一具体设置步骤如下：

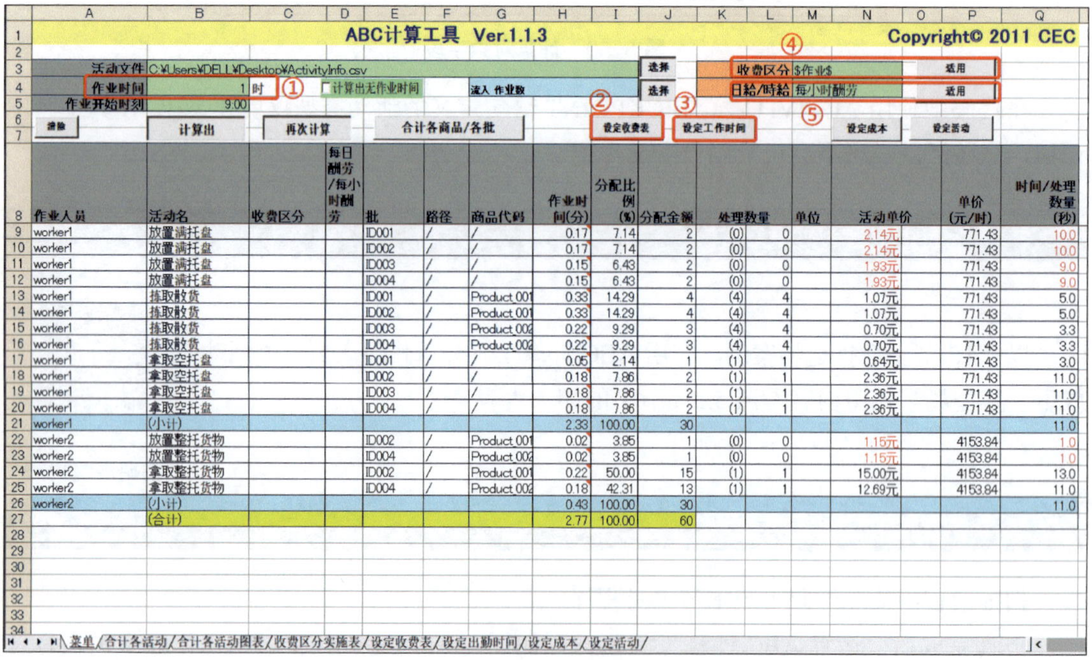

作业人员	活动名	收费区分	每日酬劳/每小时酬劳	批	路径	商品代码	作业时间(分)	分配比例(%)	分配金额	处理数量	(L)	单位	活动单价	单价(元/时)	时间/处理数量(秒)
worker1	放置满托盘			ID001	/	/	0.17	7.14	2	(0)	0		2.14元	771.43	10.0
worker1	放置满托盘			ID002	/	/	0.17	7.14	2	(0)	0		2.14元	771.43	10.0
worker1	放置满托盘			ID003	/	/	0.15	6.43	2	(0)	0		1.93元	771.43	9.0
worker1	放置满托盘			ID004	/	/	0.15	6.43	2	(0)	0		1.93元	771.43	9.0
worker1	拣取散货			ID001	/	Product_001	0.33	14.29	4	(4)	4		1.07元	771.43	5.0
worker1	拣取散货			ID002	/	Product_001	0.33	14.29	4	(4)	4		1.07元	771.43	5.0
worker1	拣取散货			ID003	/	Product_002	0.22	9.29	3	(4)	4		0.70元	771.43	3.3
worker1	拣取散货			ID004	/	Product_002	0.22	9.29	3	(4)	4		0.70元	771.43	3.3
worker1	拿取空托盘			ID001	/	/	0.05	2.14	1	(1)	1		0.64元	771.43	3.0
worker1	拿取空托盘			ID002	/	/	0.18	7.86	2	(1)	1		2.36元	771.43	11.0
worker1	拿取空托盘			ID003	/	/	0.18	7.86	2	(1)	1		2.36元	771.43	11.0
worker1	拿取空托盘			ID004	/	/	0.18	7.86	2	(1)	1		2.36元	771.43	11.0
worker1	(小计)						2.33	100.00	30						11.0
worker2	放置整托货物			ID002	/	Product_001	0.02	3.85	1	(0)	0		1.15元	4153.84	1.0
worker2	放置整托货物			ID004	/	Product_002	0.02	3.85	1	(0)	0		1.15元	4153.84	1.0
worker2	拿取整托货物			ID002	/	Product_001	0.22	50.00	15	(1)	1		15.00元	4153.84	13.0
worker2	拿取整托货物			ID004	/	Product_002	0.18	42.31	13	(1)	1		12.69元	4153.84	11.0
worker2	(小计)						0.43	100.00	30						11.0
	(合计)						2.77	100.00	60						

图 5-52　ABC 计算工具窗口（示意图）

1）首先将图 5-52 中"①"处的作业时间修改为"1 时"。

2）单击图 5-52 中"②"处的"设定收费表"按钮，跳转至收费表设定表格，如图 5-53 所示，在该表格中可加入主菜单中存在的各类收费（作业）区分 / 名称，并为其分别设置工时单价（元 / 日）、上班时间单价（元 / 时）、加班补助（元 / 时）、夜班补助（元 / 时）等指标，也可设置各类作业活动通用的收费指标，如图 5-53 中的"$ 作业 $"，本实验以通用收费指标进行说明。

图 5-53 收费表设定表格

3）完成"设定收费表"的设定后，单击"设定收费表"右上角的"菜单"按钮返回主菜单，之后单击图 5-52 中"③"处的"设定工作时间"按钮，跳转至"设定出勤时间"表单进行设置，本次实验设置时间如图 5-54 所示（默认），设置完成后单击其右上角的"菜单"按钮返回主菜单。

4）如图 5-52 所示，在主菜单"④"处，单击"收费区分"右侧下拉菜单选择"$ 作业 $"（也可根据步骤 2)的设置选择具体的某一项作业活动，进行单项作业的成本计算）。

5）设置完成后，单击"收费区分"右侧"适用"按钮，弹出如图 5-55 所示的窗口，默认勾选"所有的作业人员"及"所有的活动"即可，表示收费区分"$ 作业 $"适用于所有作业人员的所有作业活动。也可仅选择某作业人员或者某一项活动进行单独计算，但需与收费区分处的选项进行对应。

图 5-54 设定出勤时间　　　　图 5-55 作业人员 / 活动的选择窗口

6）如图 5-52 所示，在主菜单"⑤"处单击"日给 / 时给"，下拉菜单存在"每日酬劳"与"每小时酬劳"两个选项。当选择"每日酬劳"时，分配金额根据"设定收费表"中的"工时单价（元 / 日）"进行确定；当选择"每小时酬劳"时，分配金额根据"设定收费表"中的"上班时间单价（元 / 时）"进行确定，具体确定方法见表 5-15。

表 5-15 酬劳确定方法

前提设置	作业时间为 1 小时	
选　　项	选择"每日酬劳"	选择"每小时酬劳"
步骤一	确定该活动的工时单价：240 元/日	确定该活动的上班时间单价：30 元/时
步骤二	确定该活动的正常工作时间：从 9:00 到 17:00，共 8 小时	确定每个作业人员作业 1 小时应分配的金额：30 元
步骤三	确定每个作业人员作业 1 小时应分配的金额：30 元	

7）设置完成后，单击"日给/时给"右侧的"适用"按钮，弹出如图 5-56 所示的窗口，可进行适用范围的设定，参考步骤 5）。

8）完成上述设置后，返回主菜单，单击图 5-52 中的"再次计算"按钮，可得如图 5-57 所示的结果（以"每小时酬劳"为例展示）。

9）可设置图 5-53 中的"加班补助（元/时）"及"夜班补助（元/时）"，当作业时间超出图 5-54 中（正常）工作时间进入加班时间及夜班时间时，将在金额分配中加入补助费（注意：一天内除去正常工作时间与夜班时间之外均为加班时间）。

图 5-56　作业人员/活动的选择窗口

图 5-57　ABC 计算工具结果输出窗口（方式一）

在“作业时间（分）”一列中，如图 5-58 所示，可观察位于不同时间段内的时长，其中“时间内”对应正常工作时间，“时间以外”对应加班时间，“深夜作业”对应“夜班时间”（在未勾选“计算出无作业时间”选项时，作业时间“1 时”内的其他时间会依照比例进行分配）。

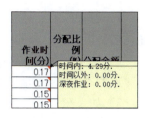

图 5-58　时间划分

2. 方式二：通过“设定成本”表单设置成本 / 费用

1）在得到如图 5-51 所示的结果后，同样将作业时间修改为“1 时”，参考方式 1 的步骤 1）。

2）单击图 5-57 中“设定成本”按钮，弹出作业人员成本设定表格，在对 worker1 和 worker2 月成本、月间工作日数、1 日作业时间设定后，日成本和时成本会自动生成，如图 5-59 所示。

	A	B	C	D	E	F	G
1	清除	作业人员成本设定表格					菜单
2	#	作业人员名	成本/月(元)	月间工作日数	成本/日(元)	1日作业时间	成本/时(元)
3	1	worker1	6000	25	240	8	30
4	2	worker2	6000	25	240	8	30

图 5-59　作业人员成本设定表格

3）设定成本结束后，返回“菜单”表单窗口，单击“再次计算”按钮，可得到对应的成本分配，如图 5-60 所示。

ABC计算工具 Ver.1.1.3　Copyright© 2011 CEC

活动文件 C:¥Users¥DELL¥Desktop¥ActivityInfo.csv　选择　收费区分 $作业$　适用

作业时间 1 时　计算出无作业时间　流入 作业数　选择　日給/時給 每小时酬劳　适用

作业开始时刻 9:00

清除　计算出　再次计算　合计各商品/各批　设定收费表　设定工作时间　设定成本　设定活动

	作业人员	活动名	收费区分	每日酬劳/每小时酬劳	批	路径	商品代码	作业时间(分)	分配比例(%)	分配金额	处理数量		单位	活动单价	单价(元/时)	时间/处理数量(秒)
9	worker1	放置满托盘			ID001	/	/	0.17	7.14	2	(0)	0		2.14元	771.43	10.0
10	worker1	放置满托盘			ID002	/	/	0.17	7.14	2	(0)	0		2.14元	771.43	10.0
11	worker1	放置满托盘			ID003	/	/	0.15	6.43	2	(0)	0		1.93元	771.43	9.0
12	worker1	放置满托盘			ID004	/	/	0.15	6.43	2	(0)	0		1.93元	771.43	9.0
13	worker1	拣取散货			ID001	/	Product_001	0.33	14.29	4	(4)	4		1.07元	771.43	5.0
14	worker1	拣取散货			ID002	/	Product_001	0.33	14.29	4	(4)	4		1.07元	771.43	5.0
15	worker1	拣取散货			ID003	/	Product_002	0.22	9.29	3	(4)	4		0.70元	771.43	3.3
16	worker1	拣取散货			ID004	/	Product_002	0.22	9.29	3	(4)	4		0.70元	771.43	3.3
17	worker1	拿取空托盘			ID001	/	/	0.05	2.14	1	(1)	1		0.64元	771.43	3.0
18	worker1	拿取空托盘			ID002	/	/	0.18	7.86	2	(1)	1		2.36元	771.43	11.0
19	worker1	拿取空托盘			ID003	/	/	0.18	7.86	2	(1)	1		2.36元	771.43	11.0
20	worker1	拿取空托盘			ID004	/	/	0.18	7.86	2	(1)	1		2.36元	771.43	11.0
21	worker1	(小计)						2.33	100.00	30						11.0
22	worker2	放置整托货物			ID002	/	Product_001	0.02	3.85	1	(0)	0		1.15元	4153.84	1.0
23	worker2	放置整托货物			ID004	/	Product_002	0.02	3.85	1	(0)	0		1.15元	4153.84	1.0
24	worker2	拿取整托货物			ID002	/	Product_001	0.22	50.00	15	(1)	1		15.00元	4153.84	13.0
25	worker2	拿取整托货物			ID004	/	Product_002	0.18	42.31	13	(1)	1		12.69元	4153.84	11.0
26	worker2	(小计)						0.43	100.00	30						11.0
27		(合计)						2.77	100.00	60						

菜单 / 合计各活动 / 合计各活动图表 / 收费区分实施表 / 设定收费表 / 设定出勤时间 / 设定成本 / 设定活动 /

图 5-60　ABC 计算工具结果输出窗口（方式二）

说明 2　两种分配方式的优先级区别。

成本 / 费用可以在“设定成本”表单和“设定收费表”表单中设置。其中，在“设定成本”表单中的设置优先。可总结为：

1）检查作为计算对象作业人员的成本设置是否存在于"设定成本"表单中。如果已存在，则使用"设定成本"表单中的内容进行计算。

2）如果作为计算对象作业人员的成本设置没有在"设定成本"表单中，那么将检查计算对象的"作业员/活动名称"一栏中的收费类型是否在"设定收费表"中已定义。

3）如果在"设定成本"表单和"设定收费表"表单中都未定义，将显示错误提示（计算结果将以红色字体显示）。

说明 3 ABC 计算工具结果输出窗口表头各部分说明如下：

1）批、路径、商品代码：将作业人员不同批次的作业进行区分，与 XML 作业管理器中的程序相互对应。

2）作业时间（分）：每一类作业活动的作业时间中通常包含移动至作业点的行走时间和作业动作时间，如 worker1 在执行"ID001"批次作业时"拿取空托盘"的作业时间为 0.05min，其中包含从初始位置移动至托盘生成器的行走时间和"拿取空托盘"的动作时间，详见说明 4。

3）分配比例（%）：各作业人员活动类型的分配比例为该活动类型作业时间占总作业时间的比例。由于活动名中不包含无作业活动，因此总作业时间仅包含各类作业的时间。

4）处理数量：由于"计算对象"参数栏中选择流入的作业数，因而这里仅计算所有与"流入"相关的作业次数。例如 worker1 的拿取作业包括 16 次"拣取散货"动作及 4 次"拿取空托盘"动作，worker2 的拿取作业包括 2 次"拿取整托盘货物"动作，而所有放置类作业活动的处理数量均为 0。

5）时间/处理数量（秒）：作业时间（分）乘以 60 除以处理数量。

6）分配金额：各作业人员活动类型的分配金额为每小时的薪金乘以分配比例。

7）活动单价：分配金额除以数量。

8）单价（元/时）：分配金额除以作业时间（分）再乘以 60。

说明 4 日志输出指令与 ABC 计算工具指令的差异。

5.3 节中日志输出指令与本章 ABC 计算工具指令 ACTIVITY_ CHECKPOINT 都用来自定义活动名称，依此对作业人员活动类型进行分析。二者主要区别在于对移动时间的处理。在日志输出指令中，在输出的 LOG 文件中将作业活动中的移动时间和拣选动作时间区分，比如下列语句：

LOAD_LOCATION_WITH_TIME_LOG,@@TargetDeviceName1,@FromLocation,1.0, A1, 拣选作业

仿真结束后，输出的日志信息为：

I,14:43:50,01/01/2021 00:02:30,44197.0017393836,MAN_CMD,测量生产能力,1,移动,5,Route1
I,14:43:50,01/01/2021 00:02:48,44197.0019442870,MAN_CMD,测量生产能力,A1,拣选作业,5,Route1

上述两条日志都是执行拣选作业所产生的记录，第一条日志记录作业人员从初始位置移动到货位的时间，第二条日志记录作业人员拣选动作时间。ACTIVITY_CHECKPOINT 指令默认情况下将移动时间计算在一次作业活动内，不会将移动时间单独拆分出来。

参 考 文 献

[1] 蔡临宁．物流系统规划——建模及实例分析 [M]．北京：机械工业出版社，2003．

[2] 程国全，柴继峰，王转，等．物流设施规划与设计 [M]．北京：中国物资出版社，2003．

[3] 程国全．物流技术与装备 [M]．2 版．北京：高等教育出版社，2013．

[4] 霍艳芳，齐二石．智慧物流与智慧供应链 [M]．北京：清华大学出版社，2020．

[5] 刘昌祺．物流配送中心拣货系统选择及设计 [M]．北京：机械工业出版社，2005．

[6] 李明．智慧仓库规划与设计：自动化拆零拣选系统配置优化 [M]．北京：机械工业出版社，2018．

[7] 汤普金斯，等．设施规划 [M]．伊俊敏，袁海波，等译．北京：机械工业出版社，2007．

[8] 彭榜盈，梁海东，单朝兰，等．多进多出循环提升机提升高度的设计研究 [J]．物流技术，2015：132-136．

[9] 高山隆司．电商成功靠物流 [M]．郭琼宇，董雪，译．北京：中信出版社，2016．

[10] 王斌．智能物流：系统构成与技术应用 [M]．北京：机械工业出版社，2022．

[11] 魏学将，王猛，张庆英，等．智慧物流概论 [M]．北京：机械工业出版社，2020．

[12] 伊俊敏，等．物流工程 [M]．4 版．北京：电子工业出版社，2017．

[13] 中国物流与采购联合会．物流管理：流程一体化和物流数字化 [M]．北京：人民邮电出版社，2023．

[14] BARTHOLDI J J, HACKMAN S T. Allocating space in a forward pick area of a distribution center for small parts[J]. IIE Transactions, 2008, 40 (11): 1046-1053.

[15] BARTHOLDI J J, HACKMAN S T. Warehouse and distribution science[M]. Atlanta: Georgia Institute of Technology, 2017.

[16] DE KOSTER R, LE-DUC T, ROODBERGEN K J. Design and control of warehouse order picking: a literature review[J]. European Journal of Operational Research, 2007, 182 (2): 481-501.

[17] EDWARD F. World-class warehousing and material handling[M]. New York: McGraw-Hill, 2016.

[18] GU J, GOETSCHALCKX M, MCGINES L F. Research on warehouse operation: a comprehensive review[J]. European Journal of Operational Research, 2007 (177):1-21.

[19] HACKMAN S T, ROSENBLATT M J, OLIN J M. Allocating items to an automated storage and retrieval system[J]. IIE Transactions, 1990, 22 (1): 7-14.

[20] MHI. CICMHE: College Industry Council on Material Handling Education [EB/OL]. [2023-09-30]. http://www.mhia.org/cicmhe/designcompetition.

[21] RATLIFF H D, ROSENTHAL A S. Order-picking in a rectangular warehouse: a solvable case of the traveling salesman problem[J]. Operations Research, 1983, 31 (3): 507-521.

[22] 上海市工商联国际物流商会．交叉带分拣机：T/GJSH 000006—2020．

[23] 中国物流与采购联合会．官方网站 [EB/OL]．[2023-09-30]．http://www.chinawuliu.com.cn.

[24] 罗戈研究．官方网站 [EB/OL]．[2023-09-30]．https://www.logclub.com.

[25] MHI. 官方网站 [EB/OL]．[2023-09-30]．https://www.mhia.org.

[26] 上海乐龙人工智能软件有限公司．官方网站 [EB/OL]．[2023-09-30]．http://www.ais-shanghai.com.

[27] 兰剑智能科技股份有限公司．官方网站 [EB/OL]．[2023-09-30]．https://www.blueswords.com.

[28] 林德（中国）叉车有限公司．官方网站 [EB/OL]．[2023-09-30]．https://www.lindemh-cn.com．

[29] 科朗设备公司．官方网站 [EB/OL]．[2023-09-30]．https://www.crown.com．

[30] 南京音飞储存设备（集团）股份有限公司．官方网站 [EB/OL]．[2023-09-30]．https://www.informrack.com．

[31] Mecalux. 官方网站 [EB/OL]．[2023-09-30]．https://www.mecalux.cn．

[32] 苏州阿波罗自动化设备有限公司．官方网站 [EB/OL]．[2023-09-30]．https://www.szjwsb.cn．

[33] 大福（Daifuku）株式会社公司．官方网站 [EB/OL]．[2023-09-30]．https://www.daifuku.com．

[34] 德马泰克（Dematic）国际贸易（上海）有限公司．官方网站 [EB/OL]．[2023-09-30]．https://www.dematic.cn．

[35] 科纳普（Knapp）自动化系统（苏州）有限公司．官方网站 [EB/OL]．[2023-09-30]．https://www.knapp.cn．

[36] 深圳市海柔创新科技有限公司．官方网站 [EB/OL]．[2023-09-30]．https://www.hairobotics.cn．

[37] 摩登纳（Modula）（中国）自动化设备有限公司．官方网站 [EB/OL]．[2023-09-30]．https://www.modula.cn．

[38] 英特诺集团（Interroll Group）．官方网站 [EB/OL]．[2023-09-30]．https://www.interroll-group.cn．

[39] Beumer Group. 官方网站 [EB/OL]．[2023-09-30]．https://www.beumergroup.com．

[40] 深圳路辉物流设备有限公司．官方网站 [EB/OL]．[2023-09-30]．http://www.luhuiwl.com．

[41] 科尼（Konecranes）起重机设备（上海）有限公司．官方网站 [EB/OL]．[2023-09-30]．https://www.konecranes.com.cn．

[42] 无锡中鼎集成技术有限公司．官方网站 [EB/OL]．[2023-09-30]．http://www.zdjc.cn．